"十四五"职业教育国家规划教材

航空运输类专业系列教材

# 民航呼叫中心实务

高文霞 卢建兴 主 编
綦 琦 高凯林 孟巧菊 副主编

电子工业出版社
Publishing House of Electronics Industry
北京·BEIJING

## 内 容 简 介

本书依据民航呼叫中心的生产实际需要进行内容编排，共十一章，不仅介绍了呼叫中心的基本概念、民航呼叫中心电话服务的基本礼仪与规范用语，以及民航呼叫中心的职业要求，还重点介绍了民航呼叫中心日常业务的处理方法，其涵盖的业务包括航班信息查询、票价查询、国内订座及出票业务、国际订座及出票业务，以及国内客票退票及变更业务、国际客票退票及变更业务等。对于上述业务的具体处理方法，本书从操作指令、处理流程、话术指引、注意事项等方面进行了详细介绍，并将处理流程和话术指引的介绍融合于具体工作场景中，具有实际指导意义。本书贴合工作实际，内容丰富实用，结构合理，利于学生学以致用，也便于老师组织教学。

本书既可作为高等院校和职业院校民航运输、民航商务及其他相关专业的教材，也可供从事民航呼叫中心工作的在职人员参考使用。

未经许可，不得以任何方式复制或抄袭本书之部分或全部内容。
版权所有，侵权必究。

图书在版编目（CIP）数据

民航呼叫中心实务 / 高文霞，卢建兴主编. —北京：电子工业出版社，2021.7（2025.7 重印）
ISBN 978-7-121-41617-0

Ⅰ．①民… Ⅱ．①高… ②卢… Ⅲ．①民用航空—呼叫中心—教材 Ⅳ．①F560.9②F626.3

中国版本图书馆 CIP 数据核字（2021）第 144952 号

责任编辑：李　静
印　　刷：北京七彩京通数码快印有限公司
装　　订：北京七彩京通数码快印有限公司
出版发行：电子工业出版社
　　　　　北京市海淀区万寿路 173 信箱　　邮编：100036
开　　本：787×1092　1/16　印张：16　字数：410 千字
版　　次：2021 年 7 月第 1 版
印　　次：2025 年 7 月第 4 次印刷
定　　价：49.80 元

凡所购买电子工业出版社图书有缺损问题，请向购买书店调换。若书店售缺，请与本社发行部联系，联系及邮购电话：（010）88254888，88258888。
质量投诉请发邮件至 zlts@phei.com.cn，盗版侵权举报请发邮件至 dbqq@phei.com.cn。
本书咨询联系方式：（010）88254604，lijing@phei.com.cn。

# 航空运输类专业系列教材
# 建设委员会

**主任委员**

马广岭（海航集团）
马　剑（北京临空国际技术研究院）
杨涵涛（三亚航空旅游职业学院）
李宗凌（奥凯航空有限公司）
李爱青（中国航空运输协会）
李殿春（香港航空公司）
吴三民（郑州中原国际航空控股发展有限公司）
李　赛（国际航空运输协会）
迟　焰（北京航空航天大学）
张武安（春秋航空股份有限公司）
张宝林（西安交通大学）
陈　燕（中国航空运输协会）
郑　越（长沙航空职业技术学院）
耿进友（北京外航服务公司）
黄　伟（重庆机场集团）
慕　琦（广州民航职业技术学院）

**副主任委员**

王　帅　江洪湖　汤　黎　陈　卓　陈晓燕　何　梅　何　蕾
罗良翌　赵晓硕　赵淑桐　廖正非　熊盛新

**委员**

| | | | | | | | | |
|---|---|---|---|---|---|---|---|---|
| 马晓虹 | 马爱聪 | 王　东 | 王　春 | 王　珺 | 王　蓓 | 王冉冉 | 王仙萌 | 王若竹 |
| 王远梅 | 王慧然 | 方凤玲 | 邓娟娟 | 孔庆棠 | 石月红 | 白冰如 | 宁　红 | 邢　蕾 |
| 先梦瑜 | 刘　科 | 刘　琴 | 刘　舒 | 刘连勋 | 刘晓婷 | 许　赟 | 许夏鑫 | 江　群 |
| 范　晔 | 杜　鹤 | 杨　敏 | 杨青云 | 杨祖高 | 杨振秋 | 李广春 | 吴甜甜 | 吴啸骅 |
| 汪小玲 | 张　进 | 张　琳 | 张　敬 | 张桂兰 | 陆　蓉 | 陈李静 | 陈晓燕 | 金　恒 |
| 金良奎 | 周科慧 | 庞　荣 | 郑菲菲 | 赵　艳 | 郝建萍 | 胡元群 | 胡成富 | 冒耀祺 |
| 鸥志鹏 | 钟波兰 | 姜　兰 | 拜明星 | 姚虹华 | 姚慧敏 | 夏　爽 | 党　杰 | 徐　竹 |
| 徐月芳 | 徐婷婷 | 高文霞 | 郭　凤 | 郭　宇 | 郭　沙 | 郭　婕 | 郭珍梅 | 郭素婷 |
| 郭雅荫 | 郭慧卿 | 唐红光 | 曹义莲 | 曹建华 | 崔学民 | 黄　山 | 黄　华 | 黄华勇 |
| 章　健 | 韩奋畴 | 韩海云 | 程秀全 | 傅志红 | 焦红卫 | 湛　明 | 温　俊 | 谢　芳 |
| 谢　苏 | 路　荣 | 谭卫娟 | 熊　忠 | 潘长宏 | 霍连才 | 魏亚波 | | |

**总策划**　江洪湖

## 协助建设单位

| | | |
|---|---|---|
| 国际航空运输协会 | 长沙南方职业学院 | 武汉东湖光电学校 |
| 春秋航空股份有限公司 | 长沙商贸旅游职业技术学院 | 闽西职业技术学院 |
| 奥凯航空有限公司 | 长沙民政学院 | 黄冈职业技术学院 |
| 香港快运航空公司 | 南京航空航天大学 | 衡水职业技术学院 |
| 重庆机场集团 | 浙江旅游职业学院 | 山东海事职业学院 |
| 北京外航服务公司 | 潍坊工程职业学院 | 安徽建工技师学院 |
| 北京临空国际技术研究院 | 江苏工程职业技术学院 | 安徽国防科技职业学院 |
| 郑州中原国际航空控股发展有限公司 | 江苏安全技术职业学院 | 惠州市财经职业技术学院 |
| | 湖南生物机电职业技术学院 | 黑龙江能源职业学院 |
| 杭州开元书局有限公司 | 河南交通职业技术学院 | 北京经济技术管理学院 |
| 三亚航空旅游职业学院 | 浙江交通职业技术学院 | 四川文化传媒职业学院 |
| 广州民航职业技术学院 | 新疆天山职业技术学院 | 济宁职业技术学院 |
| 浙江育英职业技术学院 | 正德职业技术学院 | 泉州海洋职业学院 |
| 西安航空职业技术学院 | 山东外贸职业学院 | 辽源职业技术学院 |
| 武汉职业技术学院 | 山东轻工职业学院 | 江海职业技术学院 |
| 武汉城市职业学院 | 三峡旅游职业技术学院 | 云南经济管理学院 |
| 江西青年职业学院 | 郑州大学 | 江苏航空职业技术学院 |
| 长沙航空职业技术学院 | 滨州学院 | 山东德州科技职业学院 |
| 成都航空职业技术学院 | 九江学院 | 河南工业贸易职业学院 |
| 上海民航职业技术学院 | 安阳学院 | 兰州航空工业职工大学 |
| 南京旅游职业学院 | 河南工学院 | 四川交通职业技术学院 |
| 西安交通大学 | 中国石油大学 | 烟台工程职业技术学院 |
| 三峡航空学院 | 厦门南洋学院 | 重庆第二师范学院 |
| 西安航空学院 | 广州市交通技师学院 | 南阳师范学院 |
| 北京理工大学 | 吉林经济管理干部学院 | 成都文理学院 |
| 北京城市学院 | 石家庄工程职业学院 | 郑州工商学院 |
| 烟台南山学院 | 陕西青年职业学院 | 云南旅游职业学院 |
| 青岛工学院 | 廊坊职业技术学院 | 武汉外语外事职业学院 |
| 西安航空职工大学 | 廊坊燕京职业技术学院 | 德阳川江职业学校 |
| 南通科技职业学院 | 秦皇岛职业技术学院 | 武汉外语外事职业学院 |
| 中国民航管理干部学院 | 广州珠江职业技术学院 | 湖北交通职业技术学院 |
| 郑州航空工业管理学院 | 广州涉外经济职业技术学院 | |

# 前言

在民航运输领域，呼叫中心作为航空公司与旅客之间的联系通道，发挥着重要作用。呼叫中心座席的工作能力与职业素养，直接影响旅客对航空公司的满意度与忠诚度，也反映出航空公司的管理水平与服务质量。为了更好地服务旅客，各航空公司均高度重视提升呼叫中心座席的工作能力与职业素养。本书正是基于培养高素质、高技能呼叫中心座席的需求精心编写而成的。

作为一名民航呼叫中心的座席，应具备以下四个方面的职业素养：

第一，高效的业务处理能力；

第二，良好的电话沟通能力；

第三，强烈的服务意识和营销意识；

第四，强大的心理素质。

本书从应用型人才培养目标出发，对上述四个方面的职业素养进行了合理编排，既总括性地介绍了民航呼叫中心的服务礼仪与规范用语，又结合民航运输业务的主要服务场景，介绍了相关业务的处理方法和参考话术。通过学习，不仅能够提高学习者的业务处理能力和电话沟通能力，而且能够潜移默化地培养学习者的主动服务意识和营销意识，强化心理素质。本书贴近民航呼叫中心的实际工作需求，充分体现了"以职业能力为导向"的指导思想。

本书既可作为高等院校和职业院校民航运输、民航商务及其他相关专业的教材，也可供从事民航呼叫中心工作的在职人员参考使用。由于各个航空公司退改签等业务的处理规定不同，即使同一家航空公司也会对其业务的处理规定不断修改，书中所涉及的相关业务处理多以中国南方航空股份有限公司（以下简称南航）2018年所使用的销售政策为例介绍，仅供读者参考。

本书由广州民航职业技术学院高文霞、卢建兴担任主编，由高文霞负责统稿。具体编写分工如下：第四、五、六、八、九章及部分附录由高文霞编写，第一、三章由卢建兴编写，第十一章由綦琦编写，第七、十章及部分附录由高凯林编写，第二章由孟巧菊编写。如有老师需要教学资源，请和作者联系，QQ：228651816（邮箱：228651816@qq.com）。

本书注重思政育人，挖掘思政元素融入教材，在本书中有机融入课程思政元素，体现思政教学目标。为贯彻落实党的二十大精神，本书设置绪论部分"中国式现代化为新时代民航专业人才培养指明方向"，供师生学习。

本书是新形态一体化教材，配套电子课件、电子教案、课程标准、题库，以及微课等丰富的教学资源，读者可以通过扫描书中的二维码获取。本书提供丰富的教学资源，帮助师生快速开课，满足线上线下混合式教学要求。

本书在编写过程中，得到了南航呼叫中心领导及培训教员们的大力支持。在此，向他们表示衷心感谢。

由于作者水平有限，时间仓促，书中难免存在错误及缺陷，恳请各位专家和读者批评指正。

| 电子教案 | 电子课件 | 课程标准 | 题库 |

# 目 录

## 第一章　民航呼叫中心概述 ............................................................. 1
### 第一节　呼叫中心的基本概念 ......................................................... 1
### 第二节　呼叫中心的发展历程 ......................................................... 4
### 第三节　建立民航呼叫中心的意义 ................................................... 6
### 第四节　民航呼叫中心的主要组成部分 ............................................ 7

## 第二章　民航呼叫中心电话服务的基本礼仪与规范用语 ...................... 10
### 第一节　民航呼叫中心电话服务的基本礼仪 .................................... 10
### 第二节　民航呼叫中心电话服务的规范用语 .................................... 12

## 第三章　民航呼叫中心的职业要求 ................................................. 17
### 第一节　高效的业务处理能力 ....................................................... 18
### 第二节　良好的电话沟通能力 ....................................................... 19
### 第三节　根植于内心的主动服务意识与营销意识 ............................. 27
### 第四节　强大的心理素质 ............................................................. 28

## 第四章　国内订座业务处理 ........................................................... 30
### 第一节　航班信息查询及票价查询 ................................................ 30
### 第二节　成人旅客订座 ................................................................ 37
### 第三节　与成人旅客同行的儿童及婴儿订座 ................................... 47
### 第四节　出票 .............................................................................. 51

## 第五章　国内客票退票业务处理 ..................................................... 61
### 第一节　国内客票自愿退票 ......................................................... 61
### 第二节　国内客票非自愿退票 ...................................................... 73

## 第六章　国内客票变更业务处理.................................................................82

第一节　国内客票自愿变更...................................................................82
第二节　国内客票非自愿变更...............................................................92

## 第七章　国内客票签转业务处理.................................................................98

第一节　国内客票自愿签转...................................................................98
第二节　国内客票非自愿签转.............................................................102

## 第八章　特殊旅客服务.................................................................................107

第一节　预选机上座位.........................................................................107
第二节　特殊餐食申请.........................................................................114
第三节　无成人陪伴儿童申请.............................................................117
第四节　轮椅申请.................................................................................123
第五节　担架申请.................................................................................127
第六节　盲人旅客和聋哑旅客购票.....................................................130
第七节　老人迎送服务申请.................................................................134
第八节　婴儿摇篮申请.........................................................................137
第九节　小动物托运申请.....................................................................142

## 第九章　国际客票业务.................................................................................149

第一节　国际航班信息查询、订座及出票.........................................149
第二节　国际客票退票.........................................................................164
第三节　国际客票自愿变更.................................................................172
第四节　国际客票非自愿变更.............................................................179

## 第十章　其他情况的参考话术.....................................................................191

第一节　主动销售航意险的参考话术.................................................191
第二节　航班无座位时的应答话术.....................................................193
第三节　航班变动时的应答话术.........................................................195
第四节　旅客致电查询遗失物品的参考话术.....................................196

## 第十一章　解析真情服务理论和弘扬当代民航精神.................................198

第一节　民航真情服务底线思维的重要现实意义.............................198
第二节　基于民航运输场景的真情服务理论框架.............................201
第三节　弘扬和践行当代民航精神应关注"4个关系".....................203

第四节　行业发展需要弘扬和践行当代民航精神 ..................205

　　第五节　夯实以当代民航精神为内核的民航行业文化新基础 ..................210

**附录 A　eTerm 系统指令索引** ..................216

**附录 B　eTerm 系统常见出错信息汇总** ..................224

**附录 C　航空公司舱位码表** ..................226

**附录 D　国际客票限制规范术语** ..................227

**附录 E　特殊服务类型代码** ..................228

**附录 F　航空公司退改签规定** ..................229

**附录 G　航空公司客服热线** ..................233

**附录 H　国内主要城市/机场三字代码** ..................234

**附录 I　国际主要城市/机场三字代码** ..................239

**参考文献** ..................246

# 第一章 民航呼叫中心概述

## 学习目标：

（1）掌握呼叫中心的基本概念和相关术语。
（2）了解呼叫中心的分类和发展历程。
（3）了解建立民航呼叫中心的意义。
（4）了解民航呼叫中心的主要组成部分。

## 学习内容：

（1）呼叫中心的基本概念。
（2）呼叫中心的分类。
（3）呼叫中心的发展历程。
（4）民航呼叫中心的作用。
（5）民航呼叫中心的业务优势。
（6）民航呼叫中心的主要组成部分。

## 第一节 呼叫中心的基本概念

### 一、什么是呼叫中心

呼叫中心，由英文 Call Center 直译而来，是企业为了提高服务水平，利用现代通信手段构建的向客户提供综合性服务的机构。

不同行业、不同应用目的的呼叫中心，所实现的具体功能不同，所采用的技术复杂性可能也存在较大差异。但是，任何一个呼叫中心，其最基本功能都是一致的，即提供企业与客户之间互动的通道。到目前为止，电话仍然是呼叫中心与客户联络的主要工具，但并不局限于此。

## 二、呼叫中心的分类

按照不同的分类标准，呼叫中心可以分为多种类型。

### （一）按呼叫类型分

#### 1. 呼入型

这类呼叫中心通常不主动发起呼叫，其主要功能是受理客户的呼入电话，如救援请求、投诉、报修、产品咨询、技术支持等。

#### 2. 呼出型

这类呼叫中心通常是呼叫的主动发起方，其主要应用是市场营销、市场调查、客户满意度调查等。

#### 3. 混合型

这类呼叫中心属于综合功能型的呼叫中心。目前，单一的呼入型或呼出型的呼叫中心都比较少，大多数的呼叫中心都是既能受理客户发起的呼叫，又能主动发起外呼。

### （二）按规模大小分

#### 1. 大型呼叫中心

大型呼叫中心是指座席数量在 100 个以上的呼叫中心。其配置至少包括大型交换机、自动呼叫分配设备、自动语音应答系统、计算机电话集成（Computer Telephony Integration，CTI）服务器、呼叫管理系统、数据库、座席和终端等。这类呼叫中心一般用于客户数量庞大的行业，如电信、金融、民航等。

#### 2. 中型呼叫中心

中型呼叫中心是指座席数量在 50～100 个的呼叫中心。相对于大型呼叫中心，中型呼叫中心系统结构相对简单，可以省掉大型交换机而改用用户级交换机（Private Branch eXchange，PBX）。投资较少，比较适合中型企业的业务需要。

#### 3. 小型呼叫中心

小型呼叫中心是指座席数量在 50 个以下的呼叫中心。系统结构与中型呼叫中心类似，使用小型 PBX，或用板卡代替，投资少，适合中小型企业的业务需要。

### （三）按运营模式分

#### 1. 自建型

该类呼叫中心由企业自己规划与建设，企业自己使用和维护，系统、座席、电话线路都归企业自己所有。自建型呼叫中心的优点是数据安全有保障，业务系统功能更贴合企业需求；缺点是前期投入成本大。

### 2. 托管型

托管型呼叫中心一般由呼叫中心厂商提供系统、电话线路，企业只需要招聘座席，就可通过呼叫中心开展业务。系统、电话线路属于呼叫中心厂商。托管型呼叫中心的优点是接入快，可以灵活增减座席，投入成本低；缺点是业务系统功能无法完全贴合企业需求，数据安全性不高。

### 3. 外包型

外包型呼叫中心的系统、座席、电话线路都由呼叫中心厂商提供，企业只需提供客户数据。通常是企业将一些非核心业务，外包给呼叫中心厂商，或尝试一些新业务的可行性但又缺乏人力支持、没有能力或不愿意提供7×24小时服务的业务。此时，企业一般会选择外包型呼叫中心。外包型呼叫中心的优点是呼叫中心系统开通方便，座席数量增减方便，呼叫中心运营管理更专业；缺点是无法保障数据安全性，运营费用较高，管理不方便。

## （四）按接入技术分

### 1. 基于交换机的呼叫中心

这类呼叫中心通过专用交换机将客户的电话接入后台座席，同时通过CTI服务器，对交换机进行相关控制。其优点是系统稳定可靠，容量扩充容易；缺点是建设成本高。大型呼叫中心都是基于交换机技术构建的。

### 2. 基于板卡的呼叫中心

这类呼叫中心通过专用的计算机语音板卡，将客户的电话接入后台座席。其优点是价格便宜；缺点是可靠性和稳定性较差。小型呼叫中心多数是基于板卡技术构建的。

## （五）按分布地址分

### 1. 单址呼叫中心

该类呼叫中心的工作场所集中在同一地址。一般小型呼叫中心多数是这种单址呼叫中心。

### 2. 多址呼叫中心

呼叫中心工作场所分布于不同地址（甚至不同城市），通过广域网、虚拟专用网等技术，呈现给客户的就是同一个呼叫中心。大型航空公司的呼叫中心多数是多址呼叫中心，除总部之外，在其他客源地城市也都有其分中心，但是对外呈现的是同一个热线电话号码，使旅客感觉就是同一个服务机构。例如，南航呼叫中心，除广州总部外，还在北京、大连、乌鲁木齐等城市设立了分中心，使用的是同一个电话号码 95539，使旅客感觉是同一家呼叫中心。

当然还有一些其他的分类标准，如按行业分类、按信息传输方式分类等。在实际应用中，也常常将以上各种分类标准结合起来，用以描述一个呼叫中心，如南航呼叫中心就是一个基于交换机的、大型、多址、自建型呼叫中心。

## 第二节 呼叫中心的发展历程

1956 年美国泛美航空公司（标志见图 1-1）建成并投入使用了世界上第一家呼叫中心，用于接受旅客的机票预订业务。随后，AT&T（美国电话电报公司）推出了第一个用于电话营销的呼出型呼叫中心。从此以后，呼叫中心在欧美等发达国家的电信企业、航空公司、商业银行等领域得到了广泛的应用，利用电话进行客户服务、市场营销、技术支持的手段逐渐在全球范围内被普遍接受和采纳。

20 世纪 90 年代中后期，随着中国经济的发展，呼叫中心概念被引入国内。到目前为止，呼叫中心已在航空、铁路、邮电、银行、保险、股票、旅游、公共安全等众多领域得到了广泛应用，成为企业与客户、政府与百姓之间的重要联系通道。

在国内民用航空领域，2003 年 4 月，中国南方航空股份有限公司（标志见图 1-2，以下简称南航）率先建成国内首个民航呼叫中心；之后，2004 年 3 月，中国东方航空股份有限公司（以下简称东航）呼叫中心开始运营；2006 年 8 月，中国国际航空股份有限公司（以下简称国航）呼叫中心正式开通。到目前为止，国内所有航空公司都已拥有自己的呼叫中心，为旅客提供航班信息查询、订票、机票退改签等服务。

图 1-1　美国泛美航空公司　　　　图 1-2　中国南方航空股份有限公司

从美国泛美航空公司建立世界上第一家呼叫中心开始到现在，呼叫中心大体经历了如下发展历程。

## 一、第一代呼叫中心

第一代呼叫中心本质上是人工热线系统,其特点是单纯依靠电话,由话务员向客户提供技术支持或咨询服务,对话务员的技能要求较高。系统功能简单,自动化程度低,无法将客户数据存入计算机,信息容量有限。话务员劳动强度大,工作效率低。

## 二、第二代呼叫中心

交互式语音应答(Interactive Voice Response,IVR)系统的出现,是第二代呼叫中心出现的标志。利用 IVR 系统,可以将大部分常见问题的应答交由"自动话务员"处理,如早期的 114 查号台等。IVR 系统的使用,既节省了人力资源,又减轻了话务员的劳动强度,减少了出错率。

## 三、第三代呼叫中心

计算机电话集成(Computer Telephony Integration,CTI)系统的诞生与应用,是第三代呼叫中心出现的标志。

CTI 系统实现了电话交换机系统与计算机系统的集成,即实现了语音与数据的同步。客户信息与资料保存在数据库中,话务员可以在处理电话服务的同时从计算机系统中调取相关的客户资料,进行查询或修改,为客户提供更为周到的个性化的服务。与此同时,出现了专门用于呼叫中心电话录音的设备,设备能够记录从客户电话接入到最终解决问题的全过程,并予以存档。

## 四、第四代呼叫中心

随着互联网的普及和发展,呼叫中心呈现出多媒体化、分布式的发展趋势。于是,支持多媒体接入的呼叫中心,即第四代呼叫中心应运而生了。简单地说,第四代呼叫中心是在第三代呼叫中心的基础上增加了互联网呼叫中心(Internet Call Center,ICC)功能。第四代呼叫中心能够为客户提供一个统一的服务平台,客户可以选择电话、传真、手机短信、电子邮件、QQ、微信、手机 App 等任意一种方式,从呼叫中心得到想要的服务,而不仅仅局限于使用电话。

从上述介绍可以看出,早期的呼叫中心基本就是热线电话,由受过训练的话务员凭借经验和记忆,处理客户来电。现代呼叫中心则广泛涉及了计算机技术、计算机电话集成技术、互联网技术、数据仓库、客户关系管理(Customer Relationship Management,CRM)等诸多方面的内容,已经成为现代企业运营及管理不可或缺的一部分。未来,随着人工智能技术的普遍应用，呼叫中心的更多工作可能会由智能机器人来分担，可以为客户提供更加方便快捷的服务。例如，南航的智能机器人"小南"（见图 1-3），不仅可以和旅客闲聊，还可以为旅客提供帮助。目前，它可以提供全国天气、航班动态、航班时刻等信息的查询功能，未来将提供值机选座、餐食预订、航线产品销售预订等功能。

图 1-3　南航的智能机器人"小南"

## 第三节　建立民航呼叫中心的意义

### 一、民航呼叫中心的作用

在民航呼叫中心出现之前，机票销售业务主要是通过各个航空营业部、售票网点的柜台进行办理的，这种面对面的业务模式造成的后果是成本高，旅客使用不方便。自 20 世纪 90 年代中期以后，针对这种情况，不少航空公司都推出了服务热线，旅客可以通过拨打电话，进行部分业务的办理，如查询航班信息、会员信息等，但是由于技术较为简单，媒体手段单一，所以无法对旅客信息进行管理分析，无法提供个性化的服务。

随着日新月异的通信技术与计算机技术的不断融入，特别是电子客票的普及使用，现代民航呼叫中心的功能日益完善。呼叫中心可以借助自动语音应答系统，随时处理旅客的航班信息查询、酒店预订等业务；呼叫中心也可以通过人工坐席服务为旅客办理普通业务咨询、常旅客业务咨询、机票预订及退改签操作，以及处理旅客投诉和建议、查询航班不正常信息、打折促销旅游产品等业务。基本上旅客外出旅行的需求，都可以通过呼叫中心来满足。

此外，民航呼叫中心系统还具有自动呼叫分配、短信群发等功能，能够有效提高整个呼叫中心的工作效率，降低座席的劳动强度。同时，民航呼叫中心系统还提供系统监控、后台管理、统计报表等辅助管理功能。通过对旅客数据的统计分析，座席可以了解旅客的个人喜好，便于提供个性化的服务。同时，航空公司也可以对存储的数据进行挖掘分析，掌握市场状况，预测市场趋势，合理地进行航线设计和运力规划。

总之，建立民航呼叫中心，不仅可以方便旅客办理各项业务，航空公司还可以借此进一步降低运营成本；提高旅客的满意度和忠诚度；进一步挖掘市场潜力，增强企业竞争力。

### 二、民航呼叫中心的业务优势

与传统的航空营业部和售票网点相比，民航呼叫中心具有下述业务优势。

#### （一）服务不受地域限制

民航呼叫中心的出现，无疑为旅客办理航班信息查询、票价查询、订座及退票、改期等业务提供了方便。特别是电子客票得到普及后，旅客足不出户就可以购买自己心仪的航空公司的机票，甚至购买境外其他航空公司的机票，方便且快捷。对于航空公司来说，也可以缩减开设售票网点的费用，降低成本。

#### （二）服务不受时间限制

在自动语音应答系统的帮助下，民航呼叫中心能为旅客提供 7×24 小时全天候的服务，而且无须额外开销。相比之下，航空营业部和售票网点要做到这一点就很困难，必须安排加班人员，这样会大大增加成本。

#### （三）可以为旅客提供精准服务

民航呼叫中心系统可以保存旅客的历史业务信息，如订座信息。当旅客再次呼入时，民航呼叫中心系统就可以根据主叫号码提取出相关的信息传送到座席的终端上。这样，座席在接到旅客电话的同时就可以得到很多与该旅客相关的信息，如姓名、联系方式、身份证信息、会员卡号等，这样无疑会缩短为旅客订票的时间。另外，民航呼叫中心系统也可以分析旅客的历史订票记录，来判断该旅客是服务敏感型的旅客、里程敏感型的旅客，还是价格敏感型的旅客，从而为旅客提供更加精准的服务，进一步做好主动营销工作。

## 第四节　民航呼叫中心的主要组成部分

随着呼叫中心相关技术的发展，呼叫中心的功能日益丰富，其组成结构也越来越复杂。下面简要介绍民航呼叫中心的主要组成部分。

## 一、自动呼叫分配系统

自动呼叫分配（Automatic Call Distribution，ACD）系统，俗称排队机，是现代民航呼叫中心有别于一般热线电话系统及普通交换机自动应答系统的重要标志，也是决定民航呼叫中心规模及服务质量的重要部分，它是民航呼叫中心智能化的标志之一。自动呼叫分配系统的主要功能是将旅客的来电按照特定的规则转接到合适的座席，其性能的优劣直接影响民航呼叫中心的效率和旅客的满意度。

自动呼叫分配系统一般包括两个功能模块，即排队模块和呼叫分配模块。排队模块可以按照先后顺序将旅客来电进行排队，也可以实现重要旅客排队优先等增强排队功能。呼叫分配模块可以将座席按照业务类别、技能和技术熟练程度进行详细分组，与CTI路由模块相结合，实现对座席的选择，保证旅客得到最合适的座席的服务。

## 二、交互式语音应答系统

IVR系统提供自动语音服务，能向旅客播放预先录制好的语音，为旅客提供自助服务。交互式语音应答系统通常采用操作简单的语音目录，根据旅客选择（通过电话按键或语音）完成相应信息的查询和命令的执行，如查询航班信息（进出港时间）、验证电子客票真伪、查询营业部地址、常旅客里程兑换等。交互式语音应答系统通过在后端连接数据库，为旅客提供动态的、实时的信息。

使用交互式语音应答系统可以为旅客提供7×24小时随时服务，既提高了服务质量，又减轻了座席的劳动强度。

## 三、计算机电话集成系统

CTI系统提供了将计算机的最新技术应用到通信领域的解决方案。通过CTI服务器，可以将电话交换系统和计算机系统有机地结合起来，充分利用交换机话路交换功能和计算机系统数据处理功能，能够实现对整个民航呼叫中心的全面管理，是整个民航呼叫中心的核心。

计算机电话集成系统实现的主要功能包括屏幕弹出功能，即能在座席的计算机屏幕上及时显示旅客相关信息，如根据呼入电话，提取旅客的姓名、证件信息及过往的订座信息等；协调语音和数据传送功能，即允许语音呼叫和有关数据在座席之间传递；实现话机控制功能，如座席通过操作计算机键盘或鼠标实现软摘机、软挂机等功能；智能路由功能，即允许系统根据相关信息分配呼叫，如将呼叫者接通到上一次为其服务的座席等。

## 四、录音监听系统

为了做好民航呼叫中心的管理工作，提升服务质量，录音监听系统已经成为民航呼叫中心不可或缺的重要组成部分。

录音监听系统的主要功能在于完整记录座席与旅客的通话内容，实现数字化存储，并提供录音查询操作，可以让相关人员快速找到所需的通话录音。

对于民航呼叫中心来说，难以保证座席工作无疏漏、无不当操作。当座席工作出现疏漏时，录音监听系统提供了追责的依据。另外，座席面对的旅客形形色色，提出的要求林林总总，当出现旅客投诉时，录音监听系统提供了仲裁的凭证。因此，录音监听系统为民航呼叫中心规范化、精细化管理提供了重要支撑作用，为座席绩效考核、工作责任追查、投诉争议仲裁提供了重要依据。

## 五、数据库系统

数据库系统用以存储各类旅客信息，是航空公司长期积累的宝贵资源。通过对旅客信息的统计分析和挖掘处理，可以使民航呼叫中心座席得到每个旅客的详细资料，一方面可以提高座席的工作效率，另一方面，便于为旅客提供个性化服务，继而提高旅客满意度。同时，数据库系统所存储的旅客信息，也是航空公司领导层在运力部署、旅客服务、市场开发等方面进行决策的重要依据。

## 思 考 题

（1）简述呼叫中心的分类。
（2）简述呼叫中心的发展历程。
（3）简述建立民航呼叫中心的意义。
（4）简述民航呼叫中心主要组成部分的功能。

# 第二章　民航呼叫中心电话服务的基本礼仪与规范用语

## 学习目标：

（1）掌握民航呼叫中心电话服务的基本礼仪。
（2）熟悉民航呼叫中心电话服务的规范用语。

## 学习内容：

（1）通话前的准备。
（2）通话中的礼仪。
（3）结束通话的礼仪。
（4）民航呼叫中心电话服务的规范用语。

## 第一节　民航呼叫中心电话服务的基本礼仪

在民航呼叫中心，座席为旅客办理业务主要是通过电话沟通来完成的。座席在处理旅客来电的过程中，需要向旅客传递的不单是座位、票价等业务信息，同时也向旅客展示了个人素质、形象，代表了企业的形象。座席要想为旅客留下良好的印象，在服务过程中，必须掌握电话服务的基本礼仪。

### 一、通话前的准备

为了保证在通话过程中的音量和音质，座席通话前应对耳麦（话筒）的位置进行调整，以免在通话过程中出现不应有的噪声；调整坐姿，背部挺直，双脚平放在地上，正确坐姿如图2-1所示，这样有利于发声，也不容易疲劳；停止一切与通话无关的工作，禁止边吃食物边打电话；要面带微笑，以饱满的精神状态对待工作。

**注意要点：**
（1）座席在接听呼入电话时，应面带微笑，动作要迅速。
（2）座席在拨出电话之前，应打好腹稿，以求通话时表达准确、简明扼要。

（3）礼貌地对待打错的电话。

例如，"对不起，这里是厦门航空，请您确认后再拨打相应的联系电话。"

（4）在接通旅客电话后，发现无声，座席不可直接粗暴地挂断电话。可以参考如下方式处理。

座席："您好！请问有什么可以帮到您？"

（稍停几秒，还是无声）

座席："您好！请问有什么可以帮到您？"

（再停几秒，对方依然无反应）

座席："对不起，您的电话没有声音，请您换一部电话重新拨打我们的电话，好吗？感谢您的来电，再见！"

再稍停几秒，挂机。

正确坐姿：
1. 头要正，眼睛距离电脑屏幕 40cm～75cm，视线水平或接近水平；
2. 背部挺直；
3. 手臂自然平放于桌面；
4. 大腿与地面平行；
5. 双脚平放在地上

图 2-1　正确坐姿

## 二、通话中的礼仪

在通话过程中，座席应注意以下服务要点。

（1）呼入电话应在铃响两声内接听，座席使用礼貌用语并报出自己的工号。

例如，"您好！工号****为您服务，请问有什么可以帮到您？"

（2）外呼时，座席在开展业务描述前，应先确认旅客身份。

例如，"您好！请问您是***先生/女士吗？"

（3）在通话过程中，座席若已知晓旅客姓氏，称呼时应带上姓氏，以示尊重。

例如，"李先生/王女士，……"

（4）在通话过程中，座席如因业务办理需要旅客等待，应告知旅客。

例如，"李先生，您好！正在为您查询航班信息，请稍等……"

（5）如果旅客等待时间较长，座席应适时地接回电话，并感谢旅客的耐心等待，不能长时间不回应旅客。

例如，"您好！感谢您的耐心等待，业务正在办理中……"

（6）在转接旅客电话时，座席应向旅客解释原因，并要征得旅客同意。

例如，"王女士，您好！我是实习生，您咨询的问题将由资深同事为您解答，现在为您转接，可以吗？"

（7）座席接听转接过来的旅客电话时，应先感谢旅客的耐心等待。

例如，"王女士，您好！感谢您的耐心等待，您所提到的……"

（8）向旅客解释某些事项后，座席应确认旅客是否明了。若旅客不能完全明白，应将旅客不明白的地方重新解释，直到旅客完全明白为止。

例如，"请问您对我刚才的解释是否清楚？"

（9）在通话过程中，座席要始终保持积极热情的服务态度，掌握恰当的语音、语调、语速，简明而周到地做好服务工作。

（10）在通话过程中，禁止对旅客恶语相向，与旅客争吵；禁止摔打电话，粗暴挂线。

### 三、结束通话的礼仪

座席结束通话时应注意以下两点。

（1）在结束通话之前，座席应主动询问旅客是否还有其他问题需要帮助，并感谢旅客的来电，欢迎旅客随时致电。

（2）结束通话时应先让旅客挂断电话，然后座席轻轻放下话筒。

## 第二节　民航呼叫中心电话服务的规范用语

在与旅客通话的过程中，座席应注意使用礼貌用语。常用礼貌用语包括您、您好、上午好、请、谢谢、麻烦您、很抱歉、不好意思、不客气等。

座席全程使用礼貌用语，可以让旅客感觉到自己被尊重，从而营造双方愉快和谐的沟通氛围，便于更好地开展服务工作。

除了使用礼貌用语，在与旅客通话的过程中，对于特定情况的处理，座席的服务用语也要合乎规范。为此，各个航空公司都制定了本公司的规范用语指引手册，其内容大同小异。下面，结合南航呼叫中心的规范用语给予简要介绍。

### 一、开头语及问候语

（1）开头语。

在接到旅客来电时，座席应使用规范的开头语，包括三个要素：要向旅客问好、报出自己的工号、询问旅客有什么需求。

例如,"您好!工号1234为您服务,请问有什么可以帮到您?""欢迎致电南方航空,工号1234为您服务,请问有什么可以帮到您?"

注意服务忌语"喂"(特别是四声),会给旅客一种非常不礼貌、不专业的感觉,影响旅客的沟通情绪。

(2)问候语。

当旅客问候座席"小姐/先生,您好!"时,座席应礼貌回应。例如,"您好!请问有什么可以帮到您?"不可以对旅客的问候置若罔闻。

(3)询问旅客姓名时。

在为旅客办理订票等业务时,需要旅客提供姓名,切忌生硬地问旅客"你叫什么名字",可以说:"请问您贵姓?"或"麻烦提供乘机人姓名。"

## 二、当无法听清电话时的规范用语

(1)当旅客使用免提而无法听清楚时。

座席:"对不起,您的声音太小,请您拿起话筒说话好吗?"

(2)当旅客声音太小而听不清楚时。

座席:"对不起!请您大声一点好吗?"

注意此时座席应保持自己的音量不变,不能因为无法听清旅客说话而大声对旅客喊话;如果依然无法听清,有可能是旅客电话有问题,座席可以提醒其换一部电话再打。

座席:"对不起,您的电话声音太小,无法听清,请您换一部电话重新拨打我们的电话,好吗?感谢您的来电,再见!"

(3)当电话杂音太大听不清楚时。

座席:"对不起,您的电话杂音太大,无法听清,请您换一部电话重新拨打我们的电话,好吗?感谢您的来电,再见!"

(4)当旅客讲方言而座席听不懂时。

座席:"对不起,请您讲普通话,好吗?谢谢!"

(当旅客继续讲方言,不讲普通话时)

座席:"对不起,请您找一个可以讲普通话的人来接听,好吗?谢谢!"

如果座席能够听懂旅客所使用的方言,应继续使用普通话表达,不要随意使用方言表达。

(5)当旅客抱怨座席声音太小或听不清楚时。

座席:"对不起,(稍微提高音量),请问有什么可以帮到您?"

(6)当座席没有听清楚旅客所述内容而要求旅客配合重复时。

座席:"对不起,麻烦您将刚才反馈的问题再重复一遍,可以吗?"

### 三、沟通内容异常的规范用语

（1）当座席提供的信息较长或比较重要，需要旅客记录相关内容时。

座席："麻烦您记录一下，好吗？"

（2）当旅客询问座席个人信息时。

座席："对不起，我的工号是*****"

若旅客坚持，可告知旅客公司规定只能通报工号。

（3）当需要请求旅客原谅时。

座席："对不起，请您原谅。"或"很抱歉，请您原谅。"

（4）当旅客向座席致歉时。

座席："没关系，请不必介意。"

（5）当座席遇到骚扰电话时。

座席："对不起，您的要求不在我们的服务范围内，请您挂机。"

如果旅客继续纠缠不休，座席可报告现场主管，视情况挂断电话。

（6）当座席遇到旅客善意的邀请时。

座席："非常感谢！但很抱歉，我不能接受。"

（7）当旅客向座席表示感谢时。

座席："请不必客气。"或"不客气。"

（若旅客进一步表扬）

座席："请不必客气，这是我们应该做的/这是我们的工作职责，感谢您对我们工作的支持，随时欢迎您再次来电。"

### 四、接受旅客反馈意见的规范用语

（1）当旅客投诉热线难拨、应答速度慢时（包括电话铃响三声后才接起）。

座席："对不起，*先生/*女士，感谢您的耐心等候！请问有什么可以帮到您？"

（2）当旅客情绪激烈、出言不逊时。

座席："对不起，*先生/*女士，请问有什么可以帮到您？"

同时座席应调整好心情，尽量安抚旅客的情绪。若旅客继续无理取闹，应马上报告现场主管。

（3）当旅客打断座席说话时。

座席："您请说。"

（4）当旅客责怪座席动作慢、不熟练时。

座席："对不起，感谢您的耐心等候！我将尽快帮您处理。"

（5）当旅客投诉工作人员态度不好时。

座席："对不起，给您添麻烦了，请您原谅。请问您能否将详细情况告诉我呢？"

（6）当旅客投诉座席工作出差错时。

座席："对不起，给您添麻烦了，请您原谅，我会将您反馈的问题如实记录，并尽快核实处理！"

（7）当无法当场答复的旅客投诉，受理结束时。

座席："很抱歉，*先生/*女士，感谢您的宝贵意见和建议，我们会提交给相关部门，并尽快给您回复！"

（8）当旅客提出建议时。

座席："感谢您提出的宝贵建议，我们将及时反馈给相关部门，再次感谢您对**航空的关心与支持！"

### 五、系统软硬件发生故障时的规范用语

（1）当系统反应较慢、需要旅客等待时。

座席："对不起，正在为您处理，请您稍等，好吗？"

业务处理完成后，座席应重新唤回旅客："您好！*先生/*女士，感谢您的耐心等候！"

（2）当提前收到通知系统维护时。

座席："尊敬的旅客，抱歉地通知您，*月*日**点至**点期间，由于系统维护升级，无法办理**等相关业务，您可在*月*日**点前或**点后致电办理。不便之处敬请谅解。"

（3）当临时通知系统维护时。

座席："很抱歉，由于线路调整，暂时无法办理**等相关业务，建议您稍后来电。不便之处敬请谅解。"

### 六、春运期间提醒旅客提前到达机场办理乘机手续

*先生/*女士，因春运期间客流增加，为避免因安检排队而延误乘机，请您提前*小时到达航站楼，尽快办理值机手续后迅速过安检，乘机当天请携带您的有效证件原件。感谢您对我们工作的支持，祝您旅途愉快！

### 七、特殊情况下提醒旅客办理值机手续

*先生/*女士，适逢旅客出行高峰，为避免影响您的行程，建议您提前*小时到达机场，航班起飞前**分钟截止办理登机手续，乘机当天请携带您的有效证件原件。感谢您对我们工作的支持，祝您旅途愉快！

## 八、业务转接规范用语

一般来讲，民航呼叫中心座席仅受理所属业务，若遇旅客咨询问题不在业务范围内，应将旅客来电转接至相应业务组别。

座席："您好！这里是****业务专线，现在为您转接到****（至旅客办理的相应业务）业务专线接听，请稍等……"

## 九、遇疑难问题需转资深同事接听时的规范用语

实习生在业务处理过程中，遇到疑难问题无法处理，需要将电话转接至资深同事时，应征得旅客同意。

座席："*先生/*女士，您好！我是实习生，关于这个问题的详细情况将由资深同事为您解答，好吗？"

此时，如果旅客有怨言，可以进一步说服旅客，再转接电话。

座席："您好！资深同事的解答将更有助于问题的解决，请允许我为您转接……"

切忌在没有给旅客任何提示的情况下，直接将电话转接给资深同事，这样会引起旅客的反感。

## 十、结束语

（1）通话结束前，应询问旅客是否还需要咨询其他问题。

座席："请问您还有其他问题需要咨询吗？"

在确保旅客没有其他问题需要咨询后，座席可礼貌地说："感谢您的来电，再见！"

（2）若遇旅客通话完毕仍未挂机。

座席："请问您还有其他问题需要咨询吗？"

若旅客仍没有回答，座席可礼貌地说"对不起，感谢您的来电，再见！"

## 思 考 题

（1）简述民航呼叫中心电话服务的基本礼仪。

（2）简述座席无法听清旅客说话时应如何处理。

（3）简述座席应如何应对旅客的抱怨与投诉。

（4）简述座席遇到无理取闹的旅客应如何处理。

（5）遇到讲方言的旅客，座席应如何处理？

# 第三章　民航呼叫中心的职业要求

## 学习目标：

（1）了解民航呼叫中心的职业要求。
（2）掌握提高业务处理能力的方法。
（3）了解电话沟通的基本要求。
（4）掌握电话沟通的基本技巧。
（5）了解主动服务意识与营销意识对做好民航呼叫中心工作的重要意义。
（6）了解民航呼叫中心座席应具备的心理素质。

## 学习内容：

（1）民航呼叫中心的职业要求。
（2）提高业务处理能力的方法。
（3）呼叫中心电话沟通的基本要求。
（4）表达的技巧。
（5）倾听的技巧。
（6）提问的技巧。
（7）主动服务意识与营销意识对民航呼叫中心工作的重要意义。
（8）民航呼叫中心座席应具备的心理素质。

民航呼叫中心作为航空公司为旅客提供服务的重要窗口，其服务质量的提升取决于座席素质的提升。座席的职业素养，对航空公司塑造企业形象至关重要。作为一名合格的民航呼叫中心座席，应该具备以下四个方面的职业素养。

（1）高效的业务处理能力。
（2）良好的电话沟通能力。
（3）根植于内心的主动服务意识与营销意识。
（4）强大的心理素质。

本章将就上述四个方面的职业素养进行较为详细的介绍。

# 第一节　高效的业务处理能力

优秀的民航呼叫中心座席必须能够独当一面，熟练处理日常工作中旅客提出的各种需求，包括航班信息的查询、旅客订座记录的建立、出票操作、打印行程单，以及机票的退改签等业务。高效的业务处理能力能够赢得旅客的信赖，提高旅客的满意度；反之，如果座席处理业务磨磨蹭蹭、拖拖拉拉，可能会使旅客对座席的业务处理能力产生怀疑，甚至激怒旅客。那么，民航呼叫中心座席如何才能具备高效的业务处理能力呢？

## 一、不断丰富自身的专业基础知识

丰富的专业基础知识是解决各类问题的基础，所以民航呼叫中心座席必须不断丰富完善自身的专业基础知识，熟知常用概念和术语，包括国内/国际运输、航空公司两字代码、城市及机场三字代码、承运人、成人旅客、婴儿、无成人陪伴儿童、团体旅客、有效身份证件等，这些都是上岗前必须掌握的知识，大家可以参考本教材附录部分的内容及其他专业教材的内容进行查漏补缺。

走上工作岗位后，也要不断地积累行业知识、规则和各类问题的处理经验。只有具备一定的知识储备，民航呼叫中心座席才有自信和能力去处理工作中的问题，才能不断提高处理问题的效率。

## 二、熟悉各项业务的操作指令和处理流程

由于民航呼叫中心业务的特殊性，座席不仅要记忆大量的术语和概念，多数情况下还要在订座系统中进行操作，这就要求座席一定要熟悉各项业务的操作指令和处理流程，能够对系统给出的返回结果进行正确识读，并将相关信息反馈给旅客。常见的操作指令可以参考本教材附录A的内容，也可以参考《民航计算机订座》等相关教材的内容，本教材的后续章节也将给出不同业务场景下的操作指令提示。

此外，座席还需要熟悉特殊旅客保障、地面服务处置等流程，有些业务的处理流程和规则可能会逐渐发生变化，这就要求座席要与时俱进，不断更新知识库。

## 三、快速、准确地判断旅客需求

民航呼叫中心的工作本质上来说就是为旅客服务，为了做到高效服务，要求座席必

须思维敏捷，具有洞察旅客心理的能力，能够快速、准确地判断旅客的需求，从而提供恰当的服务。

例如，座席通过和旅客的简单沟通，就能判定这是一个服务敏感型的旅客，还是一个价格敏感型的旅客，据此做好后续的主动营销工作。

民航呼叫中心服务的旅客可能来自不同的国家和地区，具有不同的文化背景，不同的表述方式。例如，有些旅客打来电话，会开门见山提出服务需求，而有些旅客往往先说出一大堆原因，然后才讲出打电话的目的，这就要求座席必须善于引导，快速、准确地判断旅客的需求，从而为旅客提供其所需的服务。

# 第二节　良好的电话沟通能力

在日常工作中，民航呼叫中心的座席，要与旅客进行大量的沟通。因此，在上岗前，必须了解电话沟通的基本要求，掌握沟通的基本技巧。

## 一、电话沟通的基本要求

为了达到良好的沟通效果，通话时座席应注意以下三个基本要求。

### （一）使用标准普通话（不含特殊语种）

在民航呼叫中心座席为旅客服务的过程中，旅客可能来自天南海北，各地方言不同，因此座席必须使用标准规范的普通话，这是保证旅客正确接收信息的基础。如果座席口齿不清，发音不准，传递的信息会出现很大偏差。尤其是现代汉语许多词包含的音节数量少，可负载的信息量大，每一个字的发声部位、方法稍不到位，就容易产生歧义；再加上电话传输设备、线路带来的噪声也会影响语音的清晰度。所以，民航呼叫中心的座席应注意克服口语中出现的错误习惯，做到吐字清楚、发音准确，准确高效地传递信息。

如果旅客使用座席熟悉的方言打入电话，座席也应坚持使用标准规范的普通话与旅客沟通。除非特殊情况下（旅客听不懂普通话），经请示批准后，座席方可使用方言与旅客交流。

### （二）准确地传递信息

民航呼叫中心座席在为旅客办理业务的过程中，往往涉及一些专业的词汇和术语，如果旅客无法理解，座席应以简洁明了的方式告知旅客。对于重要的信息，要与旅客进行反复核对，确保双方理解无误。由于汉语中同音字较多，所以要避免因同音字产生歧义，特别是旅客名字这类关键信息，一定要逐字确认。对于业务中一些规则的解释，如机票退改签的限制条件，座席的表述必须清楚明了，不能模棱两可。

### （三）积极的情感交流

座席每次在与旅客交流沟通时，除了要将票价、航班动态等信息客观准确地传递给旅客，还担负着航空公司与旅客进行感情联络的职责。如果在信息的传递过程中缺乏积极的情感因素，就不能算是一次完美的沟通过程。座席的每一次服务活动都应该是热情而真诚的，要尊重旅客，不能千篇一律地、例行公事般地对待不同心境、不同需求的旅客，对着冷冰冰的话筒，重复机械、僵硬的话语。例如，当因航班出现了延误、取消或其他原因旅客需要办理改期、签转、退票等业务时，座席一定要理解旅客的心情，设身处地、将心比心、积极热情地为旅客办理相关业务。虽然旅客看不见座席的表情，"只闻其声，不见其人"，但是座席的态度和情绪都会通过话筒传递给旅客。只有每个座席都能真诚地、带有同理心地做好每次服务工作，才能拉近与旅客的距离，进而提升民航呼叫中心的整体服务质量，提高旅客的满意度和忠诚度。

## 二、沟通的基本技巧

沟通可以分为三个环节：表达、倾听和提问，掌握相关的沟通技巧，对于座席来说，无疑是至关重要的。

### （一）表达的技巧

在民航呼叫中心的日常工作中，座席与旅客沟通应使用规范用语。为了更好地为不同类型的旅客提供热情周到的服务，座席需要掌握基本的表达方式及技巧。

#### 1. 选择积极正面的表达方式

相同的事实，不同的表达方式，往往产生的效果不同。杨树达先生的《汉文文言修辞学》中有以下这样一段记载。

闻诸先辈云：平江李次青元度本书生，不知兵。曾国藩令其将兵作战，屡战屡败。国藩大怒，拟奏文劾之，有"屡战屡败"语。曾幕中有为李缓颊者，倒为"屡败屡战"，意便大异。

在此我们不对这个故事的虚实进行考证，我们的关注点在于表达方式的选择。在多次打败仗的这个事实之下，"屡战屡败"突出的是一个"败"字，说明战者无能、次次战败，让人对其能力产生极大的不信任；而"屡败屡战"突出的是一个"战"字，说明战者勇猛，即使失败也不灰心、不气馁，不达目的决不罢休，表现的是一个人的执着与不屈。

"一句话能让人笑，一句话能让人跳""话有三说，巧说为妙"都说明了表达方式的重要性。尤其是对呼叫中心座席来讲，在与旅客沟通时，应该尽量选择积极正面的表达方式和用词。

例如，办理业务需要旅客长时间等待时，通常的说法是"抱歉，让您久等了"。细细品味你会发现这种说法无意中强化了旅客"久等"的感觉，所以座席可以采用另一种说法"感谢您的耐心等待"。

例如，旅客所需座位已售罄时，通常的说法："抱歉，没有座位了。"座席也可以换一种说法："由于当前是销售旺季，您所需航班座位已售完，建议您选择其他时间的航班。"

另外，座席在业务处理中应尽量使用规范用语，避免使用"是不是""对对对"等口头语，以免给旅客留下不良印象，导致公司形象受损。

### 2. 清晰表述、言简意赅

在与旅客沟通的过程中，座席需要将信息准确地传递给旅客，这就要求座席必须做到语意明了、意思完整、用词准确，避免产生歧义，核心目的是让旅客听明白。

另外，由于民航呼叫中心的主要业务是机票销售及相关服务，以接听呼入电话为主，座席在与旅客沟通的过程中，主要目的是获取相关业务信息，所以应该做到言简意赅，严禁与旅客东拉西扯，讨论与业务无关的话题。即使主动营销，也应做到表达清晰明了，切忌拖泥带水、长篇大论。

### 3. 声音要有感染力

旅客对民航呼叫中心的服务体验首先来自座席声音的体验，因为旅客与座席"素未谋面"，只能通过声音识人，所谓"闻其声而知其风"，他们是通过话筒里传来的声音及其传递的信息，来塑造座席的个人形象的，进而判断座席是否值得信赖。因此，座席在表达过程中，要注意强化声音的感染力。

下面介绍几个行之有效的发声技巧。

（1）保持合适的谈话音量。

声音太小，旅客无法听清；声音太大，会造成旅客听力及情绪上的负担。因此，座席在和旅客通话时，要注意调整说话音量的大小，应以旅客能听清楚又不刺耳为宜。

（2）注意通话时的语气。

语气是有声语言最重要的表达技巧，能够影响旅客的情绪和状态。座席在和旅客沟通时，语气要和缓、委婉，不能咄咄逼人。和缓、委婉的语气能给旅客带来信任感，咄咄逼人的语气往往会使旅客反感，产生对立情绪，特别是在航班不正常时或处理旅客投诉过程中，更容易激化矛盾。语气往往体现在表述方式上，追问、反问、否定容易使座席语气显得生硬，引起旅客的反感；而建议、引导等语气往往能营造良好的沟通氛围，达到有效的沟通效果。

（3）控制说话的语调。

语调是表达情绪、传递信息的重要手段，不同的语调会给旅客带来不同的感受和体验。通常，语调分为升调、降调、曲调、平调四种。

升调：前低后高，语势上升。一般用来表示疑问、反问、惊异等语气。

降调：前高后低，语势渐降。一般用于陈述句、感叹句、祈使句，表示肯定、坚决、赞美、祝福等语气。

曲调：全句语调弯曲，或先升后降，或先降后升，往往把句中需要突出的词语拖长着念，这种句调常用来表示讽刺、厌恶、反语、意在言外等语气。

平调：语势平稳舒缓，没有明显的升降变化，用于不带特殊感情的陈述和说明，也可表示庄严、悲痛、冷淡等语气。

座席应根据不同应用场合和沟通内容，使用合适的语调，来增强沟通效果。

（4）把握说话的语速。

在电话沟通的过程中，语速的快慢直接影响信息传递的效果。如果座席说话语速过快，可能会给旅客造成自己不耐烦、没有耐心的感觉，尤其是初次乘机旅行的旅客，往往可能无法听清座席提供的信息；如果座席说话语速太慢，则又会让旅客怀疑座席心不在焉、不专业、拖拖拉拉，容易产生不信任感。因此，在同旅客进行交流的过程中，座席应掌握合适的语速和节奏，这一点需要座席在长期的业务实践中不断总结和积累。

（5）合理使用重音。

中国文化博大精深，相同的话，重音所在的位置不同，所传递的意思也可能不同，举例如下。

班长说这个电话是你接的。（强调是班长而不是别人说的）

班长说这个电话是你接的。（强调是这个电话而不是其他电话）

班长说这个电话是你接的。（强调是你而不是别人接的）

座席在通话过程中，应注意重音的合理使用，从而做到向旅客准确传递信息。

（6）掌握停顿的技巧。

停顿也是座席在电话沟通过程中应该掌握的一种技巧。适当的停顿，一方面可以让旅客对座席提供的信息进行思考，做出选择；另一方面，可以让旅客有一个反应时间，座席也可以整理自己的思维。

#### 4. 合理使用脚本

为了提高座席与旅客电话沟通的效率，避免重要信息的遗漏，以及对特殊事件、特别业务统一口径，民航呼叫中心一般都准备了一套书面的规范用语指引手册，通常称之为脚本。

脚本一般都列明了各种条件下座席的应对话术，能够指引座席按照相应流程、标准话术来处理旅客的需求。一套完整规范的脚本能够带来如下好处。

（1）能够让民航呼叫中心新上岗的座席快速上手，节省上岗培训时间。

（2）可以让座席心中有数，增强自信心。

（3）避免座席遗漏重要问题。

（4）可以让座席更好地引导旅客，提高沟通效率，防止旅客在一个问题上纠缠不休。

（5）给座席提供应对恶意电话或骚扰电话的方法，以免面对突如其来的情况手足无措。

（6）降低座席业务处理的差错率，有利于提升其服务质量。

尽管脚本可以提供规范统一的指引，但是为了满足旅客的个性化需求，座席在长期的业务实践中，也要不断地进行积累，总结出不同应用场合下最合适的措辞，最有说服力的说明和解释，而不能简单地照本宣科。

### （二）倾听的技巧

倾听是高效沟通的关键，尤其是对民航呼叫中心的座席来讲，只有专注倾听，才能全面掌握旅客需求。特别是在处理航班不正常业务、旅客因其他原因抱怨或投诉时，座席倾听时需要有同理心，能够让旅客感觉到他们被理解和尊重。如果座席对旅客的需求听而不闻，或者心不在焉地应付旅客，肯定不利于问题的解决，甚至会激怒旅客，导致矛盾激化。

有效倾听不是一件容易的事情，外部影响或者内部干扰都可能导致座席分散注意力。那么，如何才能做到有效倾听呢？

#### 1. 听取关键词

基于业务处理的特点，座席在与旅客沟通的过程中，一定要注意一些关键词的获取。例如，在机票销售业务中，旅客的姓名、航程、出发日期、舱位等级、联系电话、证件信息等，误听或漏听任何一项，都会直接影响订座业务的处理，进而影响旅客的行程。所以，对于这些关键词，座席一定要特别留意。而遇上航班不正常时，旅客可能情绪比较激动，会说一大堆牢骚话甚至把所有的怒气都发泄到座席身上，此时座席应保持良好的心态，专注倾听旅客来电需要办理的业务，是改期、签转还是退票等。

## 2. 积极聆听

在沟通过程中，座席绝对不能只是被动倾听，而要做到积极聆听。在倾听时，应根据业务的需要，合理引导旅客提供相关信息。

积极聆听表现在以下两个方面。

（1）要对听到的信息做出反应。

在与旅客进行电话沟通的过程中，座席可以通过一些简短的话语，如"嗯，是的""好的""对""不好意思，麻烦再说一遍"等，向旅客表明自己正在倾听，鼓励旅客继续说下去。如果较长时间不对旅客进行回应，可能导致旅客认为自己提出的问题没有受到重视，座席敷衍了事，没有认真倾听；有时也会让旅客误认为通话已经中断。对于旅客说到的一些重要信息，座席应对听到的内容予以重复，但要注意也不能像鹦鹉学舌一样，旅客说什么座席就说什么，最好是能够予以归纳，简要地述说信息的重点。

在与旅客进行电话沟通的过程中，这种"反应式倾听"极为重要，不仅能让旅客感觉受到了重视，而且能对旅客的重要信息及时予以核对，座席没有听清或听懂的问题，能够及时予以澄清。

（2）要善于引导旅客。

旅客不可能对订票、变更、退票、签转等业务样样熟悉，所以座席在与旅客进行电话沟通的过程中，要善于引导旅客表达自己的需求，并且根据业务的需要，引导旅客逐步提供相应的信息，而不能想到哪说到哪。

例如，对于订座业务来讲，考虑到业务处理流程的需要，座席应按照"航段信息（包括城市对和日期）→旅客姓名→联系电话→证件信息"的顺序来引导旅客，这样做既能够提高倾听的效率，也便于业务的处理。

## 3. 消除外部影响

外部影响是干扰有效倾听的主要因素之一。常见的民航呼叫中心的工作环境如图3-1所示，座席之间的间隔距离比较小、其他座席的通话声音过大等，都可能导致座席在接听电话的过程中，不自觉地把注意力集中在其他座席的通话内容上，从而导致对旅客来电的通话内容听而不闻。因此，要求座席在整个通话过程中，要学会屏蔽外界噪声，聚精会神，始终把注意力集中在与旅客的通话上。

## 4. 克服内在干扰

除了外部影响，座席的情绪、心态等也是影响有效倾听的主要因素。

（1）座席应控制好自己的情绪。

当座席处于紧张或者焦虑状态时，是没有办法做到有效倾听的。例如，新上岗的座席，往往心理压力很大，总是担心如果旅客的问题自己无法解答怎么办，容易胡思乱想，无法把注意力集中在与旅客的通话上，这样就会影响倾听的效果。极端的情况下，可能会陷入恶性循环。

图 3-1　民航呼叫中心的工作环境

再如，座席在业务处理过程中可能会遇到一些难缠的甚至无理取闹的旅客，导致自己的情绪受到影响，感到生气和委屈。如果座席一直沉浸在这种情绪中，可能会对后续旅客的来电充耳不闻。

所以，在日常工作中，如果遇到类似情况，座席应该及时调整自己的情绪，比如站起来去接杯水，伸个懒腰，眺望一下远处的风景等。千万不能让一个恶意电话影响一天的情绪，也不要老在脑海中重映一些不愉快的过程，而要树立信心，始终保持平和心态。

（2）应集中精力。

很多因素都可能导致座席精力分散，以老员工为例，长期重复的工作会产生职业倦怠，导致在接听旅客来电的过程中，思绪不知不觉中飞到了九霄云外，开始走神。

在民航呼叫中心，座席要养成良好的职业习惯，在接听旅客来电时，一定要集中精力，防止因漫不经心造成的严重后果。

（3）要耐心倾听。

在业务实践中，民航呼叫中心的座席可能每天都会遇到很多类似甚至相同的问题，如查座位、查票价等，大量的重复工作可能导致座席缺乏耐心，表现在旅客还没有表述完整，座席就迫不及待地认为已经明白了旅客的需求。但是，要注意每一名旅客都有各自的特点，各自的表达方式，所以座席切忌粗暴地打断旅客讲话，一定要耐心倾听，让旅客不慌不忙地、完完整整地表达自己的需求。

### （三）提问的技巧

为了能够准确地判断旅客的需求，座席在与旅客沟通时，必须学习如何有效地提问。提问有多种形式，我们一般将提问分为封闭式提问和开放式提问。

#### 1. 封闭式提问

封闭式提问是指问题比较具体，问题的答案常常限于特定的范围。如果座席要旅客对某些信息进行确认，就需要对旅客进行封闭式提问。例如，"您需要现在出票吗""您需要打印行程单吗"等。

需要注意的是，在与旅客进行电话沟通的过程中，过于密集的封闭式提问，往往会给旅客造成一种压力，特别是在座席主动营销的过程中，可能会让旅客感到拘束、紧张，导致旅客产生防备甚至排斥心理。

#### 2. 开放式提问

开放式提问是指问题比较笼统，问题的答案范围不固定。这类提问往往是为了营造气氛，或者是为了引导旅客能够自如地表述自己的需求。例如，座席在每次呼叫开始的时候，为了探明旅客的来电目的，往往会问"请问有什么可以帮到您？"

在与旅客通话的过程中，座席要学会根据具体的业务需求来确定合适的提问形式，既能够快速得到必要的信息，又不会让旅客觉得有压力。

在掌握了上述表达、倾听及提问的技巧后，建议民航呼叫中心座席采用以下步骤，来实现与旅客的有效沟通。

（1）有效提问。

通过封闭式提问及开放式提问，尽快准确地获取旅客需求。此时，座席可能需要向旅客了解的信息比较多，但是要注意如果同时提出几个问题要旅客回答，旅客往往会顾此失彼，反而会降低沟通效率，所以同一时间只问一个问题比较好。

（2）专心聆听。

当旅客说明自己的需求时，座席一定要专心聆听，特别是一些关键的信息，如旅客姓名等，不能出现丝毫偏差，否则可能导致旅客无法出行。

（3）及时确认相关信息。

考虑到民航呼叫中心业务的特殊性，所以在获取旅客相关信息后，座席必须与旅客进行核对，及时确认，确保沟通没有歧义，没有差错。

## 第三节　根植于内心的主动服务意识与营销意识

### 一、主动服务意识

在民航呼叫中心，座席的主动服务意识是指在与旅客沟通的过程中所体现出来的为旅客提供热情、周到、主动的服务的愿望。服务意识有强烈与淡漠之分，也有主动与被动之分。一名优秀的民航呼叫中心座席，应时刻摆正自己的位置，尽最大可能满足旅客的正当需求，提升旅客的满意度。

只有不断增强主动服务意识，才能激发起座席在业务处理过程中的主观能动性，才能够发自内心地、自觉地为旅客提供优质服务，而不是被动地、面无表情地、机械地回答旅客的问题。

在销售旺季，旅客订票可能出现座位已售罄的情况，座席应主动为旅客提供备选方案，而不是简单的一句"对不起，没票了"打发了事；当航班延误、取消等不正常情况发生时，座席应能够理解旅客的心情，急旅客之所急，想旅客之所想，积极协助旅客办理变更、签转等业务。也并不是所有旅客都了解民航运输的相关规则，如果遇到旅客咨询相关问题，座席应耐心解释，直到旅客清楚为止。切忌故作姿态，以居高临下、不耐烦甚至是嘲讽的态度对待旅客。

民航呼叫中心座席本身从事的就是服务性的工作。因此，应时刻提醒自己树立牢固的主动服务意识，努力服务好每个旅客。

### 二、营销意识

对于民航呼叫中心的座席来讲，营销意识是指在与旅客沟通的过程中善于发现旅客的需求，继而为其推荐合适产品的观念和愿望。

在做好服务工作的同时，座席应强化营销意识，善于捕捉销售机会，做好主动营销工作。例如，旅客购买单程机票，可以主动询问旅客是否需要购买回程机票；如果旅客所需航班座位已售罄，可以主动为其推荐其他航班、其他舱位等级的座位。再如，航意险的销售、旅游度假产品的推荐等。

但是，考虑到民航呼叫中心的特殊性，座席的营销工作要适可而止，切忌过度推销，更不要死缠烂打，以免引起旅客的反感。

随着民航业竞争的加剧，民航呼叫中心的职能和作用也发生了很大变化，正在逐步成为航空公司的营销中心、服务中心和信息流转中心。作为体现航空公司形象的座席，必须不断强化主动服务意识与营销意识，以便进一步提升旅客的满意度和忠诚度。

# 第四节　强大的心理素质

民航呼叫中心业务处理量巨大。以南航呼叫中心为例，其年均接听电话2000万通，最高达到一年2800多万通，外呼电话149万通。遇到的旅客形形色色，处理的问题涉及方方面面，所以座席面临的劳动强度高，工作压力大。当航班不正常时，座席不仅业务量会骤增，还需要承受旅客的牢骚与抱怨，甚至侮辱、谩骂。

因此，要想成为一名优秀民航呼叫中心座席，不仅要具备扎实的行业基础知识、高效的业务处理能力、良好的电话沟通能力，还需要具备强大的心理素质，这主要表现在以下几个方面。

## 一、具有抗压能力

在民航呼叫中心，座席承受的压力主要来自两个方面：一是旅客所施加的外部压力，二是公司绩效考核、轮班制度等带来的内部压力。当然，对于新上岗的座席来讲，往往因为自身业务不熟练、不自信等导致过于紧张，甚至出现心跳加速、语无伦次、大脑空白等情况，若不及时缓解压力，调整状态，可能会导致自己无法正常上岗。

因此，民航呼叫中心的座席一定要掌握适合自己的缓解压力的方法，如深呼吸、保持积极心态、经常自我激励等，让自己的心理承受能力越来越强，逐步适应工作带来的压力。

## 二、具有应变能力

在民航呼叫中心，座席每天需要接听上百个电话。在电话接通之前，无法预知接待的会是一个什么样的旅客，旅客会提出什么样的需求；无法预知接到的是一个订票电话，还是一个骚扰电话。因此，要求座席应该具有一定的应变能力，当遇到突发事件时，能够做到处变不惊；当遇到旅客提出的蛮不讲理、无理取闹的需求时，能够有礼有节地予以处理。

## 三、具有自我情绪管控能力

在民航呼叫中心，新上岗的座席可能因为工作压力而导致情绪紧张；工作时间长的座席则可能因为长期大量重复的工作，产生职业倦怠，对旅客失去耐心。在日常工作中，座席有可能因为受到旅客的投诉而情绪低落，也有可能因为旅客的蛮不讲理而委屈或愤怒。但是，不管怎样，面对下一个旅客的来电，座席都应以饱满的热情，为旅客提供耐心、周到的服务，不应将不良情绪迁移到下一个无辜的旅客身上。这就要求民航呼叫中心的座席必须具备一定的自我情绪管控能力，能够及时调整自身情绪，始终以平和的心态、积极乐观的态度对待工作，热情、耐心、周到地服务好每一个旅客。

## 思　考　题

（1）简述表达的技巧。

（2）座席如何才能做到有效倾听？

（3）简述封闭式提问和开放式提问的特点。

（4）论述民航呼叫中心座席如何才能做好与旅客沟通的工作。

（5）简述脚本的好处。

# 第四章 国内订座业务处理

## 学习目标：

（1）能够处理航班信息查询业务。
（2）能够处理票价查询业务。
（3）能够处理成人旅客订座业务。
（4）能够处理与成人旅客同行的儿童及婴儿订座业务。
（5）能够处理出票业务。

## 学习内容：

（1）航班信息查询业务的操作指令、话术指引、注意事项。
（2）票价查询业务的操作指令、话术指引、注意事项。
（3）成人旅客订座业务的操作指令、处理流程、话术指引、注意事项。
（4）与成人旅客同行的儿童及婴儿订座业务的操作指令、处理流程、话术指引、注意事项。
（5）出票业务的操作指令、处理流程、话术指引、注意事项。

## 第一节 航班信息查询及票价查询

### 一、业务概述

旅客在购票前，往往需要咨询航班的相关信息，如座位、票价、经停点、机型、承运航空公司等。座席应根据旅客的需求，使用适当的查询指令，在 eTerm 系统中进行操作，并将系统返回结果告知旅客。

### 二、操作指令

#### （一）查询航班座位可利用情况

**1. 指令格式**

>AV:选择项/城市对/日期/起飞时间/航空公司两字代码/经停标识/座位等级

## 2. 举例

查询 9 月 15 日 12 点以后广州至北京的航班座位可利用情况，应输入如下指令。
>AV H/CANBJS/15SEP/1200

系统返回结果如下：

```
15SEP(SAT) CANBJS
1-  CA1352   DS# FA AA OA JC CC DC ZC RC YA BA    CANPEK 1230   1540   77W 0^  E
>            MA UA HA QA VA WA SA TA LA XA NA KA                         -- T3
             ** M1A S1A
2   HU7806   DS# CA DA ZA IQ RQ JA YA BA HQ KQ    CANPEK 1255   1605   789 0^L E
>            LQ MQ XQ VQ NQ QQ PQ AQ UQ TQ SQ OQ                         -- T1
3   CZ324    AS#JA CQ DQ IQ OC YA PA BQ MQ HQ     CANPEK 1300   1615   321 0^L E
>            KA UQ AQ LQ QA EQ VQ ZQ TQ NQ RQ GS XC                      -- T2
4   CA1322   DS# PA FA AA OA JC CC DC ZC RC YA    CANPEK 1330   1640   773 0^  E
>            BA MA UA HA QA VA WA SA TA LA XA NA KA                      -- T3
             ** M1A S1A
5   CZ3109   DS# JA CQ DQ IQ OC YA PA BQ MQ HQ    CANPEK 1400   1710   33W 0^C E
>            KA UQ AQ LQ Q7 EQ VQ ZQ TQ NQ RQ GS XC                      T2 T2
6   *MF1009  DS# YA BQ MQ LQ KQ NQ QQ VQ SQ       CANPEK 1400   1710   33W 0^C E
>            CZ3109                                                      T2 T2
7+  *MU3012  DS# YA MQ EQ KQ LQ RQ                CANPEK 1400   1710   33W 0^C E
>            CZ3109                                                      T2 T2
**  JD5100-JD5800 PLEASE CHECK IN 45 MINUTES BEFORE DEPARTURE AT CAN
```

## 3. 结果说明

座位可利用情况，通过舱位等级后面的字符表示，其含义如表 4-1 所示。

表 4-1 座位可利用情况对照表

| 字 符 | 含 义 |
| --- | --- |
| A | 可以提供 9 个以上座位 |
| 1—9 | 可以提供 1—9 个座位，系统显示具体的可利用座位数 |
| L | 没有可利用座位，但可以候补 |
| Q | 永久申请状态，没有可利用座位，但可以申请（HN） |
| S | 因达到限制销售数量而没有可利用座位，但可以候补 |
| C | 该等级彻底关闭，不允许候补或申请 |
| X | 该等级取消，不允许候补或申请 |
| Z | 可利用情况不明，这种情况有可能在外航航班上出现 |

从系统返回结果中，可以看到第 5 个航班为 CZ3109 航班，该航班 J 舱目前座位充裕，O 舱已关闭，Q 舱有 7 个座位，G 舱限制销售；该航班 14:00 从广州白云国际机场 T2 航站楼出发，17:10 到达北京首都国际机场 T2 航站楼，机型为空客 A330，宽体机；航班提供预选机上座位功能。

31

## （二）查询航班班期

### 1. 指令格式

>SK:选择项/城市对/日期/时间/航空公司两字代码/舱位

### 2. 举例

查询 10 月 15 日广州至哈尔滨的南航航班班期，应输入如下指令。

>SK CANHRB/15OCT/CZ

系统返回结果如下：

```
12OCT(FRI)/18OCT(THU)   CANHRB  VIA  CZ
1    CZ3615  CANHRB  0820  1225  32G 0  C  E        25MAR27OCT   JCDIOWSYPB
2    CZ3905  CANHRB  1455  1910  32G 0  C  E        25MAR27OCT   JCDIOWSYPB
3    CZ3623  CANHRB  1910  2320  32G 0  C  E        25MAR27OCT   JCDIOWSYPB
4    CZ8740  CANHRB  1640  2210  31G 1  C  E  X246  25MAR26OCT   JCDIOWSYPB
5    CZ6262  CANHRB  1640  2245  321 1  C  E  246   27MAR27OCT   JCDIOWSYPB
6    CZ3409  CANKMG  0820  1050  73C 0  C  E        01MAY27OCT   JCDIOWSYPB
+    CZ6270          HRB   1550  2220  32L 1  D  E             DS#  JCDIOWSYPB
**   JD5100-JD5800 PLEASE CHECK IN 45 MINUTES BEFORE DEPARTURE AT CAN
```

### 3. 结果说明

航班的班期安排如表 4-2 所示。

表 4-2　航班的班期安排

| 字符 | 含义 |
| --- | --- |
| 空格 | 该航班每天都有 |
| 246 | 该航班逢周二、周四、周六有 |
| X246 | 该航班除周二、周四、周六外，每天都有 |

例如，系统返回结果中的第 1 个航班 CZ3615，每天都有，8:20 从广州白云国际机场出发，12:25 到达哈尔滨；而第 5 个航班 CZ6262，逢周二、周四、周六才有；第 4 个航班 CZ8740，除周二、周四、周六外，每天都有。

## （三）查询航班经停城市、起降时间和机型

### 1. 指令格式

>FF:航班号/日期

### 2. 举例

查询 10 月 20 日 CZ3487 航班的经停城市和起降时间，应输入如下指令。

>FF:CZ3487/20OCT

系统返回结果如下：

FF:CZ3487/20OCT18

| | | | |
|---|---|---|---|
| CAN | | 1245 | 319 |
| KMG | 1515 | 1615 | |
| LJG | 1720 | | |

### 3. 结果说明

从系统返回结果可以看出，10 月 20 日 CZ3487 航班 12:45 从广州出发，15:15 分到达经停城市昆明，16:15 从昆明出发，17:20 到达目的地丽江，机型为 A319。

## （四）查询航班飞行情况

### 1. 指令格式

>DSG:完整显示项/航班号/座位等级/日期/航段

### 2. 举例

查询 10 月 22 日 CZ6761 航班的飞行情况，应输入如下指令。

>DSG:C/CZ6761/22OCT

系统返回结果如下：

| CZ6761 | (MON)22OCT | | SYX | 0930 | 32L LD |
|---|---|---|---|---|---|
| | | 1115 | SWA | (60) 1215 | 32L |
| | | 1550 | SHE | ELAPSED TIME | 6:20 DIST 0M |

### 3. 结果说明

从系统返回结果可以看出，10 月 22 日 CZ6761 航班从三亚飞往沈阳，中途经停揭阳，在揭阳停留 1 小时（60 分钟），机型为 A320，全航程飞行时间为 6 小时 20 分钟。

## （五）查询票价及使用规则

### 1. 指令格式

>FD:城市对/日期/航空公司两字代码  或  >FD:序号
>PFN:序号

### 2. 举例

查询 9 月 12 日广州至北京的南航公布票价，应输入如下指令。

>FD CANPEK/12SEP/CZ

系统返回结果如下：

>PFDCANPEK/12SEP/CZ
FD:CANPEK/12SEP19/CZ        /CNY    /TPM    1978/
01 CZ/L    / 3000.00= 6000.00/L/Y/    /    .    /06JAN10 /LIZ    ▶PFN:01
02 CZ/L1   / 3000.00= 6000.00/L/Y/    /    .    /06JAN10 /LIZ    ▶PFN:02
03 CZ/F    / 2550.00= 5100.00/F/F/    /    .    /02NOV07 /F020   ▶PFN:03
04 CZ/C    / 2210.00= 4420.00/C/C/    /    .    /02NOV07 /C020   ▶PFN:04
05 CZ/K1   / 2200.00= 4400.00/K/Y/    /    .    /01DEC10 /LIZ    ▶PFN:05
06 CZ/K    / 1700.00= 3400.00/K/Y/    /    .    /01DEC10 /LIZ    ▶PFN:06
07 CZ/W    / 1700.00= 3400.00/W/Y/    /    .    /28MAR10 /W002   ▶PFN:07

```
08 CZ/Y    / 1700.00= 3400.00/Y/Y/    /    .    /30MAR14 /Y020    ▶PFN:08
09 CZ/K2   / 1670.00= 3340.00/K/Y/    /    .    /01DEC10 /LIZ     ▶PFN:09
10 CZ/L    / 1630.00= 3260.00/L/Y/    /    .    /26SEP10 /HMLG    ▶PFN:10
11 CZ/Y90  / 1530.00= 3060.00/T/Y/    /    .    /02NOV07 /T020    ▶PFN:11
12 CZ/Y80  / 1360.00= 2720.00/H/Y/    /    .    /20APR04 /H002    ▶PFN:12
13 CZ/Y75  / 1280.00= 2560.00/M/Y/    /    .    /02NOV07 /HK12    ▶PFN:13
14 CZ/Y70  / 1190.00= 2380.00/G/Y/    /    .    /02NOV07 /G020    ▶PFN:14
15 CZ/Y65  / 1110.00= 2220.00/S/Y/    /    .    /02NOV07 /S020    ▶PFN:15
16 CZ/Y60  / 1020.00= 2040.00/L/Y/    /    .    /02NOV07 /L020    ▶PFN:16
17 CZ/Y55  /  940.00= 1880.00/Q/Y/    /    .    /02NOV07 /Q020    ▶PFN:17
18 CZ/Y50  /  850.00= 1700.00/E/Y/    /    .    /02NOV07 /E020    ▶PFN:18

PAGE 1/2
```

#### 3. 结果说明

从系统返回结果可以看出，票价种类比较多，共计两页内容（可以使用 PN 指令翻至下一页查看其他票价），在当前页可以看到第 18 种票价为 E 舱的公布票价，该票价为经济舱 5 折票价，单程为人民币 850 元，来回程为人民币 1700 元。如果要查看该票价的退改签相关规定，将光标移至行末"▶PFN:18"后直接提交即可。

### 三、话术指引

座席受理航班信息查询及票价查询业务时，可参考航班信息查询及票价查询的话术指引（见图 4-1）。

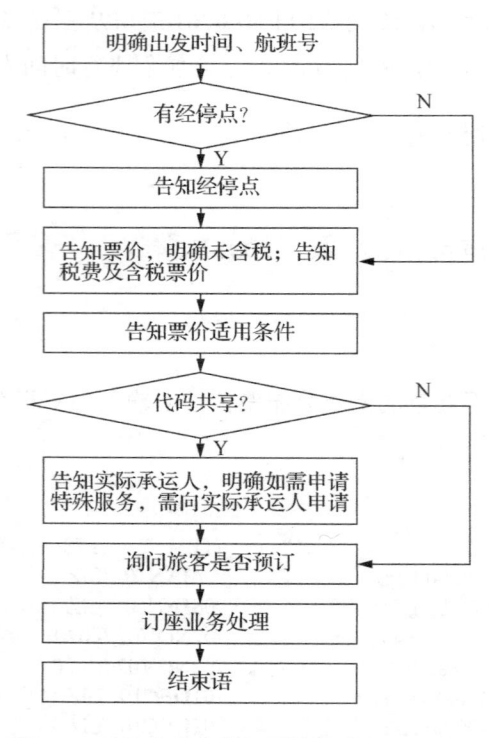

图 4-1 航班信息查询及票价查询的话术指引

## 四、注意事项

（1）航班如果存在经停点应告知旅客，可使用 FF 指令或 DSG 指令查询经停点信息。

（2）代码共享航班应告知旅客实际承运方、实际执飞的航班号、乘机地点（航站楼），并提示旅客乘机当天前往实际承运航空公司的柜台办理乘机手续。

（3）票价及税费应分开报价。

（4）报价时，根据相关规定，应告知旅客票价适用的限制条件，如客票更改及退票的规定、适用期限等。

（5）"10"和"11"在通话中容易混淆，应注意核对，以确定双方理解无误。

例如，将 10（音：shi）讲为幺零（音：yao ling）。

## 五、模拟训练

### （一）场景资料

旅客致电呼叫中心，要求查询 8 月 15 日广州至沈阳的南航机票，询问上午 10 点出发的航班有没有座位、最低折扣及具体票价。

### （二）操作流程

```
>AV H/CANSHE/15AUG/CZ
>FD CANSHE/15AUG/CZ   或  >FD 1
```

也可以先使用 SD 指令订座，再使用 PAT 自动计算票价（如果旅客不订座，记得使用 I 指令取消订座记录）。

座位查询结果如下：

```
15AUG(WED) CANSHE VIA CZ
1- CZ6384  DS# JA CQ DQ IQ OC WA SQ YA PA BQ    CANSHE 0800   1145      320 0^C    E
>              MQ HQ KA UQ AQ LQ QA EQ VQ ZQ TQ NQ RQ GS XC
2  CZ6332  DS# JA CQ DQ IQ OC WA SQ YA PA BQ    CANSHE 1000   1340      32E 0^C    E
>              MQ HQ KA UQ AQ LQ QA EQ VQ ZQ TQ NQ RQ GS XC
3  CZ6340  DS# JA CQ DQ IQ OC WA SQ YA PA BQ    CANSHE 1330   1715      320 0^L    E
>              MQ HQ KA UQ AQ LQ QA EQ VQ ZQ TQ NQ RQ GS XC
4  CZ6368  DS# J4 CQ DQ IQ OC WA SQ YA PA BQ    CANSHE 1515   1905      32E 0^D    E
>              MQ HQ KA UQ AQ LQ QA EQ VQ ZQ TQ NQ RQ GS XC
5  CZ6302  DS# JA CQ DQ IQ OC WA SQ YA PA BQ    CANSHE 2045   0030+1    32G 0^C    E
>              MQ HQ KA UQ AQ LQ QA EQ VQ ZQ TQ NQ RQ GS XC
6+ CZ3601  DS# J8 CQ DQ IQ OC WA SQ YA PA BQ    CANSHE 1825   0015+1    320 1^D    E
>              MQ HQ K7 UQ AQ LQ Q1 EQ VQ ZQ TQ NQ RQ GS XC
**         JD5100-JD5800 PLEASE CHECK IN 45 MINUTES BEFORE DEPARTURE AT CAN
```

票价查询结果如下：

```
>PFDCANSHE/15AUG18/CZ
FD:CANSHE/15AUG18/CZ                    /CNY /TPM   2672/
01 CZ/F     / 3470.00= 6940.00/F/F/   /   ./02NOV07 /F020    ▶PFN:01
02 CZ/C     / 3000.00= 6000.00/C/C/   /   ./02NOV07 /C020    ▶PFN:02
03 CZ/W     / 2310.00= 4620.00/W/Y/   /   ./26APR10 /W002    ▶PFN:03
04 CZ/Y     / 2310.00= 4620.00/Y/Y/   /   ./02NOV07 /Y020    ▶PFN:04
05 CZ/Y90   / 2080.00= 4160.00/T/Y/   /   ./02NOV07 /T020    ▶PFN:05
06 CZ/Y80   / 1850.00= 3700.00/H/Y/   /   ./02NOV07 /H020    ▶PFN:06
07 CZ/Y75   / 1730.00= 3460.00/M/Y/   /   ./02NOV07 /M020    ▶PFN:07
08 CZ/Y70   / 1620.00= 3240.00/G/Y/   /   ./02NOV07 /G020    ▶PFN:08
09 CZ/Y65   / 1500.00= 3000.00/S/Y/   /   ./02NOV07 /S020    ▶PFN:09
10 CZ/Y60   / 1390.00= 2780.00/L/Y/   /   ./02NOV07 /L020    ▶PFN:10
11 CZ/Y55   / 1270.00= 2540.00/Q/Y/   /   ./02NOV07 /Q020    ▶PFN:11
12 CZ/Y50   / 1160.00= 2320.00/E/Y/   /   ./02NOV07 /E020    ▶PFN:12
13 CZ/Y45   / 1040.00= 2080.00/V/Y/   /   ./02NOV07 /V020    ▶PFN:13

PAGE 1/1
```

### （三）参考话术

座席：您好！工号1234为您服务，请问有什么可以帮到您？

旅客：你好！帮我查一下8月15号广州至沈阳的南航航班，现在还有座位吗？

座席：好的。请您稍等，正在为您查询……8月15日，广州至沈阳，南航目前座位比较充裕，请问您需要几点的航班？

旅客：10点左右的。

座席：好的。南航CZ6332航班，10点出发，13:40到达，可以吗？

旅客：这个航班票价最低几折？多少钱？

座席：目前该航班最低折扣为5.5折，单程票价为1270元，未含税，税费包括50元的机场建设费和40元的燃油附加税，含税共计1360元。客票适用条件：自愿变更时，在航班预计离站时间前的2小时（含）前，收取票价20%的变更费，在航班预计离站时间前的2小时（不含）后，收取票价30%的变更费；自愿退票时，在航班预计离站时间前的2小时（含）前，收取票价30%的退票费，在航班预计离站时间前的2小时（不含）后，收取票价50%的退票费；不允许自愿签转。请问您现在需要预订吗？

旅客：暂时不用，先了解下。

座席：好的。价格与舱位时时浮动，具体价格与舱位以出票时查询为准。请问还有什么可以帮到您？

旅客：没有了，谢谢！

座席：不客气。感谢您的来电，再见！

## 第二节　成人旅客订座

### 一、业务概述

处理普通成人旅客订座业务时，座席应注意做好主动营销和核对信息工作。

#### （一）主动营销

座席在为旅客查询航班信息时，应根据旅客需求判断旅客类型，为旅客推荐合适的产品。

旅客大致可以分为以下三类。

**1. 服务敏感型**

该类旅客多为高端旅客、金/银卡会员；所预订的航班日期通常距查询日期较近（一般不超过 7 天）；旅客对航班时刻、机型、座位情况、航班准点率有较明确的要求。针对该类旅客的服务要点如下。

（1）为旅客推荐时刻较好、机型较大的航班，并提供多种物理舱位供旅客选择。

（2）主动告知旅客如果需要退改签，可随时来电办理，且行程单可以在机场直属柜台获取，表示售后服务的便利性。

例如：

现为您查询到*月*日*点**至**的航班，由*****机型执飞，且**航开通 24 小时服务热线，您可随时致电办理客票的退改签业务，请问您是否需要预订？

**2. 里程敏感型**

该类旅客多为普通会员，购买机票时多数会考虑可以累积里程的折扣舱位；对赠送里程及升级航段的活动感兴趣，来电通常会主动询问有关促销活动。

针对该类旅客的服务要点如下。

（1）价格相差不大时，可推荐旅客购买累积较多里程或赠送升级航段/里程的产品。

（2）此类旅客如果预订特价票，可适当推荐更改限制条件较宽松的其他折扣票。

例如：

情景一：推荐里程累积较多的舱位。您好，推荐您购买 7.6 折（H 舱）以上**航实际承运航班客票，基本飞行里程最低可按 100%进行累积（S 舱除外），请问您是否需要预订？

情景二：预订航线有里程促销活动。**航现推出**航线里程促销活动，您可在活动期间内注册参加该活动，您注册后且在活动期间内乘坐的**至**的航班，便可在原里程累积基础上额外获得*%的里程奖励/额外获得*个升级航段，请问您是否需要注册并预订？

### 3. 价格敏感型

该类旅客多为普通旅客，所预订的航班日期距查询日期较远；来电通常会主动询问是否有最低价或特殊折扣机票，会对多家航空公司的票价比较后再订座。针对该类旅客的服务要点如下。

（1）尽可能地为旅客推荐最低票价，若无直达航班可推荐纵横中国等优惠产品。

（2）对于期待乘坐头等舱、公务舱，但觉得票价太高的旅客，座席可向旅客推荐两舱的促销产品。

例如：

**航已推出电话支付直减优惠/纵横中国多段优惠等优惠产品，只要您预订**航指定舱位，并符合相关条件，即可获得相应优惠。根据您的需求现查询到的优惠票价为**元，请问您是否需要预订？

## （二）核对信息

座席在与旅客沟通的过程中，应及时与旅客核对相关信息，如旅客姓名，因为汉字的同音字特别多，所以一定要逐字核对，而且表述时不能有歧义。

### 1. 中文部分核对技巧

中文部分可根据汉字的结构分为左右结构、上下结构、独体结构、半包围结构和全包围结构，根据发音，座席要初步判断文字的结构，选择合适的方法，使用褒义词或中性词对需确认的文字进行描述。

具体方法可参考表 4-3 所示内容。

表 4-3 中文部分核对技巧

|  |  | 拆 字 案 例 |
|---|---|---|
| 汉字结构 | 左右结构 | "胡"可拆为"古"和"月"，"张"可拆为"弓"和"长" |
|  | 上下结构 | "李"可拆为"木"和"子"，"吴"可拆为"口"和"天" |
|  | 独体结构 | "文"可组词"文化"，"万"可组词"万众一心" |
|  | 半包围结构 | "庆"可组词"国庆"，"司"可组词"公司" |
|  | 全包围结构 | "国"可组词"国家"，"图"可组词"大展宏图" |
|  | …… | …… |
| 组词 | 普通汉字组词 | 可用平常生活中经常使用的词组，如"明"可组词"明天"，"桂"可组词"桂林" |
|  | 特殊汉字组词 | 如"刁"字，较难组成褒义词或中性词，我们可先描述为"学习"的"习"字少一点 |
|  | 用名人姓氏组词 | "周"为"周恩来"的"周"、"朱"为"朱德"的"朱"等 |
|  | 习惯用语表述 | "王"，三横"王"、"黄"，草头"黄"等 |
| 提示：<br>　　上述方法可以单独使用或结合使用，对同音不同义的字进行恰当描述。组词时需要避免类似的同音词：如"微风"和"威风"、"保健"与"宝剑"同音，可用"微"组词"微笑"、"威"组词"威海"、"健"组词"健康"、"剑"组词"刀剑"等加以区分，确保听音辨字的正确性 ||||

## 2. 数字告知技巧

航班时间应按 24 小时制告知旅客，并配合"上午、下午、晚上"等时间概念词，以达到传递准确信息的目的。

例如，某航班起飞时间为 5 月 1 日下午 4 点钟，座席应询问："请问您需要乘坐的是 2018 年 5 月 1 日 16:00，也就是下午 4 点钟的航班，对吗？"

接受旅客订座，座席应在订座系统中建立相应 PNR（Passenger Name Record），即旅客订座记录。

PNR 中必须包括姓名组、航段组、联系组、出票时限组这四个必不可少的组项，还可以包括特殊服务组、其他服务情况组、备注组这三个可选组项。

## 二、操作指令

### （一）姓名组

姓名组记录了旅客姓名、所订座位数、称谓、特殊旅客代码等，成人旅客姓名的指令格式如下：

#### 1. 中文姓名输入

>NM 1 张三　1 李四

#### 2. 英文或拼音姓名输入

>NM 1ZHANG/SAN 1LI/SI

注意散客 PNR（旅客人数小于等于 9 人的 PNR）只能使用一个 NM 指令一次录入全部旅客姓名，每个旅客姓名前均需要输入数字 1，代表每个旅客占一个座位。

### （二）航段组

航段组记录旅客的航程信息，包括航班号、出发日期、舱位等级等。

#### 1. 直接建立航段组

当座席对所预订的航班有充分的了解，知道航班号、日期、航段、舱位、座位数等情况时，可以不用查询座位，直接使用如下指令订座。

>SS 航班号　舱位　日期　城市对　行动代码　订座数

#### 2. 间接建立航段组

间接建立航段组是指座席首先使用 AV 指令查看航班座位的可利用情况，然后使用 SD 指令为旅客订座，指令格式如下：

>SD 序号　舱位等级　（行动代码）订座数

### 3. 建立信息航段组或到达情况不明的航段组

信息航段组或到达情况不明的航段组，不占用航班座位，通常是为了保证 PNR 中航段的连续性，便于打票而建立的，其指令格式如下：

>SA （日期） 缺口城市对

### 4. 建立 OPEN 航段

如果旅客的出发时间不确定，可以使用 SN 指令为其预订不定期航段，即 OPEN 航段，其指令格式如下：

>SN 承运人 舱位 城市对

## （三）联系组

联系组记录各种联系信息，方便查询代理人及旅客联系方式，其指令格式如下：

>CT 自由格式文本

## （四）出票时限组

对于非直接出票的 PNR，应注明出票时限。出票时限可以由系统自动生成，也可以由座席自己设置。座席自己设置出票时限的指令格式如下：

>TKTL/时间/日期/OFFICE

## （五）特殊服务组

特殊服务组主要用来记录旅客在旅行中需要的特殊服务，以及旅客的证件信息等，常用指令格式如下：

### 1. 国内旅客证件信息输入

>SSR FOID 航空公司两字代码 HK/NI 证件号码/Pn

### 2. 会员卡号输入

>SSR FQTV 航空公司两字代码 HK/航空公司两字代码 卡号/Pn

### 3. 特殊服务申请

>SSR 服务类型代码 航空公司两字代码 行动代号 人数/旅客标识/Sn

### 4. 婴儿信息

>SSR INFT 航空公司两字代码 NN1 婴儿姓/名 婴儿出生日期/Pn/Sn

### 5. 儿童信息

>SSR CHLD 航空公司两字代码 HK1 儿童出生日期/Pn

## （六）其他服务情况组

OSI 项提供不需立即回答的服务的情况，常用来将旅客联系电话、VIP 旅客职务等信息告知航空公司。

### 1. 指令格式

>OSI 航空公司两字代码 (服务类型) 自由格式文本/旅客标识

### 2. 举例

>OSI CZ CTCM13560358675/P1
>OSI CZ CTCT13560358675

## （七）备注组

备注组用来记录某些有助于了解旅客情况的信息，如同行旅客信息、金/银卡旅客卡号等。

### 1. 指令格式

>RMK 自由格式文本

### 2. 举例

RMK:THE PSGR TRVL WITH PNR HQ32VL

## （八）机场衔接时间查询

不同机场对航班之间的最短衔接时间会有不同的要求，座席订座时，应使用 SCM 指令查核最新 OAG（Official Airline Guide）公布的机场最短衔接时间。指令格式如下：

>SCM:机场三字代码

# 三、PNR 建立实例

## （一）1 名成人旅客飞单程

>AV H/CANSHA/12SEP/CZ
>SD2K1
>NM 1 李丽
>OSI CZ CTCM 18922231234/P1
>SSR FOID CZ HK/NI440123198702022016
>@

## （二）1 名成人旅客飞连续航段

>AV H/CANCTU/14SEP/CZ
>SD3W1
>AV H/CTUSHA/15SEP/CZ
>SD4Y1
>NM 1 李丽
>OSI CZ CTCM 18922231234/P1
>SSR FOID CZ HK/NI440123198702022016
>@

### （三）多名成人旅客飞不连续航段

```
>AV H/CANPEK/16SEP/CZ
>SD3Y2
>AV H/CTUCAN/18SEP/CZ
>SD5Y2
>SA PEKCTU
>NM 1 李丽 1 张欣
>OSI CZ CTCM 18922231234/P1
>OSI CZ CTCM 13522231266/P2
>SSR FOID CZ HK/NI440123198702022016/P1
>SSR FOID CZ HK/NI440123199812122033/P2
>@
```

### （四）多名成人旅客飞来回程，回程为 OPEN 航段

```
>AV H/CANPEK/20SEP/CZ
>SD3Y2
>SN CZ Y PEKCAN
>NM 1 李丽 1 张欣
>OSI CZ CTCM 18922231234/P1
>OSI CZ CTCM 13522231266/P2
>SSR FOID CZ HK/NI440123198702022016/P1
>SSR FOID CZ HK/NI440123199812122033/P2
>@
```

## 四、话术指引

座席在接到旅客咨询电话时，应做好主动营销工作，询问旅客是否订座，是否立即出票。机票销售的话术指引如图 4-2 所示。

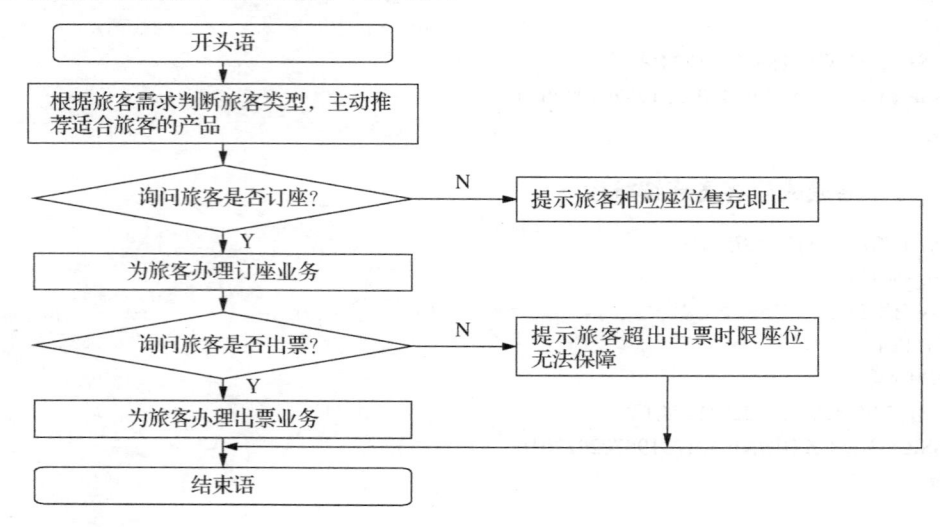

图 4-2　机票销售的话术指引

如果旅客确认订座，座席应询问旅客姓名、航程、舱位等级等信息，为旅客建立订座记录，之后必须与旅客进行三核对：核对乘机人姓名、航段信息、证件号码（后文简称三核对）；核对无误后，座席应询问旅客是否立即出票，若立即出票，则按出票流程指引旅客；若暂不出票，应提示旅客出票时限。成人旅客订座的话术指引如图 4-3 所示。

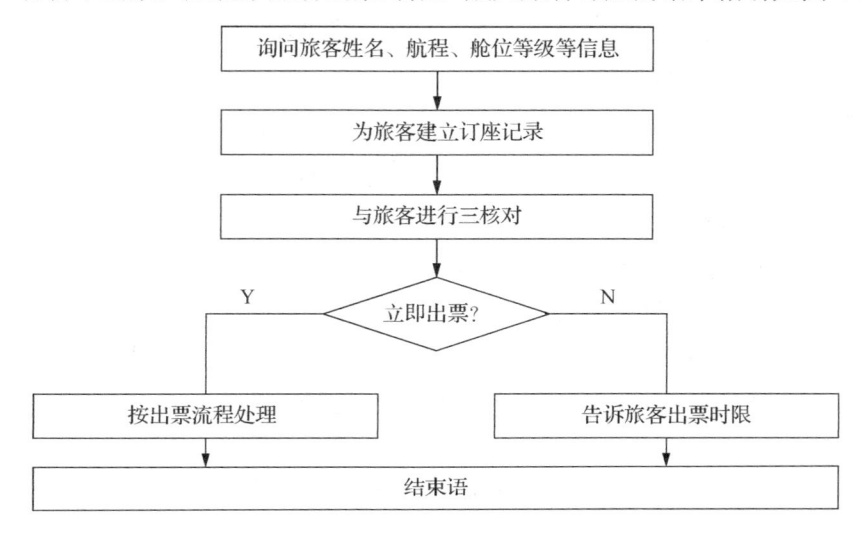

图 4-3　成人旅客订座的话术指引

## 五、注意事项

（1）接受旅客订座，应问清旅客旅行的路线、日期、航班、承运人、座位等级、人数、需要提供的特殊服务等情况。

（2）接受旅客订座，应根据旅客意愿，选择航班。如果旅客要求订座的航班已满员，应主动为旅客推荐其他合适产品；也可将旅客列入候补名单，等有座位时，立即通知旅客。

（3）中航信系统实现限制失信被执行人购票的方式，含有失信被执行人的 PNR 不允许封口，并在封口操作时提示信息。

若 PNR 中失信被执行人个数少于或等于 3 个，提示内容如下。

"旅客 X/Y/Z 为失信被执行人，如有疑问请联系执行法院。"

或 "Passenger X/Y/Z, break execution, banned by the executing court."

若 PNR 中失信被执行人个数超过 3 个，则提示内容如下。

"旅客 X/Y/Z 等为失信被执行人，如有疑问请联系执行法院。"

或 "Passenger X/Y/Z and others, break execution, banned by the executing court."

此时，应将情况如实告知旅客，可以说"因您是失信被执行人，暂无法为您预订机票，若您对失信被执行人名单有异议，请您联系执行法院，敬请您谅解。"

（4）为旅客推荐合适的航班，应按 24 小时制告知旅客航班时间，票价和税费应分开报价，同时告知旅客航班经停点、免费行李额、客票有效期、退票有效期和客票使用条件。若旅客打断并要求无须告知，询问旅客是否已清楚客票的使用条件，若清楚，则省略客票使用条件告知环节。

（5）订座时，应主动询问旅客是否需要预订后续航段，以便订在同一运输合同内，避免后续因售后服务产生投诉。

（6）对于联程航班订座，在航班衔接地点，应为旅客留有足够时间办理衔接航班的换乘手续，以免衔接不上。每一机场对航班之间的最短衔接时间有不同的要求，订座时，应使用 SCM 指令查核最新 OAG（Official Airline Guide）公布的机场最短衔接时间。

（7）订座完毕，必须与旅客进行三核对，并再次提示客票适用条件。

（8）若旅客要求为其预留座位，暂不出票，必须告知旅客留票时限（留票时限在 PNR 中的 SSR ADTK 项内以 24 小时制显示），并告知旅客具体票价及税费以出票当天为准。

（9）旅客接受订座后班期时刻若有变更，应及时通知旅客，并对继续旅行的旅客座位予以证实。

（10）航空公司一般不受理代码共享航班特殊服务的申请，若旅客需要申请则指引旅客联系实际承运航空公司办理。

## 六、案例介绍

2018 年 9 月 19 日，旅客来电预订第二天出发的 HU7851 航班，上海至乌鲁木齐，公务舱，乘机人姓名为陈金果，身份证号码为410***************，联系电话为132********。

座席核实旅客姓名时说："是'耳''东'陈，'君子'的'君'，'苹果'的'果'，对吗？"旅客回复："对的。"

出票后发现名字预订错误，沟通误会，正确的是"金子"的"金"，而非"君子"的"君"。

```
         ISSUED BY: HAINAN AIRLINES          ORG/DST: SHA/URC             BSP-D
TOUR CODE:
PASSENGER: 陈君果
   EXCH:                            CONJ TKT:
O FM:1SHA HU     7851   C 20SEP 0830 OK C              30K OPEN FOR USE
         T2T2 RL:QH46LY   /JPFWR81E
   TO: URC
FC: M 20SEP18SHA HU URC3640.00CNY3640.00END
   FARE:         CNY 3640.00  |FOP:CASH
   TAX:          CNY 50.00CN|OI:
   TAX:          CNY 40.00YQ|
   TOTAL:        CNY 3730.00  |TKTN: 880-5379366072
```

## 七、模拟训练

### （一）场景资料

旅客李平女士致电呼叫中心，要求预订 8 月 12 日广州飞北京的机票，F 舱座位，选择 A380 执飞的航班。旅客联系电话为 136*******，身份证号码为 440**************，暂不出票。

### （二）操作流程

```
>AV H/CANPEK/12AUG/CZ
>SD2F1
>NM 1 李平
>OSI CZ CTCM136*******/P1
>SSR FOID CZ HK/NI440**************
>@
```

座位查询结果如下：

```
12AUG(SUN) CANBJS VIA CZ
1-   CZ3101    DS# JA CQ DQ IQ OC YA PA BQ MQ HQ      CANPEK 0800    1110 78W 0^C   E
>              KA UQ AQ LQ QA EQ VQ ZQ TQ NQ RQ GS XC             T2 T2
2    CZ3099    DS# FA JA CQ DQ IQ OC YA PA BQ MQ      CANPEK 0900    1210 380 0^L   E
>              HQ KA UQ AQ LQ QA EQ VQ ZQ TQ NQ RQ GS XC           -- T2
3    CZ3121    DS# FA JA CQ DQ IQ OC WA SQ YA PA      CANPEK 1000    1315 332 0^L   E
>              BQ MQ HQ KA UQ AQ LQ QA EQ VQ ZQ TQ NQ RQ GS XCT2 T2
4    CZ3103    DS# JA CQ DQ IQ OC WA SQ YA PA BQ      CANPEK 1200    1515 330 0^L   E
>              MQ HQ KA UQ AQ LQ QA EQ VQ ZQ TQ NQ RQ GS XC        T2 T2
5+   CZ324     AS#JA CQ DQ IQ OC YA PA BQ MQ HQ       CANPEK 1300    1615 321 0^L   E
>              KA UQ AQ LQ QA EQ VQ ZQ TQ NQ RQ GS XC              -- T2
**   JD5100-JD5800 PLEASE CHECK IN 45 MINUTES BEFORE DEPARTURE AT CAN
```

票价查询结果如下：

```
>PFDCANPEK/12AUG18/CZ
FD:CANPEK/12AUG18/CZ                      /CNY /TPM    1978/
01 CZ/L      / 3000.00= 6000.00/L/Y/  / .  /06JAN10     /LIZ      PFN:01
02 CZ/L1     / 3000.00= 6000.00/L/Y/  / .  /06JAN10     /LIZ      PFN:02
03 CZ/F      / 2550.00= 5100.00/F/F/  / .  /02NOV07     /F020     PFN:03
04 CZ/C      / 2210.00= 4420.00/C/C/  / .  /02NOV07     /C020     PFN:04
05 CZ/K1     / 2200.00= 4400.00/K/Y/  / .  /01DEC10     /LIZ      PFN:05
06 CZ/K      / 1700.00= 3400.00/K/Y/  / .  /01DEC10     /LIZ      PFN:06
07 CZ/W      / 1700.00= 3400.00/W/Y/  / .  /28MAR10     /W002     PFN:07
08 CZ/Y      / 1700.00= 3400.00/Y/Y/  / .  /30MAR14     /Y020     PFN:08
09 CZ/K2     / 1670.00= 3340.00/K/Y/  / .  /01DEC10     /LIZ      PFN:09
10 CZ/L      / 1630.00= 3260.00/L/Y/  / .  /26SEP10     /HMLG     PFN:10
11 CZ/Y90    / 1530.00= 3060.00/T/Y/  / .  /02NOV07     /T020     PFN:11
```

| | | | | | |
|---|---|---|---|---|---|
| 12 CZ/Y80 | / 1360.00= 2720.00/H/Y/ | / . | /20APR04 | /H002 | PFN:12 |
| 13 CZ/Y75 | / 1280.00= 2560.00/M/Y/ | / . | /02NOV07 | /HK12 | PFN:13 |
| 14 CZ/Y70 | / 1190.00= 2380.00/G/Y/ | / . | /02NOV07 | /G020 | PFN:14 |
| 15 CZ/Y65 | / 1110.00= 2220.00/S/Y/ | / . | /02NOV07 | /S020 | PFN:15 |
| 16 CZ/Y60 | / 1020.00= 2040.00/L/Y/ | / . | /02NOV07 | /L020 | PFN:16 |
| 17 CZ/Y55 | / 940.00= 1880.00/Q/Y/ | / . | /02NOV07 | /Q020 | PFN:17 |
| 18 CZ/Y50 | / 850.00= 1700.00/E/Y/ | / . | /02NOV07 | /E020 | PFN:18 |

PAGE 1/2

### (三) 参考话术

座席：您好！欢迎致电南方航空，工号1234为您服务，请问有什么可以帮到您？

旅客：你好！麻烦帮我查一下8月12日广州飞北京的航班，头等舱有没有座位？

座席：好的，您稍等……女士，您好！帮您查到8月12日广州飞北京的航班，目前头等舱的座位比较充裕，请问您需要哪个航班？

旅客：有没有A380执飞的航班？

座席：有，CZ3099，上午9:00出发，12:10到达，请问您需要预订吗？

旅客：头等舱的票价是多少？

座席：单程票价为2550元，不含税。税费包括50元的机场建设费和10元的燃油附加税，共计2610元。南航现已开通24小时服务热线，您可随时致电办理客票的退改签业务，请问您现在需要预订吗？

旅客：好的，帮我订一张票吧。

座席：请您提供旅客姓名、身份证号码。

旅客：李平，木子李，平安的平。身份证号码为440****************。

座席：好的。旅客姓名李平，木子李，平安的平。身份证号码为440****************。联系电话就是这个呼入电话吗？136*********？

旅客：对的。

座席：好的，正在为您办理，请稍等……李女士，您好！已为您预留座位。乘机人为李平，木子李，平安的平；8月12日广州飞北京，上午9:00起飞的CZ3099航班，旅客联系电话为136*********，身份证号码为440****************。票价为2550元，未含税。税费包括50元的机场建设费和10元的燃油附加税，总共需要支付2610元。需要提醒您，客票出票起一年内有效，变更规定：航班预计离站时间前的2小时（含）前，免收变更费；航班预计离站时间前的2小时（不含）后，收取票价5%的变更费；办理自愿退票时，航班预计离站时间前的2小时（含）前，收取票价5%的退票费；航班预计离站时间前的2小时（不含）后，收取票价10%的退票费。请问您需要立即出票吗？

旅客：先不出票吧，我再考虑一下。

座席：好的。李女士，您所预订的客票留票时间至 8 月 5 日 14:00 前，建议您尽快出票，超出留票时限座位无法保证，具体票价及税费以出票当天为准。请问还有什么可以帮到您？

旅客：没有了，谢谢！

座席：不客气！感谢您的来电，再见！

## 第三节 与成人旅客同行的儿童及婴儿订座

### 一、业务概述

"儿童"是指开始旅行之日年满 2 周岁但未满 12 周岁的旅客。儿童属于占座旅客，票价按同行成人所购客票同等物理舱位公布普通票价的 50%收取，也可选择与成人所购客票同价。若儿童与成人所购客票同价并享受了直减优惠，客票适用条件按成人客票执行。儿童免收机场建设费，燃油附加税按成人旅客燃油附加税的 50%收取。

"婴儿"是指开始旅行之日超过 14 天但未满 2 周岁的旅客。婴儿不单独占座，票价按同行成人所购客票同等物理舱位公布普通票价的 10%收取，每一个成人只能有一个婴儿享受这种票价，超过限额的婴儿应按儿童票票价收取，可单独占一个座位。当婴儿需要座位时，需要购买儿童票，并支付儿童票票价。婴儿免收机场建设费和燃油附加税。

### 二、儿童订座

座席在处理儿童订座业务时，应引导旅客提供儿童年龄信息，若儿童年龄符合规定，则根据成人旅客是否已订票分别进行操作。

#### （一）成人旅客已订票

如果同行的成人旅客已出票或已有订座记录，则需单独建立儿童订座记录，流程如下。

（1）为儿童预订与同行成人旅客相同的航班，儿童姓名后需要输入 CHD 标识。

（2）输入儿童 SSR FOID 组项后，如果系统没有自动生成 SSR CHLD 组项，则需要手工输入 SSR CHLD 组项，指令格式如下：

>SSR CHLD 航空公司两字代码 HK1 儿童生日/Pn

（3）使用"PAT:A*CH/Pn"指令自动计算儿童票价，也可以使用与成人相同的 5 折以下的优惠票价。

（4）用 RMK 指令备注成人票号或 PNR 编码，然后引导旅客支付出票。

## （二）成人旅客未订票

如果儿童和成人预订相同的舱位，则可以和成人预订在同一 PNR 中；如果儿童和成人预订的舱位不同，如成人预订经济舱 8 折舱位，儿童预订 Y 舱，则儿童和成人必须分开预订。如果分开预订，则应在儿童订座记录中备注同行成人旅客的 PNR 编码。

操作指令和上述成人旅客订座的操作指令相同，不再赘述。

## 三、婴儿订座

座席在处理婴儿订座业务时，应引导成人旅客提供婴儿年龄信息，若婴儿年龄符合规定，则根据成人客票情况进行操作。

### （一）成人旅客持本航填开的本航实际承运的定期客票

在成人旅客订座记录中，输入婴儿姓名项 XN IN 和 SSR INFT，指令格式如下：

XN IN/姓名　INF(MMMYY)/Pn
>SSR INFT　航空公司两字代码　NN1 XING/MING DDMMMYY/Pn/Sn

与成人旅客核实婴儿票价，待婴儿得到航空公司确认后，引导成人旅客支付票款并出票。

### （二）成人旅客持其他类型客票

若成人旅客持不定期客票、外航票证填开的客票等，按各个航空公司的具体规定操作。

## 四、话术指引

您的儿童（婴儿）客票票价是**元，税费是**元（税费豁免），保险是**元，我们的保险可承保航班延误、行李延误等项目，共计**元，客票使用条件是***，免费行李额是**，客票有效期是**，乘机当天在**机场（**航站楼）办理乘机手续，（需提醒您，您预订**飞往**的**航班需在**经停，经停时间为**。）请问您是否支付？

## 五、案例介绍

### 案例一

2018 年 9 月 15 日，旅客来电预订 2018 年 10 月 18 日三亚到郑州的 CZ6243 航班，旅客信息如下。

旅客名字 1：康桐赫，身份证号码为 410***2012********。
旅客名字 2：康艺曦，身份证号码为 410***2013********。
联系电话为 130********。

座席听错信息，预订 CZ6552 航班，并出票成功。

后续旅客来电表示预订错误，要求预订的是 2018 年 10 月 18 日三亚到郑州的 CZ6243 航班的儿童机票，现在表示儿童与成人不是同一时间，经过核实录音情况，发现是座席的工作失误，在订座时出现几点错误。

（1）在预订机票时，未发现旅客所报证件为儿童证件。

（2）预订机票前未跟旅客核实成人机票信息。

（3）预订后未再次跟旅客核实航班时间、日期、价格。

### 案例二

2018 年 8 月 13 日，旅客来电预订机票，2018 年 8 月 15 日海口至郑州，航班号为 CZ6356，共有 3 名大人、2 名儿童、1 名婴儿，旅客信息如下。

（1）乘机人：李长水，身份证号码为 410***************；李丽，身份证号码为 410***************；李松霞，身份证号码为 410***************；李彦辉 CHD，身份证号码为 410***************；李囿霖 CHD，身份证号码为 410***************；李雨竺 INF，出生日期为 2020 年 8 月 20 日。

（2）联系电话：136********。

座席查询后告知旅客，成人票价 4.4 折，810 元/人（剩余 6 个位置）；儿童票价 920 元；婴儿票价 180 元。座席生成订单再次核实价格时，旅客表示儿童票价要与成人票价相同，座席再次查询操作时，发现已经没有 4.4 折的舱位。

旅客非常不满，表示是座席的问题，在订儿童票的时候没有选择与成人票价相同的机票，直接订了 5 折的机票，强烈要求投诉座席。

## 六、注意事项

（1）儿童必须与同行成人旅客预订同一物理舱位，应提醒旅客出票后若需办理客票变更、签转，儿童要与同行成人同时办理。

（2）儿童订座时如果只输入 SSR CHLD 组项而没有输入 SSR FOID 组项，会导致值机人员无法核对儿童旅客证件信息，从而影响儿童旅客顺利乘机。因此，对于儿童旅客，座席必须输入儿童的有效身份证件号码，并提醒同行成人旅客办理购票、值机、安检手续应当使用同一个有效乘机身份证件。

（3）婴儿需与成人乘坐同一物理舱位，要一同办理乘机手续，同时需要出示有效乘机身份证件。

（4）国内婴儿客票只需告知旅客客票有效期，无须告知客票退改签使用规定。

（5）婴儿 SSR INFT 申请项提交后，行动代码"NN"会变成其他代码，具体含义如表 4-4 所示。

表 4-4　婴儿 SST INFT 申请项行动代码

| 行 动 代 码 | 含 义 |
| --- | --- |
| HK/KK/KL/TK | 表示航班接受该婴儿 |
| NN | 表示需重新提取编码查看状态 |
| HN | 表示婴儿处于申请/候补状态 |
| UC | 表示不接受婴儿或已售罄 |

　　（6）若座席提交 SSR INFT 申请后系统返回 UC，可通过"ML:U6/航班号/日期"或"SAV:航空公司/航班号/日期/航段/订座舱位/INFT"指令查询该航班上的婴儿数量限制情况，当出现系统还有剩余婴儿名额但又显示 UC 情况时，应将情况反馈给航空公司后台核查。

　　（7）代码共享航班可能存在报文传递失败的情况，导致无法成功申请到婴儿名额，如遇代码共享航班应选择实际承运航空公司进行订座及申请。

　　（8）每个年满 18 周岁且有民事行为能力的成年旅客，最多允许携带两个未满 12 周岁同等物理舱位的儿童和一个婴儿乘机。

## 七、模拟训练

### （一）场景资料

　　2018 年 8 月 15 日，旅客李梅致电呼叫中心，要求为她和她女儿王小丽预订 8 月 20 日广州到北京的机票，旅客身份证号码为 440**************，联系电话为 135********，王小丽出生日期为 2017 年 3 月 4 日。

### （二）操作流程

```
>AV H/CANPEK/20AUG
>SD 3Q1
>NM 1 李梅
>OSI CZ CTCM135678901234/P1
>SSR FOID CZ HK/NI440123198812123466/P1
>XN IN/王小丽  INF(MAR17)/P1
>SSR INFT CZ NN1 WANG/XIAOLI 04MAR17/P1/S2
>PAT:A
>PAT:A*IN
>@
```

### （三）参考话术

　　座席：您好！工号 1234 为您服务，请问有什么可以帮到您？

　　旅客：你好！帮我查一下 8 月 20 日广州到北京的航班，现在还有没有座位？最低几折？

　　座席：好的。请您稍等，正在为您查询……8 月 20 日，广州到北京，目前最低为 5.5 折，

9 点出发的 CZ3099 航班，单程票价为 940 元，未含税，机场建设费为 50 元，燃油附加税 40 元，一共 1030 元。请问您需要预订吗？

旅客：小孩的票价是多少？

座席：请您提供孩子的年龄。

旅客：一岁多了。

座席：婴儿不占座，票价为 170 元，税费豁免，请问您需要购买婴儿票吗？

旅客：是的，两张票，我和我女儿。

座席：好的，麻烦您提供乘机人的姓名、身份证号码和联系电话。

旅客：我的名字是李梅，木子李，梅花的梅，身份证号码是 440**************，联系电话是 135********；我女儿的名字是王小丽，三横王，大小的小，美丽的丽，她还没有身份证。

座席：请您提供她的出生信息。

旅客：2020 年 3 月 4 日。

座席：好的。您稍等，正在为您处理……您好！已为您预留座位。现在跟您核对下航班信息：乘机人的姓名为李梅，木子李，梅花的梅；8 月 20 日广州到北京，9 点钟起飞的 CZ3099 航班，联系电话为 135********，身份证号码为 440**************。乘机人携带一名婴儿王小丽，三横王，大小的小，美丽的丽，出生日期为 2017 年 3 月 4 日。成人票价为 940 元，未含税，税费包括 50 元的机场建设费和 40 元的燃油附加税，一共 1030 元；婴儿不占座，票价为 170 元，税费豁免，两人票价合计 1200 元整，请问现在为您办理支付吗？

旅客：稍后再支付吧。

座席：好的。李女士，您所预订的客票留票时间至 8 月 17 日 14 点前，建议您尽快出票，超出留票时限座位无法保证，具体票价及税费以出票当天为准。请问还有什么可以帮到您？

旅客：没有了，谢谢！

座席：不客气！感谢您的来电，欢迎再次致电，再见！

## 第四节　出票

### 一、业务概述

如果旅客确认出票，座席需提取订座 PNR，添加票价组、票价计算组及付款方式组三个组项。同时，根据票价适用条件及航空公司相关文件，输入签注组及旅游代号组的信息，形成出票 PNR。如果没有旅客订座记录，则需要根据旅客需求，直接建立相应出票 PNR。出票时，应先删除出票 PNR 中的留票时限，然后进行打票操作。

## 二、操作指令

### （一）票价组

#### 1. 成人票价组

>FN:FCNYxxxx.00/SCNYxxxx.00/Cx.00/TCNYxx.00CN/TCNYxx.00YQ

#### 2. 儿童票价组

>FN:FCNYxxxx.00/SCNYxxxx.00/Cx.00/TEXEMPTCN/TCNYxx.00YQ/Pn

#### 3. 婴儿票价组

>FN:IN/FCNYxxxx.00/SCNYxxxx.00/Cx.00/TEXEMPTCN/TEXEMPTYQ

### （二）票价计算组

#### 1. 成人旅客单程

>FC:始发城市 承运人 到达城市 票价及票价类别 CNY 总票价 END

#### 2. 成人旅客连续航段

>FC:始发城市 承运人 到达城市 票价及票价类别 承运人 到达城市 票价及票价类别 CNY 总票价 END

#### 3. 成人旅客中转联程

>FC:始发城市 承运人 中转城市 承运人 到达城市 票价及票价类别 CNY 总票价 END

#### 4. 成人旅客缺口程

>FC: 始发城市 承运人 到达城市 票价及票价类别 //第二段出发城市 承运人 到达城市 票价及票价类别 CNY 总票价 END

说明：

儿童票价组的输入需要在指令末尾加上儿童旅客的序号，如儿童单程 FC 项的指令格式如下：

>FC:始发城市 承运人 到达城市 票价及票价类别 CNY 总票价 END/Pn

婴儿 FC 项则需添加 IN 标识，如婴儿单程 FC 项的指令格式如下：

>FC:IN/始发城市 承运人 到达城市 票价及票价类别 CNY 总票价 END

### （三）付款方式组

#### 1. 现金支付

>FP:CASH,CNY

### 2. 支票支付

>FP:CHECK，CNY

### 3. 信用卡支付

>FP:CC/信用卡号

说明：

儿童旅客可以和成人旅客共用一个 FC 项，也可以单独输入儿童的 FC 项，指令格式如下：

>FP:CASH,CNY/儿童旅客序号

婴儿则需在 FP 项加 IN 标识，指令格式如下：

>FP:IN/CASH,CNY

## （四）签注组

### 1. 成人签注组

>EI:自由格式文本

### 2. 儿童签注组

>EI:自由格式文本/儿童旅客序号

### 3. 婴儿签注组

>EI:IN/自由格式文本

## （五）旅游代号组

>TC:F/旅游代号

## （六）国内运价自动计算

### 1. 计算成人票价

>PAT:A

### 2. 计算儿童票价

>PAT:A*CH/Pn

### 3. 计算婴儿票价

>PAT:A*IN

4. 计算指定旅客票价

>PAT:A/Pn

5. 计算革命伤残军人优惠票价

>PAT:A*GM

6. 计算因公负伤警察优惠票价

>PAT:A*JC

7. 只显示计算后的前 N 条价格

>PAT:A/N

8. 计算结果从高到低排序

>PAT:A/H

9. 计算结果从低到高排序

>PAT:A/L

（七）打票指令

1. 打印 PNR 中全部客票

>ETDZ: 打票机序号

2. 打印 PNR 中指定旅客的客票，如果该旅客携带婴儿，同时出婴儿客票

>ETDZ: 打票机序号/Pn

3. 单独打印指定旅客所携带的婴儿客票

>ETDZ: 打票机序号/Pn,INF

4. 单独打印指定旅客的成人客票

>ETDZ: 打票机序号/Pn,ADL

（八）提取电子客票票面指令

1. 在 CRS 系统中按照票号提取电子客票记录

>DETR:TN/票号

2. 在 ICS 系统中按照票号提取电子客票记录

>DETR:TN/票号,D

3. 按照身份证号提取电子客票记录

>DETR:NI/身份证号

4. 按照护照号码提取电子客票记录

>DETR:PP/护照号码

5. 按照旅客姓名提取电子客票记录

>DETR:NM/旅客姓名

6. 按照 PNR 记录编号提取电子客票记录

>DETR:CN/PNR 记录编号

7. 提取电子客票历史记录信息

>DETR:TN/票号,H

8. 显示指定票号的旅客身份信息

>DETR:TN/票号,F

9. 显示指定票号的电子行程单信息

>DETR:TN/票号,S

### （九）电子客票挂起及解除挂起操作

为了防止在客票销售过程中出现收款风险，座席在收到票款之前，应及时将电子客票票面挂起。在挂起状态下，值机、改签、退票等操作将被禁止。

1. 挂起

>TSS:TN/票号/S
>TSS:CN/记录编号/S

2. 解除挂起

>TSS:TN/票号/B
>TSS:CN/记录编码/B

## 三、话术指引

如果旅客需要出票，座席必须与旅客进行三核对，之后询问旅客付款方式。如果旅客选择电话支付，则付款成功后方可出票，出票后需要检查票面状态；如果旅客选择线下支付，则需要在出票后挂起客票，收到票款后，再将该客票解除挂起。出票后，座席需再次与旅客核对相关信息，并主动推销航意险，记录行程单的邮寄地址；结束通话之前，座席需将中国民用航空局（以下简称民航局）相关安全规定告知旅客。出票的话术指引如图 4-4 所示。

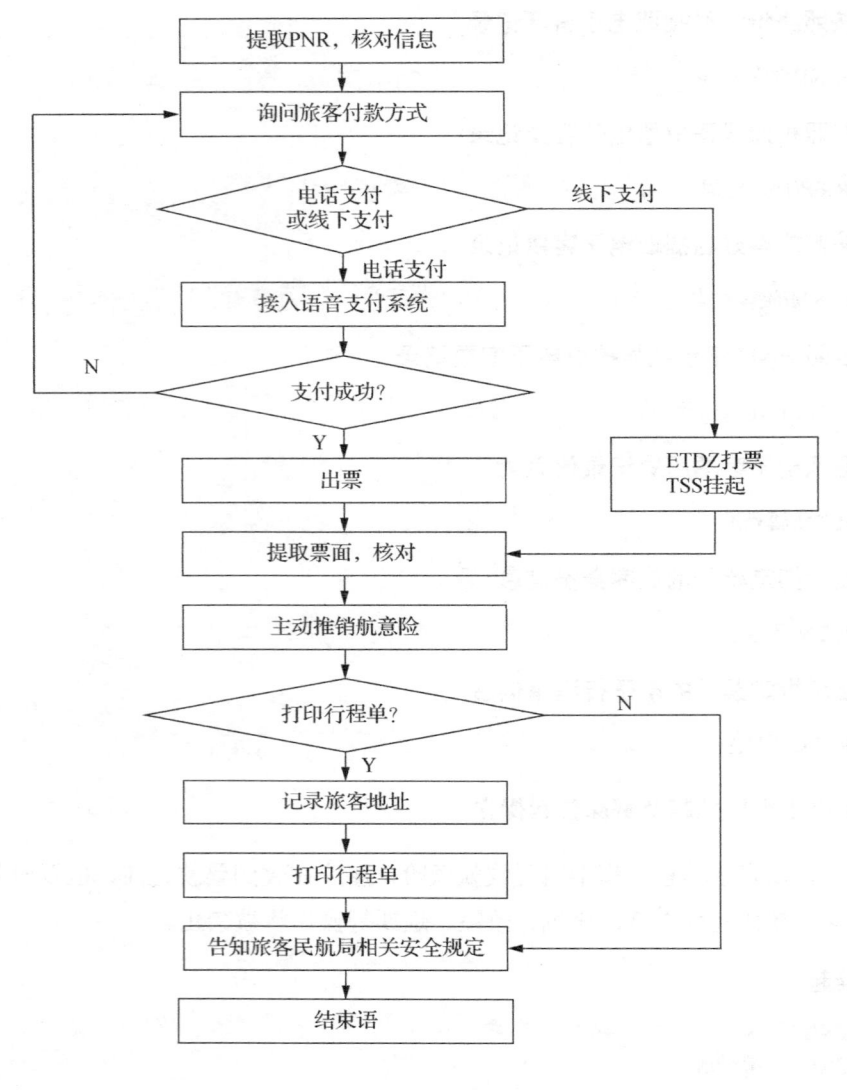

```
         ┌─────────────────┐
         │ 提取PNR,核对信息 │
         └────────┬────────┘
                  ↓
         ┌─────────────────┐
    ┌───→│ 询问旅客付款方式 │
    │    └────────┬────────┘
    │             ↓
    │          ╱ 电话支付 ╲    线下支付
    │         ╱ 或线下支付 ╲───────────┐
    │         ╲           ╱           │
    │          ╲         ╱            │
    │             │电话支付           │
    │             ↓                   │
    │    ┌─────────────────┐          │
    │    │ 接入语音支付系统 │          │
    │    └────────┬────────┘          │
    │             ↓                   │
    │  N       ╱支付成功?╲             │
    └─────────╱           ╲           │
              ╲           ╱           │
               ╲         ╱            │
                  │Y                  │
                  ↓                   ↓
              ┌───────┐        ┌──────────┐
              │ 出票  │        │ ETDZ打票 │
              └───┬───┘        │ TSS挂起  │
                  ↓            └──────────┘
         ┌─────────────────┐
         │ 提取票面,核对   │←────────────┘
         └────────┬────────┘
                  ↓
         ┌─────────────────┐
         │ 主动推销航意险  │
         └────────┬────────┘
                  ↓
               ╱打印行程单?╲    N
              ╱             ╲──────┐
              ╲             ╱      │
               ╲           ╱       │
                  │Y               │
                  ↓                │
         ┌─────────────────┐       │
         │  记录旅客地址   │       │
         └────────┬────────┘       │
                  ↓                │
         ┌─────────────────┐       │
         │  打印行程单     │       │
         └────────┬────────┘       │
                  ↓                │
         ┌──────────────────────┐  │
         │ 告知旅客民航局相关安全规定 │←┘
         └──────────┬───────────┘
                    ↓
              ┌──────────┐
              │  结束语  │
              └──────────┘
```

图 4-4　出票的话术指引

## 四、注意事项

（1）订座完毕，电话支付票款前需进行信息核对，即核对乘机人姓名、航段信息、证件号码等，并再次提示旅客客票适用条件及客票有效期。若旅客暂不出票，核对信息后，需告知旅客留票时限（在 PNR 中的 SSR ADTK 项内以 24 小时制显示），并明确告知旅客所订舱位、相应票价及限制条件。

（2）客票有效期：普通票价的客票有效期自旅客开始第一段旅行之日起，一年内运输有效（若已使用的定期客票第一段旅行的日期发生变更，有效期应按第一段旅行的实际开始日期计算，一年内运输有效）；如果客票第一段旅行未使用，包括全部未使用的客票和不定期客票，则从填开客票之日起，一年内运输有效。

（3）若旅客使用电话支付票款，当银行回调确认支付成功时，座席将相关规定告知旅客后便可让旅客挂断电话，旅客无须在线等待；座席需跟进客票出票情况。

（4）"11"和"10"在通话中容易混淆，在核对时，可以用拆开数字的方式核对，例如："为确保您的订座无误，请问您需要的是 1+1 的 11 月，还是 1+0 的 10 月？"以确保双方理解无误。

（5）使用 ETDZ 指令出票后，应使用 DETR 指令提取票面，确认票面状态正常，即"OPEN FOR USE"。

（6）出票时，如果没有收到票款，为了防止出现收款风险，座席应使用 TSS 指令将电子客票票面挂起，即将票面状态改为"SUSPENDED"；收到票款后，应及时解除挂起，将票面状态恢复成"OPEN FOR USE"。

（7）在为旅客出票后，座席应主动询问旅客是否购买航意险。

（8）对于联程航班订座，在航班衔接地点，应为旅客留有足够的时间办理衔接航班的换乘手续，以免衔接不上。每一机场对航班之间的最短衔接时间会有不同的要求，订座时应使用 SCM 指令查核最新 OAG（Official Airline Guide）公布的机场最短衔接时间。

（9）对于购买联程、来回程、多段客票的旅客，订座时请与旅客确认行程单打印需求。如各航段需分开打印行程单，每个航段应分开订座，要明确告知旅客多段优惠产品不适合分开打印。

（10）行程单以挂号信的方式邮寄，大约需要两周左右的时间；若旅客想尽快获得行程单，也可以选择快递到付的方式，或者到机场柜台或营业部自取。

出票后，应提示旅客各大机场截止办理登机手续的时间，不同航空公司、不同航线截止办理登机手续的时间不同。南航国内各大机场截止办理登机手续的时间如表 4-5 所示。

表 4-5  南航国内各大机场截止办理登机手续的时间

| 机 场 名 称 | 三 字 代 码 | 截止办理登机手续的时间 |
| --- | --- | --- |
| 乌鲁木齐地窝堡国际机场 | URC | 航班起飞前 50 分钟截止办理登机手续 |
| 北京大兴国际机场 | PKX | 国内航班起飞前 45 分钟截止办理登机手续 |
| 上海浦东国际机场 | PVG | 国际航班起飞前 50 分钟截止办理登机手续 |
| 天津滨海国际机场 | TSN | 国内航班起飞前 40 分钟截止办理登机手续 |
| 南京禄口国际机场 | NKG | 国际航班起飞前 45 分钟截止办理登机手续 |
| 贵阳龙洞堡国际机场 | KWE | 国内航班起飞前 45 分钟截止办理登机手续<br>国际航班起飞前 40 分钟截止办理登机手续 |
| 盐城南洋国际机场 | YNZ | 国内航班起飞前 30 分钟截止办理登机手续<br>国际航班起飞前 45 分钟截止办理登机手续 |
| 广州白云国际机场 | CAN | 航班起飞前 45 分钟截止办理登机手续 |
| 深圳宝安国际机场 | SZX | |
| 沈阳桃仙国际机场 | SHE | |
| 上海虹桥国际机场 | SHA | |
| 成都双流国际机场 | CTU | |

续表

| 机 场 名 称 | 三 字 代 码 | 截止办理登机手续的时间 |
|---|---|---|
| 重庆江北国际机场 | CKG | 航班起飞前45分钟截止办理登机手续 |
| 哈尔滨太平国际机场 | HRB | |
| 昆明长水国际机场 | KMG | |
| 海口美兰国际机场 | HAK | |
| 杭州萧山国际机场 | HGH | |
| 郑州新郑国际机场 | CGO | |
| 哈密机场 | HMI | |
| 呼和浩特白塔国际机场 | HET | |
| 揭阳潮汕国际机场 | SWA | |
| 九寨黄龙机场 | JZH | |
| 连云港白塔埠机场 | LYG | |
| 梅州梅县机场 | MXZ | |
| 石家庄正定国际机场 | SJW | |
| 三亚凤凰国际机场 | SYX | 航班起飞前40分钟截止办理登机手续 |
| 西安咸阳国际机场 | XIY | |
| 长沙黄花国际机场 | CSX | |
| 温州龙湾国际机场 | WNZ | |
| 兰州中川国际机场 | LHW | |
| 拉萨贡嘎国际机场 | LXA | |
| 林芝米林机场 | LZY | |
| 丽江三义国际机场 | LJG | |
| 太原武宿国际机场 | TYN | |
| 宁波栎社国际机场 | NGB | |
| 长春龙嘉国际机场 | CGQ | |
| 大连周水子国际机场 | DLC | |
| 大同云冈机场 | DAT | |
| 桂林两江国际机场 | KWL | |
| 济南遥墙国际机场 | TNA | |
| 南宁吴圩国际机场 | NNG | |
| 南昌昌北国际机场 | KHN | |
| 青岛流亭国际机场 | TAO | |
| 武汉天河国际机场 | WUH | |
| 无锡硕放国际机场 | WUX | |
| 徐州观音国际机场 | XUZ | |
| 银川河东国际机场 | INC | |
| 珠海金湾机场 | ZUH | |

## 五、模拟训练

### （一）场景资料

旅客致电呼叫中心，要求出票。根据旅客姓名提取到的PNR内容如下：

```
>RT LINJING/CZ3401/01JUL
  1. 林静  KRPQM3
  2. CZ3401 Y     FR01JUL   CANCTU HK1    0815 1035              E T2T2
  3. CAN/T CAN/T-020-86700263/CAN ZONGHENG AIR SERVICE CO.,LTD/ZHANGXINYAN
     ABCDEFG
  4. TL/0615/01JUN/CAN999
  5. SSR FOID CZ HK1 NI4401231986121220XX/P1
  6. OSI CZ CTCM135*********/P1
  7. RMK CA/PT8WWQ
  8. CAN999
```

## （二）操作流程

```
>RT LINJING/CZ3401/01JUL
>PAT:A
>XE4
>ETDZ:15
>DETR:TN/784-5379366052
```

生成的票面信息如下：

```
ISSUED BY: CHINA SOUTHERN AIRLINES      ORG/DST: CAN/CTU              BSP-D
E/R: 变更退票收费
TOUR CODE:
PASSENGER: 林静
EXCH:                          CONJ TKT:
O FM:1CAN CZ     3401    Y 01JUL 0815 OK Y      01JUL8/01JUL8 20K OPEN FOR USE
    T2T2 RL:PT8WWQ   /KRPQM31E
  TO: CTU
FC: 01JUL18CAN CZ CTU1300.00CNY1300.00END
FARE:        CNY 1300.00   |FOP:CASH CASH(CNY)
TAX:         CNY 50.00CN   |OI:
TAX:         CNY10.00YQ    |
TOTAL:       CNY 1360.00   |TKTN: 784-5379366052
```

## （三）参考话术

（……省略订座业务处理沟通过程）

　　座席：女士，您好！跟您核对一下订票信息：7月1日早上8点15分广州前往成都的 CZ3401 航班；旅客姓名为林静，森林的林，安静的静；身份证号码为 440***************；票价为1300元，未含税；税费包括50元的机场建设费和10元的燃油附加税，支付共计1360元；不含保险；航班预计离站时间前的2小时（含）前，免费变更，退票收取票价5%的退票费；航班预计离站时间前的2小时（不含）后，变更收取票价5%的变更费，退票收取票价15%的退票费。如果没有问题的话，请问您是否需要购买航意险？

旅客：不用了，谢谢！

座席：合计1360元的费用，请问您是电话支付吗？

旅客：是的。

座席：好的。稍后为您转接到语音系统，请您按照语音提示完成支付，好吗？

旅客：好的。

（……支付成功后）

座席：女士！您好！您的机票已出票成功。请您携带有效身份证件原件乘机，航班起飞前45分钟截止办理登机手续。您可在乘机当天到机场柜台打印行程单。

旅客：行程单不可以邮寄吗？

座席：可以。请您提供邮寄地址、收件人、联系电话，请问您选择挂号信还是快递到付。

旅客：挂号信吧。地址是广州市白云区**********，收件人是林静，联系电话是135********，邮编是51****。

座席：好的。邮寄地址是广州市白云区**********，收件人是林静，联系电话是135********，邮编是51****，您的挂号信约在两周左右寄到，请注意查收。需提示您，行程单仅限打印一次。如果您需要退票，必须将行程单邮寄回呼叫中心才能办理。

旅客：好的。

座席：女士，目前民航局有相关安全规定，我们在通话结束后将具体内容发送到您的手机上。为了您和他人的旅途安全，请您留意短信并按要求携带行李。

旅客：好的。

座席：请问还有什么可以帮到您？

旅客：没有了，谢谢！

座席：不客气！感谢您的来电，祝您旅途愉快！再见！

## 思 考 题

（1）座席在处理航班信息查询业务时，应注意哪些事项？

（2）座席在处理订座业务，为旅客推荐合适产品时，应注意哪些事项？

（3）订座业务处理完毕，座席必须核对哪些信息？

（4）座席在处理出票业务时，应注意哪些事项？

# 第五章　国内客票退票业务处理

**学习目标：**

（1）能够处理国内客票自愿退票业务。
（2）能够处理国内客票非自愿退票业务。

**学习内容：**

（1）国内客票自愿退票业务的定义、操作指令。
（2）国内客票自愿退票退款金额的计算。
（3）国内客票自愿退票业务的话术指引、注意事项。
（4）国内客票非自愿退票业务的定义、操作指令。
（5）国内客票非自愿退票退款金额的计算。
（6）国内客票非自愿退票业务的话术指引、注意事项。

## 第一节　国内客票自愿退票

### 一、业务概述

旅客由于个人原因，未能按照运输合同完成航空运输，在有效期内要求退票，称为自愿退票。各航空公司关于退票有效期的规定不同，座席在为旅客办理自愿退票业务时，应参考各航空公司的具体规定，判断旅客是否在有效期内提出。

### 二、操作指令

#### （一）提取票面

座席为旅客办理退票业务，应先提取旅客的票面，检查票面状态是否为"OPEN FOR USE"。

### 1. 在 CRS 系统中按照票号提取电子客票记录

>DETR:TN/票号

### 2. 在 ICS 系统中按照票号提取电子客票记录

>DETR:TN/票号，D

### 3. 按照身份证号提取电子客票记录

>DETR:NI/身份证号

### 4. 按照护照号码提取电子客票记录

>DETR:PP/护照号码

### 5. 按照旅客姓名提取电子客票记录

>DETR:NM/旅客姓名

### 6. 按照 PNR 记录编号提取电子客票记录

>DETR:CN/PNR 记录编号

### 7. 提取电子客票历史记录信息

>DETR:TN/票号，H

## （二）生成国内退票单

处理国内退票业务时，需要填写退票单。

### 1. 生成国内退票单

>TRFD:AM/打票机序号/D

### 2. 国内退票单样例

```
>TRFU: M  15/ D/ 0
Airline Code        TKT Number                    -              Check
Conjunction No.  1     Coupon No.  1  0000     2  0000    3  0000     4  0000
Passenger Name
Currency Code   CNY-2  Form Of Payment         CASH
Gross Refund                                                ET-(Y/N):      Y
Deduction                      Commission        % =                ---
TAX[ 1]    __ _____      [ 2]   __ _____     [ 3]   __ _____
    [ 4]   __ _____      [ 5]   __ _____     [ 6]   __ _____
    [ 7]   __ _____      [ 8]   __ _____     [ 9]   __ _____
    [10]   __ _____      [11]   __ _____     [12]   __ _____
    [13]   __ _____      [14]   __ _____     [15]   __ _____
    [16]   __ _____      [17]   __ _____     [18]   __ _____
    [19]   __ _____      [20]   __ _____     [21]   __ _____
    [22]   __ _____      [23]   __ _____     [24]   __ _____
    [25]   __ _____      [26]   __ _____     [27]   __ _____
Remark                  Credit Card
Net Refund =            CNY
```

## （三）提取显示退票单

每一张退票单都有一个唯一的单号，可以根据单号提取查看对应的退票单，若有需要，可对该退票单进行修改；若需删除该退票单，只需将退票单上的第一行指令 TRFU 改为 TRFX 提交即可。显示退票单的指令如下：

>TRFD:M/打票机序号/D/退票单号

## 三、计算退款金额

填写退票单时，系统会根据应退票价（Gross Refund）、代理费（Commission）、退票费（Deduction）及应退税费（TAX）项所填写的内容，自动生成应退给旅客的退款总额（Net Refund），其计算公式如下。

$$退款总额=应退票价-应退票价×代理费-退票费+应退税费$$

目前，各航空公司逐步取消了机票销售代理人的佣金，所以代理费通常为 0。因此，退款总额=应退票价-退票费+应退税费

处理国内退票业务，对座席来说，难点在于应退票价和退票费金额的确定。

### （一）客票换开前

#### 1. 公布运价和直减优惠机票

参照各航空公司发布的《国内客票适用条件》，确定退票费率。

（1）客票完全未使用。

① 未使用优惠券。

应退票价=原票价

退票费=对应舱位的票价×对应舱位的退票费率

② 使用了优惠券。

应退票价=原票价-优惠券金额

退票费=对应舱位的票价×对应舱位的退票费率

（2）客票已部分使用。

① 未使用优惠券。

应退票价=未使用航段原票价

退票费=未使用航段对应舱位的票价×未使用航段原票对应舱位的退票费率

② 使用了优惠券。

应退票价=未使用航段原票价-优惠券金额

退票费=未使用航段对应舱位的票价×未使用航段对应舱位的退票费率

## 2. 特殊运价产品机票

按照对应运价文件使用条件计算。

## 3. 示例

旅客白云已购买广州至北京的来回程机票，因个人原因，在 2018 年 11 月 10 日致电呼叫中心，要求全退客票。

已知航空公司退票收费标准有以下两点。

（1）航班预计离站时间前的 2 小时（含）前，Y 舱收取票价 5%的退票费。

（2）航班预计离站时间前的 2 小时（不含）后，Y 舱收取票价 10%的退票费。

旅客 PNR 内容如下：

```
**ELECTRONIC TICKET PNR**
 1. 白云  HQ15D7
 2. CZ3103 Y    MO12NOV   CANPEK HK1    1100 1415        E T2T2
 3. CZ3112 Y    TH15NOV   PEKCAN HK1    1030 1355        E T2T2
 4. CAN/T CAN/T-020-86700263/CAN ZONGHENG AIR SERVICE CO.,LTD/ZHANGXINYAN
    ABCDEFG
 5. T
 6. SSR FOID CZ HK1 NI440123198012123456/P1
 7. SSR TKNE CZ HK1 CANPEK 3103 Y12NOV 7845379366075/1/P1
 8. SSR TKNE CZ HK1 PEKCAN 3112 Y15NOV 7845379366075/2/P1
 9. OSI CZ CTCM13560007788/P1
10. RMK CMS/A/**
11. RMK TJ CAN999
12. RMK CA/QH46P9
13. RMK AUTOMATIC FARE QUOTE
14. FN/A/FCNY3400.00/SCNY3400.00/C0.00/XCNY180.00/TCNY100.00CN/TCNY80.00YQ/
    ACNY3580.00
15. TN/784-5379366075/P1
16. FP/CASH,CNY
17. CAN999
```

系统提取到的旅客票面信息如下：

```
>DETR:TN/784-5379366075,AIR/CZ
       ISSUED BY: CHINA SOUTHERN AIRLINES    ORG/DST: CAN/CAN           BSP-D
       TOUR CODE:
       PASSENGER: 白云
       EXCH:                           CONJ TKT:
O FM:1CAN CZ MU 3103    Y 12NOV 1100 OK Y       12NOV8/12NOV8 20K OPEN FOR USE
      --T2 RL:QH46P9    /HQ15D71E
O TO:2PEK CZ     3112   Y 15NOV 1030 OK Y       15NOV8/15NOV8 20K OPEN FOR USE
       T2T2 RL:QH46P9   /HQ15D71E
         TO: CAN
       FC: A/12NOV18CAN CZ PEK1700.00CZ CAN1700.00CNY3400.00END
```

| FARE: | CNY 3400.00 | FOP:CASH CASH(CNY) |
|---|---|---|
| TAX: | CNY 100.00CN | OI: |
| TAX: | CNY 80.00YQ | |
| TOTAL: | CNY 3580.00 | TKTN: 784-5379366075 |

从 PNR 内容及票面可以看出，旅客客票完全未使用，代理费为 0，则应退票价为 3400 元，退票费为 170（3400×5%=170）元。

未使用的税费应退还给旅客。

根据上述信息，填写退票单如下：

```
>TRFU:  M    15/ D/
Airline Code   784   TKT Number   5379366075 -           Check
Conjunction No.  1   Coupon No.  1  1200   2 0000   3 0000   4 0000
Passenger Name
Currency Code      CNY-2   Form Of Payment    CASH
Gross Refund     3400.00                       ET-(Y/N):      Y
Deduction        170.00     Commission    0    % =        0  ---
TAX  [ 1]   CN    100.00   [ 2]   YQ    80.00    [ 3]  __ _____
     [ 4]   __ _____      [ 5]   __ _____      [ 6]  __ _____
     [ 7]   __ _____      [ 8]   __ _____      [ 9]  __ _____
     [10]   __ _____      [11]   __ _____      [12]  __ _____
     [13]   __ _____      [14]   __ _____      [15]  __ _____
     [16]   __ _____      [17]   __ _____      [18]  __ _____
     [19]   __ _____      [20]   __ _____      [21]  __ _____
     [22]   __ _____      [23]   __ _____      [24]  __ _____
     [25]   __ _____      [26]   __ _____      [27]  __ _____
Remark                     Credit Card
Net Refund =           CNY
```

提交后，系统会自动计算净退款总额，为 3410（3400-170+100+80=3410）元。

### （二）客票换开后

#### 1．公布运价和直减优惠

参照各航空公司发布的《国内客票适用条件》，确定退票费率。

（1）客票完全未使用。

① 未使用优惠券。

应退票价=原票价+票价差价部分

退票费=原票对应舱位的票价×原票对应舱位的退票费率+票价差价部分×升舱对应舱位的退票费率

② 使用了优惠券。

应退票价=原票价+票价差价部分-优惠券金额

退票费=原票对应舱位的票价×原票对应舱位的退票费率+票价差价部分×升舱对应舱位的退票费率

（2）客票已部分使用。

① 未使用优惠券。

应退票价=未使用航段原票价+未使用航段票价差价部分

退票费=未使用航段原票对应舱位的票价×未使用航段原票对应舱位的退票费率+未使用航段票价差价部分×未使用航段升舱对应舱位的退票费率

② 使用了优惠券。

应退票价=未使用航段原票价+未使用航段票价差价部分-优惠券金额

退票费=未使用航段原票对应舱位的票价×未使用航段原票对应舱位的退票费率+未使用航段票价差价部分×未使用航段升舱对应舱位的退票费率

### 2．特殊运价产品机票

按照对应运价文件使用条件计算。

### 3．示例

旅客购买广州至成都的来回程机票后，要求将两段所订的Y舱升至F舱，变更后，又提出退票。此时，距出发时间尚有12小时。

系统提取到的原客票票面信息如下：

```
>DETR:TN/784-5379366077,AIR/CZ
ISSUED BY: CHINA SOUTHERN AIRLINES    ORG/DST: CAN/CAN         BSP-D
TOUR CODE:
PASSENGER: 赵明明
EXCH:        CONJ TKT:
O FM: 1CAN CZ    3403   Y 12NOV 0715 OK Y          20K OPEN FOR USE
      T2T2 RL:NDJS46    /KTXR8S1E
O TO: 2CTU CZ    3404   Y 15NOV 1100 OK Y          20K OPEN FOR USE
      T2T2 RL:NDJS46    /KTXR8S1E
  TO: CAN
FC: M/12NOV18CAN CZ CTU1300.00CZ CAN1300.00CNY2600.00END
FARE:        CNY 2600.00   |FOP:CASH CASH(CNY)
TAX:         CNY100.00CN |OI:
TAX:         CNY 80.00YQ  |
TOTAL:       CNY 2780.00  |TKTN: 784-5379366077
```

升舱后的客票票面信息如下：

```
DETR:TN/784-5379366078,AIR/CZ
ISSUED BY: CHINA SOUTHERN AIRLINES    ORG/DST: CAN/CAN         BSP-D
TOUR CODE:
PASSENGER: 赵明明
```

```
EXCH: 784-5379366077    CONJ TKT:
O FM: 1CAN CZ    3403    F 12NOV 0715 OK F          40K OPEN FOR USE
       T2T2 RL:NDJS46    /KTXR8S1E
O TO: 2CTU CZ    3404    F 15NOV 1100 OK F          40K OPEN FOR USE
       T2T2 RL:NDJS46    /KTXR8S1E
  TO: CAN
FC: M/12NOV18CAN CZ CTU1950.00CZ CAN1950.00CNY3900.00END
FARE:        CNY 3900.00      |FOP:CASH CASH(CNY)
TAX:         PD 100.00CN      |OI: 784-5379366077
TAX:         PD   80.00YQ     |
TOTAL:       CNY1300.00A      |TKTN: 784-5379366078
```

已知航空公司退票收费标准有以下两点。

（1）航班预计离站时间前的 2 小时（含）前，Y 舱收取票价 5%的退票费。

（2）航班预计离站时间前的 2 小时（含）前，F 舱收取票价 5%的退票费。

根据上述信息，计算过程如下：

应退票价=原票价+票价差价部分

=2600+1300

=3900（元）

退票费=原票对应舱位的票价×原票对应舱位的退票费率+票价差价部分×升舱对应舱位的退票费率

=2600×Y 舱退票费率+1300×F 舱退票费率

=2600×5%+1300×5%

=195（元）

依据上述信息，填写空白退票单并提交后，显示生成的退票单如下：

```
>TRFU: M   15/ D/ 192200141
Airline Code   784   TKT Number  5379366078 - 9366078        Check
Conjunction No.    1    Coupon No.   1 1200   2 0000   3 0000   4 0000
Passenger Name        /
Currency Code    CNY-2       Form Of Payment     CASH
Gross Refund  3900.00       ET-(Y/N):     Y
Deduction    195.00              Commission  0      % =         0 ---
TAX  [ 1]   CN  100.00    [ 2]   YQ  80.00    [ 3]  __ _____
     [ 4]   __ _____     [ 5]   __ _____    [ 6]  __ _____
     [ 7]   __ _____     [ 8]   __ _____    [ 9]  __ _____
     [10]   __ _____     [11]   __ _____    [12]  __ _____
     [13]   __ _____     [14]   __ _____    [15]  __ _____
     [16]   __ _____     [17]   __ _____    [18]  __ _____
     [19]   __ _____     [20]   __ _____    [21]  __ _____
     [22]   __ _____     [23]   __ _____    [24]  __ _____
     [25]   __ _____     [26]   __ _____    [27]  __ _____
Remark                    Credit Card
Net Refund =  3885.00           CNY
```

从中可以看出，最后实际退还给旅客的退款总额为 3885 元，系统计算方法为：

旅客退款总额=应退票价-退票费+应退税费

　　　　　　=3900-195+（100+80）

　　　　　　=3885（元）

## 四、话术指引

座席为旅客办理自愿退票业务，必须检查票面、旅客身份等是否符合相关条件，只有符合相关条件，才能退票。国内客票自愿退票的话术指引如图 5-1 所示。

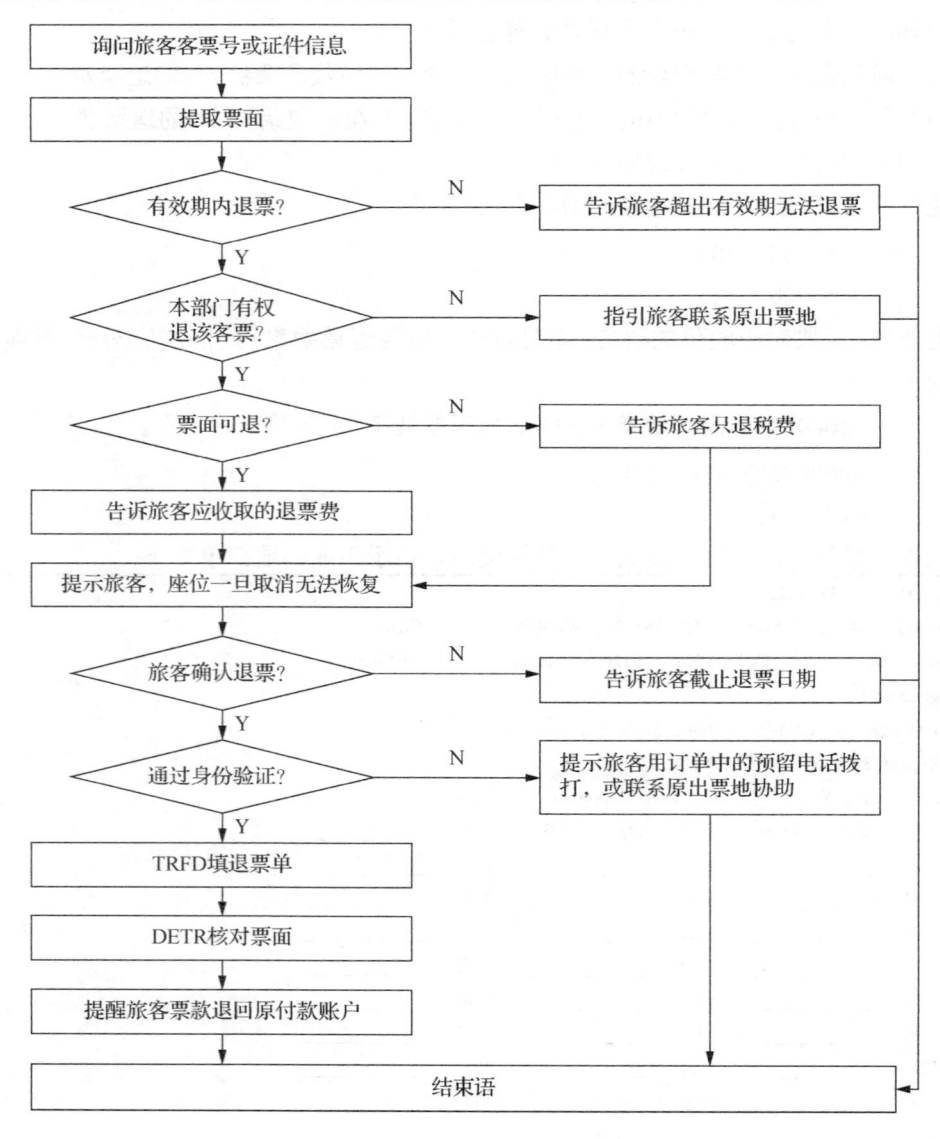

图 5-1　国内客票自愿退票的话术指引

## 五、注意事项

（1）旅客自愿退票，按照航空公司国内散客公布运价使用条件总则及优惠票价的相关规定办理。

（2）旅客误机后的退票按照航班起飞后的退票规定执行。

（3）持婴儿客票的旅客要求退票，不收退票费。

（4）革命伤残军人和因公致残人民警察要求退票，免收退票费。

（5）旅客在航班的经停地自动终止旅行，该航班未使用航段的票款不退。

（6）已打印行程单的旅客，必须凭行程单办理退票。

（7）退票时，应向客票上列明姓名的旅客本人办理退票。

（8）当客票上列明的旅客不是该客票的付款人，并且客票上已列明了退票限制条件时，应按列明的退票限制条件将票款退给付款人或其指定人。

（9）旅客退票应出示本人有效身份证件；若退票受款人不是客票上列明的旅客本人，应出示旅客及退票受款人的有效身份证件。

（10）旅客自愿退票，应在下列地点办理。

在出票地要求退票，只限在原购票地点办理；在出票地以外要求退票，可由当地的航空公司直属售票处或航空公司特别授权代理点办理，特殊产品客票若另有限制的除外。

（11）持不定期客票和团体票价客票的旅客自愿退票，仅限在原购票地办理。持特种票价客票的旅客按该特种票价的限制条件办理退款。

（12）若旅客通过线下转账的方式支付票款，退票时必须将行程单原件邮寄回原打印单位。

（13）退票时，应先使用 DETR 指令查看票面状态，只有"OPEN FOR USE"状态的航段才可退票。

（14）各航空公司关于退票有效期的规定不同，南航规定旅客由于个人原因，未能按照运输合同完成航空运输的，在开始旅行之日起（客票第一段未使用的，从填开之日起）十三个月内提出退票有效；国航、东航则规定旅客国内客票自愿退票应在客票有效期内提出。

（15）为旅客办理退票前必须与旅客进行三核对，且需明确告知相关规定，若旅客同意，方可按呼叫中心流程操作并为其取消座位。

（16）退票前，应对旅客身份进行验证，身份验证的方法如下。

B2B/B2C 客票：旅客来电号码与订单中或 PNR 中的联系电话一致。

BSP/ICS 客票：旅客来电号码与 PNR 中的联系电话一致。

（17）若旅客身份验证不通过，座席需按照以下先后顺序指引。

① 若旅客来电提供的身份信息与订单/编码中不一致，指引旅客或代理人用订单/编码中的电话致电呼叫中心。

② 若是旅客来电，可指引旅客联系出票地，由出票地致电呼叫中心办理，或由出票地将旅客的电话备注至编码中，旅客再用备注的电话致电呼叫中心办理。

③ 若是代理人来电，指引代理人将来电号码备注至编码中，呼叫中心再进行操作。

④ 若旅客/代理人表示无法用订单/编码中的电话号码来电，则指引旅客/代理人将乘机人订座记录中一致的有效身份证复印件发传真或发邮件至退票相关部门。有效身份证复印件的空白处需备注旅客的需求、传真号码、联系电话。资料发送后，旅客/代理人再致电查询办理情况。

（18）退票时，座席可用"DETR:TN/票号,H"提出客票历史记录，据此审核退票时间，确认是否可以办理退票。

（19）若退票操作成功后，座席必须再提取票面，确认票面状态已改为"REFUNDED"。

（20）办理电子客票全航程或部分航段的退票，座席应收回已向旅客提供的行程单。填开《国内客运退票、变更收费单》，并注明退票原因和退票时间。

（21）旅客购票后，因自身原因未成行，变更时若航线取消按自愿退票操作。

（22）关于一张包含多个航段的客票，旅客对其中一段提出退票时，按以下办法处理。

① 客票全部未使用，旅客对其中一段提出退票，按整张客票所有航段退票处理。

② 客票部分已使用，旅客对其中一段提出退票，剩余航段按全部退票处理。

（23）提交退票时，若订单中只剩下一名儿童，则编码中需备注其他同行成人旅客客票信息，若无其他同行成人，则告知旅客不允许该成人旅客单独退票。

## 六、案例介绍

旅客 2018 年 6 月 29 日购买机票，航班信息如下：
2018 年 7 月 9 日，武汉至杭州，CZ3823，舱位 L。
乘机人信息如下：
马亚飞，身份证号码为 422***************；
王亚玲，身份证号码为 422***************；
票面价格为 510 元/人，旅客联系电话为 156********。

2018 年 7 月 1 日，旅客来电表示马亚飞取消飞行，座席在操作时误将旅客马亚飞和王亚玲全部按照退票处理。7 月 9 日当天，旅客王亚玲去机场办理值机，机场告知其已经退票，无法成行，若需成行要重新购买机票。由于旅客有急事，不得已当场购买经济舱全价机票，票价为 830 元。旅客到达杭州后，致电呼叫中心，投诉座席退错机票，要求核实情况。

航空公司调出通话录音，发现确实由于座席错误操作，导致旅客无法乘机。其后，航空公司按照旅客诉求赔偿旅客多付的 320 元差价。

## 七、模拟训练

### （一）场景资料

5 月 28 日，旅客李红用号码为 13561234322 的手机致电呼叫中心，要求将已购买的 7 月 1 日广州到成都的机票退掉。已知航空公司自愿退票收费标准有以下两点。

（1）航班预计离站时间前的 2 小时（含）前，收取票价 5%的退票费。

（2）航班预计离站时间前的 2 小时（不含）后，收取票价 15%的退票费。

票面信息如下：

```
ISSUED BY: CHINA SOUTHERN AIRLINES    ORG/DST: CAN/CTU           BSP-D
E/R: 变更退票收费
TOUR CODE:
PASSENGER: 李红
EXCH:                           CONJ TKT:
O FM:1CAN CZ    3401   Y 01JUL 0815 OK Y        01JUL8/01JUL8 20K OPEN FOR USE
      T2T2 RL:PT8WTH    /KRPQZ41E
  TO: CTU
FC: 01JUL18CAN CZ CTU1300.00CNY1300.00END
FARE:         CNY 1300.00  |FOP:CASH CASH(CNY)
TAX:          CNY 50.00CN  |OI:
TAX:          CNY140.00YQ|
TOTAL:        CNY 1490.00  |TKTN: 784-5379366040
```

票面历史信息如下：

```
>DETR TN/784-5379366040,H
NAME: 李红  TKTN:7845379366040
IATA OFFC: 08312231 ISSUED: 20MAR18 RVAL: 00
  3 1   11JUN/2225/9955    ETSU N/O COUPON CONTROL ADDED TO TICKET
    2   11JUN/2225/9955    TRMK VC IS CZ
    1   11JUN/2225/9955    TRMK CHINA SOUTHERN AIRLINES
```

PNR 内容如下：

```
**ELECTRONIC TICKET PNR**
  1. 李红  KRPQZ4
  2. CZ3401 Y    SU01JUL   CANCTU HK1    0815 1040        E T2T2
  3. CAN/T CAN/T-020-86700263/CAN ZONGHENG AIR SERVICE CO.,LTD/ZHANGXINYAN
       ABCDEFG
  4. T
  5. SSR FOID CZ HK1 NI440123198106062134/P1
```

6. SSR TKNE CZ HK1 CANCTU 3401 Y01JUL 7845379366040/1/P1
7. OSI CZ CTCM13561234322/P1
8. RMK CMS/A/**
9. RMK TJ CAN999
10. RMK CA/PT8WTH
11. RMK AUTOMATIC FARE QUOTE
12. FN/A/FCNY1300.00/SCNY1300.00/C0.00/XCNY190.00/TCNY50.00CN/TCNY140.00YQ/ACNY1490.00
13. TN/784-5379366040/P1
14. FP/CASH,CNY
15. CAN999

## （二）操作流程

```
>DETR NI/440123198106062134
>DETR TN/784-5379366040,H
>TRFD AM/15/D
（填写退票单）
>TRFD M/2/D/192200056  （提取显示退票单，可省略）
>DETR TN/784-5379366040（核对票面状态是否变更为 REFUNDED）
>RT KRPQZ4
>XEPNR@
```

退票单填写内容如下：

```
TRFU: M    15/ D/ 0
Airline Code  784   TKT Number  5379366040 -          Check
Conjunction No.  1  Coupon No.  1 1000   2 0000   3 0000   4 0000
Passenger Name
Currency Code  CNY-2   Form Of Payment    CASH
Gross Refund 1300.00                              ET-(Y/N):  Y
Deduction    65.00              Commission    0% =         ---
TAX  [ 1]    CN 50.00____   [ 2]   YQ 140.00____   [ 3]   __ _____
     [ 4]    __ _____    [ 5]   __ _____     [ 6]   __ _____
     [ 7]    __ _____    [ 8]   __ _____     [ 9]   __ _____
     [10]    __ _____    [11]   __ _____     [12]   __ _____
     [13]    __ _____    [14]   __ _____     [15]   __ _____
     [16]    __ _____    [17]   __ _____     [18]   __ _____
     [19]    __ _____    [20]   __ _____     [21]   __ _____
     [22]    __ _____    [23]   __ _____     [24]   __ _____
     [25]    __ _____    [26]   __ _____     [27]   __ _____
Remark                       Credit Card
Net Refund =                 CNY
UPDATE SUCCESSFUL,   TRFD M/15 /D/   192200056   ,ET DO TSL 15
```

退票后核对票面状态如下：

```
DETR:TN/784-5379366040,AIR/CZ
ISSUED BY: CHINA SOUTHERN AIRLINES        ORG/DST: CAN/CTU                    BSP-D
E/R: 变更退票收费
TOUR CODE:
PASSENGER: 李红
EXCH:                                      CONJ TKT:
O FM: 1CAN CZ    3401   Y 01JUL 0815 OK Y              01JUL8/01JUL8 20K   REFUNDED
        T2T2 RL:PT8WTH /KRPQZ41E
   TO: CTU
FC: 01JUL18CAN CZ CTU1300.00CNY1300.00END
FARE:         CNY 1300.00    |FOP:CASH CASH(CNY)
TAX:          CNY 50.00CN    |OI:
TAX:          CNY140.00YQ    |
TOTAL:        CNY 1490.00    |TKTN: 784-5379366040
```

### （三）参考话术

座席：您好！工号1234为您服务，请问有什么可以帮到您？

旅客：我买了一张7月1日广州到成都的机票，现在需要退票。

座席：女士，您好！麻烦您提供您的客票号或身份证号码。

旅客：身份证号码是440***************。

座席：好的。请稍等……女士，您好！根据您客票的限制条件，需要收取票价5%的退票费，即65元。需提示您，座位一旦取消无法恢复，请问您确定办理吗？

旅客：确定。

座席：好的。正在为您办理退票，请稍等……已为您取消原订座位，并提交退票申请，通过审核后，退票款项将会尽快退还到您原支付的银行卡账户中，请注意查收。

旅客：一共退给我多少钱？

座席：应退票款为1235元，加上50元的机场建设费和140元的燃油附加税，共计退给您1425元。票款需要2—5个工作日到账，请稍后留意，若长时间未收到票款，请致电核实。请问还有什么可以帮到您？

旅客：没有了，谢谢！

座席：不客气。感谢您的来电，再见！

## 第二节　国内客票非自愿退票

### 一、业务概述

因航班取消、提前、延误、航程变更或不能提供原订座位时，旅客要求退票，称为非自愿退票。非自愿退票不收取退票费。

## 二、操作指令

与国内客票自愿退票业务的操作指令相同，参见第五章第一节的内容。

## 三、计算退款金额

非自愿退票不收取退票费。填写退票单时，Deduction 项不用填写。

### （一）客票换开前

#### 1. 客票完全未使用

（1）未使用优惠券。

应退票价=原票价

（2）使用了优惠券。

应退票价=原票价-优惠券金额

#### 2. 客票部分已使用

（1）未使用优惠券。

应退票价=未使用航段票价

（2）使用了优惠券。

应退票价=未使用航段票价-优惠券金额

#### 3. 示例

旅客马鸣购买了广州至成都的来回程机票，因机械故障回程航班取消，旅客提出退票。

系统提取到的旅客票面信息如下：

```
>DETR:TN/784-5379366079,AIR/CZ
         ISSUED BY: CHINA SOUTHERN AIRLINES  ORG/DST: CAN/CAN              BSP-D
TOUR CODE:
PASSENGER: 马鸣
EXCH:                        CONJ TKT:
O FM:1CAN CZ     3403   L 12NOV 0715 OK L                20K USED
       T2T2 RL:NDJS46    /KTXR8V1E
O TO:2CTU CZ     3404   H 15NOV 1100 OK H                20K OPEN FOR USE
       T2T2 RL:NDJS47    /KTXR8V1E
   TO: CAN
FC: M/12NOV18CAN CZ CTU780.00 CZ CAN1080.00 CNY1860.00END
FARE:             CNY 1860.00   |FOP:CASH CASH(CNY)
TAX:              CNY100.00CN|OI:
TAX:              CNY 80.00YQ  |
TOTAL:            CNY2040.00   |TKTN: 784-5379366079
```

## 第五章　国内客票退票业务处理

PNR 内容如下：

```
**ELECTRONIC TICKET PNR**
 1. 马鸣  KTXR8V
 2. CZ3403 L   MO12NOV   CANCTU HK1   0715 0945        E T2T2
 3. CZ3404 H   TH15NOV   CTUCAN HK1   1100 1325        E T2T2
 4. CAN/T CAN/T-020-86700263/CAN ZONGHENG AIR SERVICE CO.,LTD/ZHANGXINYAN
    ABCDEFG
 5. T
 6. SSR FOID CZ HK1 NI4401231988020220XX/P1
 7. SSR TKNE CZ HK1 CANCTU 3403 Y12NOV 7845379366079/1/P1
 8. SSR TKNE CZ HK1 CTUCAN 3404 Y15NOV 7845379366079/2/P1
 9. OSI CZ CTCM135600001234/P1
10. RMK TJ CAN999
11. RMK CA/NDJS47
12. FN/FCNY1860.00/SCNY1860.00/C0.00/XCNY180.00/TCNY100.00CN/TCNY80.00YQ/
    ACNY2040.00
13. TN/784-5379366079/P1
14. FP/CASH,CNY
15. CAN999
```

　　根据上述信息填写退票单时，应退票价为未使用航段的票价 1080 元，不收取退票费，未使用航段的税费为 50 元的机场建设费和 40 元的燃油附加税，提交后生成的退票单信息如下：

```
>TRFU: M   15/ D/ 192200143
Airline Code    784   TKT Number    5379366079 - 9366079   Check
Conjunction No.  1   Coupon No.  1 0200  2 0000  3 0000  4 0000
Passenger Name      /
Currency Code    CNY-2   Form Of Payment   CASH
Gross Refund   1080.00                          ET-(Y/N):   Y
Deduction                Commission   0    % =      0  ---
TAX  [ 1]   CN    50.00   [ 2]   YQ    40.00   [ 3]  __ _____
     [ 4]   __ _____   [ 5]   __ _____   [ 6]  __ _____
     [ 7]   __ _____   [ 8]   __ _____   [ 9]  __ _____
     [10]   __ _____   [11]   __ _____   [12]  __ _____
     [13]   __ _____   [14]   __ _____   [15]  __ _____
     [16]   __ _____   [17]   __ _____   [18]  __ _____
     [19]   __ _____   [20]   __ _____   [21]  __ _____
     [22]   __ _____   [23]   __ _____   [24]  __ _____
     [25]   __ _____   [26]   __ _____   [27]  __ _____
Remark                    Credit Card
Net Refund =  1170.00        CNY
```

从中可以看出，实际退给旅客的票款为 1170 元，即未使用航段的票价 1080 元加未使用航段的税费 90 元。

**（二）客票换开后**

**1. 客票完全未使用**

（1）未使用优惠券。

应退票价=原票价+票价差价部分

（2）使用了优惠券。

应退票价=原票价+票价差价部分-优惠券金额

**2. 客票已部分使用**

（1）未使用优惠券。

应退票价=未使用航段原票价+未使用航段票价差价部分

（2）使用了优惠券。

应退票价=未使用航段原票价+未使用航段票价差价部分-优惠券金额

**3. 示例**

旅客已购买广州至北京的机票，Y 舱座位，航班出发前一周，要求升至 F 舱。升舱后，在航班出发当天，由于航空公司原因，航班取消，旅客提出退票。

退票前提取到的客票票面信息如下：

```
DETR:TN/784-5379366082,AIR/CZ
   ISSUED BY: CHINA SOUTHERN AIRLINES  ORG/DST: CAN/BJS         BSP-D
   TOUR CODE:
   PASSENGER: 张珊
   EXCH: 784-5379366081              CONJ TKT:
  O FM: 1CAN CZ    3099    F 25OCT 0900 OK F          40K OPEN FOR USE
        T2T2 RL:NDJS9H    /JWLSCR1E
    TO: PEK
   FC: M/25OCT18CAN CZ PEK2550.00CNY2550.00END
   FARE:          CNY 2550.00  |FOP:CASH CASH(CNY)
   TAX:           PD 50.00CN   |OI: 784-5379366081
   TAX:           PD 40.00YQ   |
   TOTAL:         CNY 850.00A  |TKTN: 784-5379366082
```

原客票票面信息如下：

```
DETR:TN/784-5379366081,AIR/CZ
   ISSUED BY: CHINA SOUTHERN AIRLINES  ORG/DST: CAN/BJS         BSP-D
   TOUR CODE:
   PASSENGER: 张珊
```

```
EXCH:                           CONJ TKT:
O FM: 1CAN CZ    3099   Y 25OCT 0900 OK Y          25OCT8/25OCT8 20K EXCHANGED
      T2T2 RL:NDJS9H    /JWLSCR1E
  TO: PEK
FC: A/25OCT18CAN CZ PEK1700.00CNY1700.00END
FARE:           CNY 1700.00  |FOP:CASH CASH(CNY)
TAX:            CNY 50.00CN |OI:
TAX:            CNY 40.00YQ|
TOTAL:          CNY 1790.00  |TKTN: 784-5379366081
```

根据上述信息，填写退票单，返回单号为 192200144，提取退票单内容如下：

```
>TRFU:  M    15/ D/ 192200144
 Airline Code    784   TKT Number    5379366082 - 9366082    Check
 Conjunction No.  1   Coupon No.   1 1000   2 0000   3 0000   4 0000
 Passenger Name    /
 Currency Code  CNY-2   Form Of Payment   CASH
 Gross Refund  2550.00                              ET-(Y/N):   Y
 Deduction                 Commission     0    % =      0    ---
 TAX  [ 1]   CN     50.00   [ 2]    YQ    40.00   [ 3]  _ _____
            [ 4]  _ _____    [ 5]  _ _____    [ 6]  _ _____
            [ 7]  _ _____    [ 8]  _ _____    [ 9]  _ _____
            [10]  _ _____    [11]  _ _____    [12]  _ _____
            [13]  _ _____    [14]  _ _____    [15]  _ _____
            [16]  _ _____    [17]  _ _____    [18]  _ _____
            [19]  _ _____    [20]  _ _____    [21]  _ _____
            [22]  _ _____    [23]  _ _____    [24]  _ _____
            [25]  _ _____    [26]  _ _____    [27]  _ _____
 Remark                     Credit Card
 Net Refund =  2640.00          CNY
```

从中可以看出，实际退给旅客的票款为 2640 元，即

退款总额=应退票价+应退税费

=原票价+票价差价部分+应退税费

=1700+850+（50+40）

=2640（元）

## 四、话术指引

座席为旅客办理非自愿退票，必须检查票面、旅客身份等是否符合相关条件，只有符合相关条件，才能退票。国内客票非自愿退票的话术指引如图 5-2 所示。

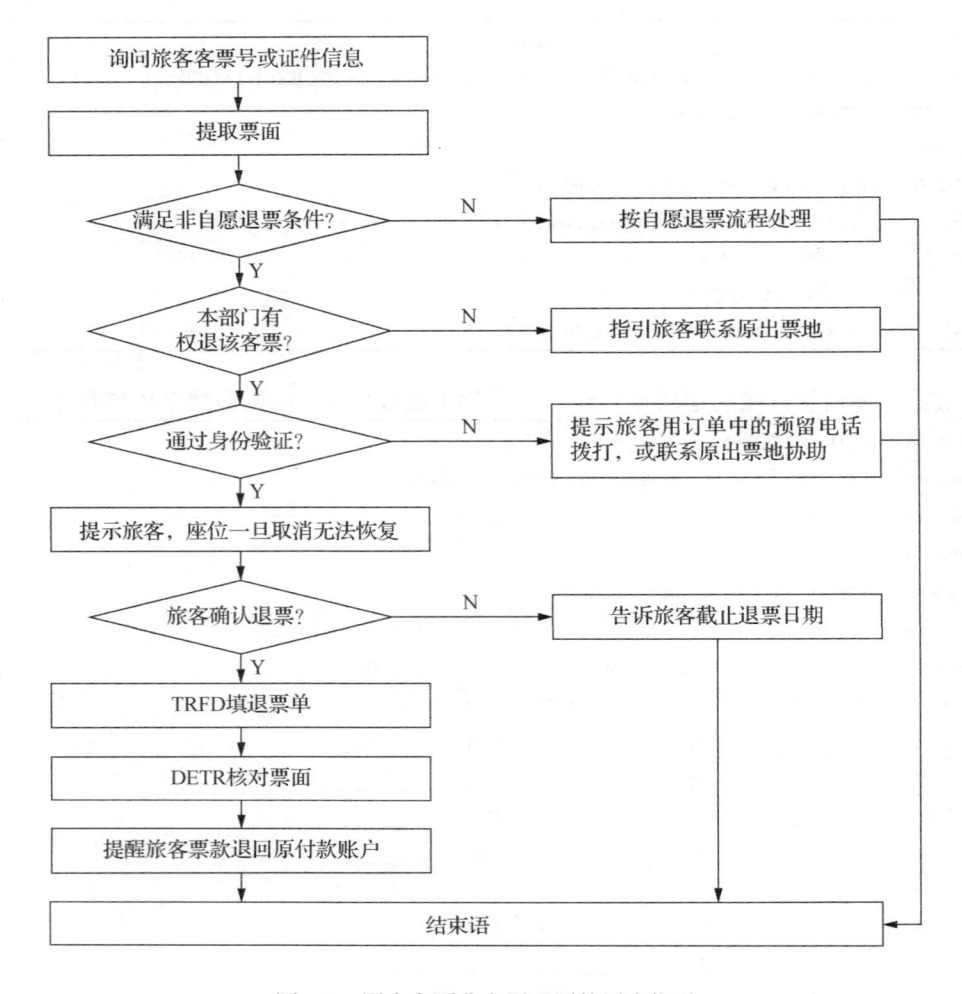

```
┌─────────────────────────┐
│  询问旅客客票号或证件信息  │
└────────────┬────────────┘
             ↓
      ┌─────────────┐
      │   提取票面   │
      └──────┬──────┘
             ↓
        ╱满足非自愿╲    N    ┌──────────────────┐
       ╲ 退票条件? ╱─────────→│  按自愿退票流程处理  │
             │Y                └──────────────────┘
             ↓
        ╱ 本部门有 ╲    N    ┌──────────────────┐
       ╲权退该客票?╱─────────→│  指引旅客联系原出票地 │
             │Y                └──────────────────┘
             ↓
        ╱          ╲    N    ┌──────────────────┐
       ╲通过身份验证?╱────────→│ 提示旅客用订单中的预留电话│
             │Y                │  拨打，或联系原出票地协助 │
             ↓                 └──────────────────┘
┌─────────────────────────┐
│ 提示旅客，座位一旦取消无法恢复│
└────────────┬────────────┘
             ↓
        ╱          ╲    N    ┌──────────────────┐
       ╲ 旅客确认退票?╱────────→│  告诉旅客截止退票日期│
             │Y                └──────────────────┘
             ↓
      ┌─────────────┐
      │ TRFD填退票单 │
      └──────┬──────┘
             ↓
      ┌─────────────┐
      │ DETR核对票面 │
      └──────┬──────┘
             ↓
┌─────────────────────────┐
│   提醒旅客票款退回原付款账户│
└────────────┬────────────┘
             ↓
         ┌────────┐
         │ 结束语  │
         └────────┘
```

图 5-2　国内客票非自愿退票的话术指引

## 五、注意事项

（1）在航班始发站，旅客非自愿退票无论是航空公司原因还是非航空公司原因，均退还旅客所付的实际票款。

（2）由于天气等非航空公司原因，在航班经停站，应退还的票款为旅客所付票款减去已使用航段的票款，剩余金额全部退还给旅客，但所退金额不得超过原付票款。

（3）由于航空公司原因，如机务维修等，在航班经停站，退还未使用航段的票款，此金额应为与原实付票款的折扣率相同，但所退金额不得超过原付票款。

（4）旅客自愿变更航班并支付变更费用后，当其所变更的航班不正常时，旅客要求退票，不收取退票费，但已付变更费用不退。

（5）班机若在非经停点的其他航站降落，取消当日飞行，旅客要求退票，应退还由降落站至到达站的票款，但不得超过原付票款，不收取退票费。若旅客所付票款为折扣票价，应按相同折扣率计退票款。若降落站至到达站没有公布票价，则退还降落站至到达站之间火车卧铺或长途客车票款或与以上费用相当的客票款。

（6）持有航空公司一本或多本连续客票的联程旅客由于航空原因在航班经停站或联程站提出退票，航空公司应退还旅客未使用航段的票款，不收取退票费。

（7）旅客非自愿退票，可在原购票地、航班始发地、经停地、终止旅行地的航空公司售票处或引起非自愿退票事件发生地的航空公司授权销售代理点办理。

（8）若退票操作成功后，必须再提取票面，确认票面状态已改为"REFUNDED"。

（9）办理电子客票全航程或部分航段的退票，应收回已向旅客提供的行程单。填开《国内客运退票、变更收费单》，并注明退票原因和退票时间。

（10）航班非自愿变动，为旅客办理退票、签转、变更航程等业务时必须征求旅客意见，并明确告诉旅客一旦确认新的航班信息，旅客由于个人原因再次提出变更或退票时，将按自愿变更或退票的相关规定处理；旅客不能立即确认和答复时，可以将客票状态改为OPEN，待旅客确认后再为其办理。

## 六、模拟训练

### （一）场景资料

因为机械故障航班延误，旅客于始发地机场致电呼叫中心，要求退票。旅客呼入电话号码为13600001234。

系统提取到的旅客票面信息如下：

```
ISSUED BY: CHINA EASTERN AIRLINES    ORG/DST: BJS/SHA           BSP-D
TOUR CODE:
PASSENGER: 赵晓丹
EXCH:                        CONJ TKT:
O FM: 1PEK MU   5104   Y 05JUL 0900 OK Y              20K OPEN FOR USE
      T2T2 RL:PF7KMF  /HQQZYH1E
   TO: SHA
FC: 05JUL18PEK MU SHA1130.00CNY1130.00END
FARE:            CNY 1130.00   |FOP:CASH
TAX:             CNY 50.00CN   |OI:
TAX:             CNY140.00YQ |
TOTAL:           CNY 1320.00   |TKTN: 781-5379366042
```

## PNR 内容如下：

```
**ELECTRONIC TICKET PNR**
  1. 赵晓丹  HQQZYH
  2. MU5104 Y    TH05JUL   PEKSHA HK1    0900 1130          E T2T2
  3. CAN/T CAN/T-020-86700263/CAN ZONGHENG AIR SERVICE CO.,LTD/ZHANGXINYAN
     ABCDEFG
  4. T
  5. SSR FOID MU HK1 NI4403421988101021XX/P1
  6. SSR TKNE MU HK1 PEKSHA 5104 Y05JUL 7815379366042/1/P1
  7. OSI MU CTCM13600001234/P1
  8. RMK CMS/A/**
  9. RMK TJ CAN999
 10. RMK CA/PF7KMF
 11. RMK AUTOMATIC FARE QUOTE
 12. FN/A/FCNY1130.00/SCNY1130.00/C0.00/XCNY190.00/TCNY50.00CN/TCNY140.00YQ/
     ACNY1320.00
 13. TN/781-5379366042/P1
 14. FP/CASH,CNY
 15. CAN999
```

## （二）操作流程

```
>DETR NI/440342198810102166
>TRFD AM/15/D（填写退票单）
>DETR TN/781-5379366042（核对票面状态是否变更为 REFUNDED）
>RT HQQZYH
>XEPNR@
```

## 退票单填写内容如下：

```
TRFU: M    15/ D/ 0
Airline Code   781   TKT Number   5379366042 -         Check
Conjunction No.  1   Coupon No.   1 1000   2 0000   3 0000   4 0000
Passenger Name
Currency Code   CNY-2   Form Of Payment   CASH
Gross Refund   1130.00                         ET-(Y/N):   Y
Deduction                Commission         0% =             ---
TAX  [ 1]   CN 50.00____    [ 2]  YQ 140.00___    [ 3] _____
     [ 4] _____    [ 5] _____   [ 6] _____
     [ 7] _____    [ 8] _____   [ 9] _____
     [10] _____    [11] _____   [12] _____
     [13] _____    [14] _____   [15] _____
     [16] _____    [17] _____   [18] _____
     [19] _____    [20] _____   [21] _____
     [22] _____    [23] _____   [24] _____
     [25] _____    [26] _____   [27] _____
Remark                      Credit Card
Net Refund =                CNY
UPDATE SUCCESSFUL,  ▶TRFD M/15 /D/    192200057   ,ET DO▶TSL 15
```

退票后，核对票面信息如下：

```
ISSUED BY: CHINA EASTERN AIRLINES    ORG/DST: BJS/SHA           BSP-D
TOUR CODE:
PASSENGER: 赵晓丹
EXCH:                          CONJ TKT:
O FM: 1PEK MU   5104   Y 05JUL 0900 OK Y            20K    REFUNDED
      T2T2 RL:PF7KMF  /HQQZYH1E
   TO: SHA
FC: 05JUL18PEK MU SHA1130.00CNY1130.00END
FARE:           CNY 1130.00  |FOP:CASH
TAX:            CNY 50.00CN  |OI:
TAX:            CNY140.00YQ |
TOTAL:          CNY 1320.00  |TKTN: 781-5379366042
```

### （三）参考话术

座席：您好！工号 3366 为您服务，请问有什么可以帮到您？

旅客：你好！我订的今天上午北京到上海的 MU5104 航班，因为机械故障航班延误，还不知道要等到什么时候，我可以退票吗？

座席：可以。请您提供您的客票号或身份证号码，好吗？

旅客：身份证号码是 440**************。

座席：好的。您稍等……女士，您是因为航班延误需要退票，对吗？

旅客：对的。

座席：非常抱歉给您带来不便，本次退票不收取任何手续费，票款全退。需提示您，座位一旦取消无法恢复，若您确定退票，现在为您办理。

旅客：确定退票。

座席：好的。您稍等……女士，您好！已为您取消原订座位，并提交退票申请，通过审核后，含税票款 1320 元将会尽快退还到您原来支付票款的银行卡账户中，请您注意查收。温馨提示，票款需要 2—5 个工作日到账，若长时间未收到票款，请致电核实。

旅客：好的。

座席：请问还有什么可以帮到您？

旅客：没有了，谢谢，再见！

座席：不客气，再见！

## 思　考　题

（1）简述处理国内客票自愿退票业务的流程。

（2）简述处理国内客票非自愿退票业务的流程。

# 第六章　国内客票变更业务处理

## 学习目标：

（1）能够处理国内客票自愿变更业务。
（2）能够处理国内客票非自愿变更业务。

## 学习内容：

（1）自愿改期、升舱、降舱、同时改期和升舱的处理方法。
（2）变更费用的计算。
（3）国内客票自愿变更业务的操作指令、处理流程、话术指引、注意事项。
（4）国内客票非自愿变更业务的处理流程、话术指引、注意事项。

## 第一节　国内客票自愿变更

### 一、业务概述

旅客由于个人原因需要变更航程、航班、乘机日期、舱位等级、乘机人，称为自愿变更。自愿变更航程和乘机人时，按退票处理，旅客重新购票。

处理自愿变更业务前，座席应先对原客票进行审核。如果客票不允许自愿变更，建议旅客重新购票，原票按自愿退票处理。此外，座席还应检查所变更的航段状态是否为"OPEN FOR USE"、是否在有效期内。

处理自愿变更业务时，座席应按照旅客所提的要求，查看座位情况，若有座位，且原订座记录里的航班日期还未过期，可提取原订座记录做相应修改，原订座记录编码不变；若原 PNR 已取消，或原订座记录里的航班日期已过期，则重新建立旅客订座记录。

为旅客办理自愿变更业务，座席应根据旅客变更需求及舱位情况计算总变更费用，包括变更费及票价差价两部分。

### （一）改期的处理方法

处理变更业务时，若所更改的航班，在航空公司、航段、舱位上与原来保持一致，即称之为改期。办理自愿改期，应根据客票使用条件，收取航班/日期变更费用。

### （二）升舱的处理方法

旅客自愿变更时，若旅客在原订航班上，从较低舱位等级变更至较高舱位等级或从较低运价改为较高运价，需向旅客收取票价差价。

### （三）降舱的处理方法

若旅客自愿提出降舱，应将原客票按自愿退票处理，重新购买一张新票。

### （四）同时改期和升舱的处理方法

如果旅客要求客票航班/日期变更与舱位变更同时进行，则需同时收取航班/日期变更费和舱位差价。

## 二、计算变更费用

总变更费用=变更手续费+票价差

### （一）公布、直减运价

票价差=新票价-原票对应舱位票价
变更手续费=原票对应舱位票价×变更手续费率

### （二）代码共享航班

票价差=NFD 指令对应舱位运价-原票对应舱位票价
变更手续费=原票对应舱位票价×变更手续费率
注：
>NFD:城市对/日期/航空公司两字代码

### （三）特殊运价产品

#### 1. 多段优惠运价

（1）客票完全未使用。
票价差=新票价-原票全航程票价
变更手续费=各航段订座舱位的公布票价×各航段变更手续费率

(2)客票部分使用。

票价差=未使用航段新票价-未使用航段的原票面分摊价总和

变更手续费=未使用航段订座舱位的公布票价×未使用航段变更手续费率

### 2. 散客来回程优惠运价

(1)客票完全未使用。

票价差=新票价-原票全航程票价

变更手续费=原票全航程票价×变更手续费率

(2)客票部分使用。

票价差=未使用航段新票价-未使用航段的原票面分摊价

变更手续费=未使用航段分摊价×变更手续费率

### 3. 中转联程运价

(1)客票完全未使用。

票价差=新票价-原票全航程票价

变更手续费=原票全航程票价×变更手续费率

(2)客票部分使用。

不得自愿变更。

## (四)B2G 大客户

在旅客 PNR 中订新航班，删除原航班（不封口），输入如下指令。

>PAT:A #CDK+大客户号

即可查询出新航班票价。

票价差=PAT 算出的新票价-原票价

变更手续费=原票价×变更手续费率

## 三、操作指令

### (一)修改航班日期

>XE 航段序号，日期

### (二)改变舱位

>XE 航段序号，新舱位/NN

### (三)输入电子客票票号项

>SSR TKNE 航空公司两字代码 HK1 城市对 航班号 舱位 日期 票号/航段序号/旅客序号

## （四）客票换开 OI 指令

>OI ET/原始票号#票联 原出票城市 出票日期 原出票 OFFICE 的 IATA 编号 旅客序号

## （五）自动换开

>TRI:票号（自动生成 FN、FC 等组项）

## （六）手工换开时票价组 FN

>FN RCNYxxx.00/SCNYxxx.00/Cx.00/OCNY50.00CN/OCNYxx.00YQ/ACNYxxx.00

其中，RCNYxxx.00 为新票票面价；SCNYxxx.00 为实收价（票价差+变更手续费）；部分航空公司的变更手续费以 AY 税形式体现，即 TCNYxx.00AY；OCNYxx.00 为原票已付税款、ACNYxxx.00 为实收总额。

## （七）手工换开时票价计算组 FC

>FC 城市 1 航空公司两字代码 城市 2 航段票价及票价类别 航空公司两字代码 城市 3 航段票价及票价类别 CNY 总价 END

说明：

（1）换开的 FC 中应该输入全航程的票价计算信息，包括已使用航段。

（2）已部分使用的航段换开，必须在第一个未使用航段的三字代码前加注"T-"标识，以表示该航段之前的航段已经旅行完毕；并在 FC 项第一个参数前输入第一航段的实际始发日期。

## 四、处理流程

### （一）按客票换开方式处理

客票换开方式常用来处理升舱、同舱收费变更及自愿签转等业务。按客票换开方式处理自愿变更业务的流程如下。

（1）提取票面，检查客票是否允许变更，检查票面状态是否为"OPEN FOR USE"。

（2）提取票面历史部分，检查客票是否在有效期内。

（3）提取 PNR，输入 OI 项，待系统返回"OI CHECK HAS COMPLETED,PLEASE GO ON!!!"后可继续后续操作。

（4）删除 SSR TKNE、FN、TN 项。

（5）更改航段。

（6）核实运价，手工输入 FN/FC/EI/TC 项。

（7）重新出票。

（8）检查新票面的状态是否为"OPEN FOR USE"，原票面的状态是否为"EXCHANGED"。

### （二）按非客票换开方式处理

对于不收取航班/日期变更费的改期操作，可以采用如下处理流程。

（1）提取旅客订座记录，删掉原航段，建立新航段。

（2）删除原票号项，输入新的票号项，格式如下：

"SSR TKNE 航空公司两字代码 HK1 城市对 航班号 舱位 日期 票号/航段序号/旅客序号"，票号为原票号。

（3）再将新航段做 RR 操作，如下：

>航段序号 RR

（4）封口。

（5）提取票面，核对信息。

## 五、话术指引

座席在为旅客办理自愿变更业务前，应检查票面信息、有效期、旅客身份等是否满足相关条件，然后方可办理。国内客票自愿变更的话术指引如图 6-1 所示。

座席在为旅客办理自愿变更业务时，需要删除旧航段，预订新航段，存在一定的订座风险。因此，座席在与旅客沟通的过程中，需注意以下服务要点。

（1）提示旅客，座位一旦取消无法恢复。

（2）若旅客暂不变更，提示旅客航班座位有限，最终价格以出票时系统查询为准，建议旅客尽早办理。

（3）若旅客确认变更，而且距离新航班离站时间 120 分钟（含）以内，提示旅客如下信息。

① 机场截止办理登机手续的时间。

② 截止办理登机手续前可能无法完成变更。

③ 如果变更失败，无法恢复原航班。

④ 存在变更成功后可能来不及办理值机手续的风险。

在得到旅客确认后，方可为旅客进行变更操作。

（4）告知旅客，一旦提交变更，退改签按变更后的航班舱位执行，里程按新航段舱位累积，若需退票，已收取的变更费不退。

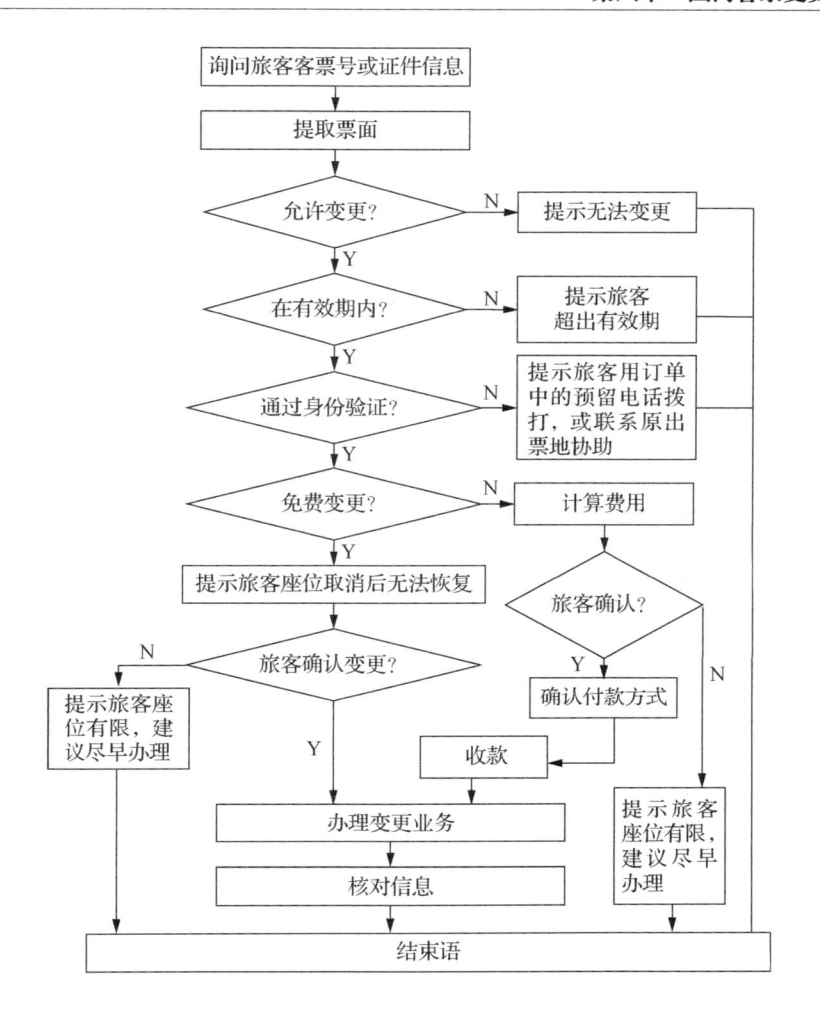

```
询问旅客客票号或证件信息
            ↓
          提取票面
            ↓
        允许变更? ──N──→ 提示无法变更
            │Y
        在有效期内? ──N──→ 提示旅客超出有效期
            │Y
        通过身份验证? ──N──→ 提示旅客用订单中的预留电话拨打，或联系原出票地协助
            │Y
        免费变更? ──N──→ 计算费用
            │Y                ↓
   提示旅客座位取消后无法恢复   旅客确认?
            ↓            Y ↙    ↘ N
        旅客确认变更?    确认付款方式
        N ↙    ↘ Y         ↓
  提示旅客座位   办理变更业务  收款
  有限，建议        ↓          ↓
  尽早办理      核对信息    提示旅客座位有限，建议尽早办理
            ↓
          结束语
```

图6-1　国内客票自愿变更的话术指引

## （一）旅客确认变更

座席处理变更业务时，需根据旅客提出申请的时间指引旅客。

（1）距离新航班离站时间120分钟（不含）以外。

时间相对充裕，座席需要与旅客确认是否申请其他服务。

（2）距离新航班离站时间120分钟（含）以内。

时间紧迫，变更存在风险，座席应使用免责话术提醒旅客，若旅客同意，则为旅客办理相关业务。

座席的免责话术如下。

*先生/*女士，现距您想改乘的航班起飞仅有**分钟，**机场航班起飞前**分钟截止办理登机手续。变更业务需先取消原座位，若变更失败，将无法恢复原航班；在航班截止办理登机手续前无法顺利完成变更操作，或变更成功后不能及时到达机场办理乘机手续，所造成的损失由您自行承担。请问您是否确定办理？

## （二）旅客暂不变更

为了避免虚耗座位，对于旅客来电不能及时提单变更的情况，不得在终端预留新航班座位。

此时，座席的应答话术如下。

现未对您的客票进行操作，请确认后尽快致电呼叫中心办理。需提示您，航班座位有限，最终价格以出票时系统查询为准，建议您尽早办理。

## （三）处理变更操作前提示旅客信息

座席在处理变更操作前，必须再次与旅客明确下述信息。

（1）变更操作时要先将旅客的原航班座位取消，需提示旅客：原航班座位取消后将无法恢复，以上信息请您知晓。

（2）变更单支付成功后，此次变更将不允许取消。

（3）变更成功后，该客票的变更费不退。

（4）变更成功后，该客票的使用条件为***。

（5）自愿变更后的客票按最终成行的舱位进行里程累积。

（6）再次询问旅客是否确定办理变更。

当在线告知旅客客票使用条件时，旅客打断并要求无须告知，座席应询问旅客是否已清楚客票的使用条件，若是，则省略客票使用条件告知环节。

## 六、注意事项

（1）旅客购票后，若要改变航班、日期，应按照现行的航空公司国内旅客运输票价和使用条件总则，以及特种票价使用相关规定办理。

（2）客票变更前，应使用 DETR 指令，查看票面信息是否为"OPEN FOR USE"状态；并使用"DETR:TN/票号,H"查询出票日期，确认客票是否在有效适用日期内。

（3）变更航班时，必须与旅客进行三核对。

（4）若客票为纸质客票，由于无法确认客票适用条件，需指引旅客前往航空公司直属营业部办理退改签业务。

（5）B2C 客票，若旅客按照儿童票价出票，票价级别显示为"YCH"，按儿童客票退改签规定执行；若儿童与成人同价，按成人对应舱位退改签规定执行。

（6）当使用优惠券购买的客票换开时，FC 项需输入"YHQ+航段序号+优惠券号码"。

（7）当大客户客票换开时，FC 项需输入大客户号"DK+大客户号"。

（8）为婴儿、儿童客票提交变更时，座席需检查编码中婴儿及儿童身份信息是否完整。

（9）婴儿需输入新航班 SSR INFT 组项，并确认婴儿是否可变更到旅客所需航班；若反馈为"NN""HX"等状态，则建议旅客尝试其他航班。

## 七、案例介绍

2018 年 8 月 15 日，旅客致电呼叫中心，要求变更其在淘宝网上所购买的机票。原票信息如下。

2018 年 8 月 16 日，CZ8601 航班，乌鲁木齐—喀什，U 舱。

需变更至新航班信息如下。

2018 年 8 月 17 日，CZ8565 航班，乌鲁木齐—喀什，U 舱。

座席按照旅客要求进行了变更，并按客票使用条件收取了变更费。但是，旅客最后由于自身原因没有使用该客票，来电要求退票，被告知之前所收取的变更费不能退。旅客对此不满，表示座席之前并未提醒退票时变更费不退。

后经呼叫中心质量部门核实录音，发现确实属于座席工作失误，座席在处理变更业务时，未提醒旅客"一旦提交，变更单无法取消，变更成功后如需退票，变更费不退。"

## 八、模拟训练

### （一）场景资料

旅客本人在航班出发前 1 小时致电呼叫中心，要求将出发日期往后推 2 天，其他信息不变。

已知航空公司自愿变更收费标准有以下两点。

（1）航班起飞前 2 小时（含）之前，免费改期。

（2）航班起飞前 2 小时之内及航班起飞后，收取票价 5%的变更费。

旅客 PNR 内容如下：

```
**ELECTRONIC TICKET PNR**
 1. 赵晓明  JFR10P
 2. ZH9651 Y   TH26JUL  CANSHE HK1   0720 1255         E
 3. CAN/T CAN/T-020-86700263/CAN ZONGHENG AIR SERVICE CO.,LTD/ZHANGXINYAN
    ABCDEFG
 4. T
 5. SSR FOID ZH HK1 NI11012341111/P1
 6. SSR ADTK 1E BY CAN11JUN18/1904 OR CXL ZH9651 Y26JUL
 7. SSR TKNE ZH HN1 CANSHE 9651 Y26JUL 4795379366058/1/P1
 8. OSI ZH CTCM1310001111/P1
 9. RMK CMS/A/**
10. RMK TJ CAN999
```

11. RMK CA/PJZWSP
12. RMK AUTOMATIC FARE QUOTE
13. FN/A/FCNY2310.00/SCNY2310.00/C0.00/XCNY190.00/TCNY50.00CN/TCNY140.00YQ/ACNY2500.00
14. TN/479-5379366058/P1
15. FP/CASH,CNY
16. CAN999

提取到的旅客票面历史信息如下：

```
>detr TN/479-5379366058,h
NAME: 赵晓明  TKTN: 4795379366058
IATA OFFC: 08312231 ISSUED: 20MAR18 RVAL: 00
  2 1   11JUN/1659/9955      ETSU N/O COUPON CONTROL ADDED TO TICKET
    1   11JUN/1659/88923     TRMK ZONG HENG+CAN999+DEV-15
```

## （二）操作流程

按客票换开方式办理自愿改期的操作流程如下：

```
>DETR NI/11012341111
>DETR TN/479-5379366058,H
>RT JFR10P
>OI ET/479-5379366058#1000 CAN 20MAR8 08312231 P1
>XE 7/13/14
>XE2,28JUL
>FC CAN ZH SHE 2310.00Y CNY2310.00END
>FN RCNY2310.00/SCNY116.00/C0.00/OCNY50.00CN/OCNY140.00YQ/ACNY116.00
>@
>RT JFR10P
>XE4
>ETDZ:15
>DETR TN/479-5379366058
>DETR TN/479-5379366065
```

改期前的原客票票面信息如下：

```
>DETR:TN/479-5379366058
ISSUED BY: CHINA SHENZHEN AIRLINE    ORG/DST: CAN/SHE          BSP-D
TOUR CODE:
PASSENGER: 赵晓明
EXCH:                           CONJ TKT:
O FM:1CAN ZH      9651    Y 26JUL 0720 OK Y          20K OPEN FOR USE
           RL:PJZWSP   /JFR10P1E
  TO: SHE
FC: 26JUL18CAN ZH SHE2310.00CNY2310.00END
FARE:           CNY 2310.00  |FOP:CASH
TAX:            CNY 50.00CN  |OI:
TAX:            CNY140.00YQ |
TOTAL:          CNY 2500.00  |TKTN: 479-5379366058
```

改期后生成的新客票票面信息如下：

```
>DETR:TN/479-5379366065
   ISSUED BY: CHINA SHENZHEN AIRLINE      ORG/DST: CAN/SHE            BSP-D
   TOUR CODE:
   PASSENGER: 赵晓明
   EXCH: 479-5379366058           CONJ TKT:
   O FM:1CAN ZH     9651   Y 28JUL 0720 OK Y         20K OPEN FOR USE
           RL:PJZWSP   /JFR10P1E
    TO: SHE
   FC: M 28AUG18CAN ZH SHE2310.00CNY2310.00END
   FARE:         CNY 2310.00  |FOP:CASH
   TAX:          PD   50.00CN |OI: 479-5379366058
   TAX:          PD 140.00YQ  |
   TOTAL:        CNY   116.00 |TKTN: 479-5379366065
```

**（三）参考话术**

座席：您好！工号 3356 为您服务，请问有什么可以帮到您？

旅客：我买了一张 7 月 26 日广州到沈阳的机票，航班号为 ZH9651，现在需要改期到 7 月 28 日，其他信息不变，可以办理吗？

座席：先生，您好！请提供您的客票号或证件号码。

旅客：证件号码为 110***************。

座席：好的。您稍等……先生，您好！您原订 7 月 26 日广州至沈阳的 ZH9651 航班，现变更至 7 月 28 日的 ZH9651 航班，请问您确定变更吗？需提示您，原座位一旦取消无法恢复。

旅客：确定变更。

座席：根据您客票的适用条件，需收取变更费 116 元。请问您需要现在办理吗？

旅客：现在办理吧。

座席：好的。请问您是转账支付还是电话支付呢？

旅客：电话支付吧。

座席：好的。现在为您转接到语音支付系统，请您按照语音提示支付 116 元的变更费，可以吗？

旅客：可以。

（……支付成功后）

座席：（为旅客改期，并检查更改后的 SSR TKNE 项）先生，您好！客票已改好，与您核对一下订座信息：乘机人为赵晓明，赵钱孙李的赵，知晓的晓，明天的明；7 月 28 日广州到沈阳的 ZH9651 航班，7:20 出发，12:55 到达；乘机人证件号码为 110***************。请携带有效身份证件原件乘机，广州白云国际机场的航班起飞前

45 分钟截止办理登机手续。请问还有什么可以帮到您？

旅客：没有了，谢谢！

座席：不客气。祝您旅途愉快！再见！

## 第二节　国内客票非自愿变更

### 一、业务概述

由于航班取消、提前、延误、航程改变、衔接错失或不能给旅客提供其已订好的座位，旅客要求变更客票时，称为非自愿变更。非自愿变更航程，必须按客票换开方式处理。

由于航空公司原因，造成旅客舱位等级变更时，票款的差额多退少不补。

若因航空公司原因造成旅客非自愿降舱，售票单位可以全退原客票，重新填开新票，或换开原客票，另开《国内客运退票、变更收费单》为旅客退降舱差额；或凭航空公司值机部门出具的非自愿降舱证明为临时降舱旅客填开《国内客运退票、变更收费单》，退降舱差额，对于已经乘机的电子客票不需要修改电子客票状态。

旅客办理非自愿变更业务，不收取变更费。

### 二、操作指令

与国内客票自愿变更业务的操作指令相同，参见第六章第一节的内容。

### 三、处理流程

非自愿变更业务可按客票换开、非客票换开两种方式处理，处理流程与国内客票自愿变更业务类似。但是，座席为旅客重新订座时，情况略有不同，具体如下。

**（一）旅客接受航空公司统一安排**

在航班计划性变动时，若旅客接受航空公司统一安排（原航段行动代码为 UN，新航段行动代码为 TK），并且编码中有已关联新航班的 SSR TKNE 项，座席应检查票面是否与新航班日期、时间、舱位、航段、航班号相同。

（1）如果相同，不删除 UN 航段，与旅客进行三核对后，RR 新航班座位，封口即可告知旅客变更成功。

（2）如果不相同，则需按客票换开方式处理。

## （二）旅客不接受航空公司统一安排

若旅客不接受航空公司统一安排，座席则按照航空公司非自愿变更的订座要求，为旅客重新订座。

以南航为例，享受优惠运价的南航承运的航班，旅客非自愿变更，若不接受航空公司统一安排的，允许免费变更一次，变更航班的日期范围如下：

（1）每日执行航线，发生变动航班或后续联程航班原订座日期的前后 3 天（含航班起飞当天）。

（2）非每日执行航线，发生变动航班或后续联程航班原订座日期的前后 7 天（含航班起飞当天）；超过此时间范围的，按全退处理。

不享受优惠运价的全价客票，按照客票使用规定执行，不受此规则限制。

## 四、话术指引

座席为旅客办理非自愿变更业务时，在通过身份验证后，应先询问旅客是否接受航空公司统一安排，若旅客接受，则变更至保护航班。若旅客不接受，则按照旅客需求，参照航空公司相关规定办理。国内客票非自愿变更的话术指引如图 6-2 所示。

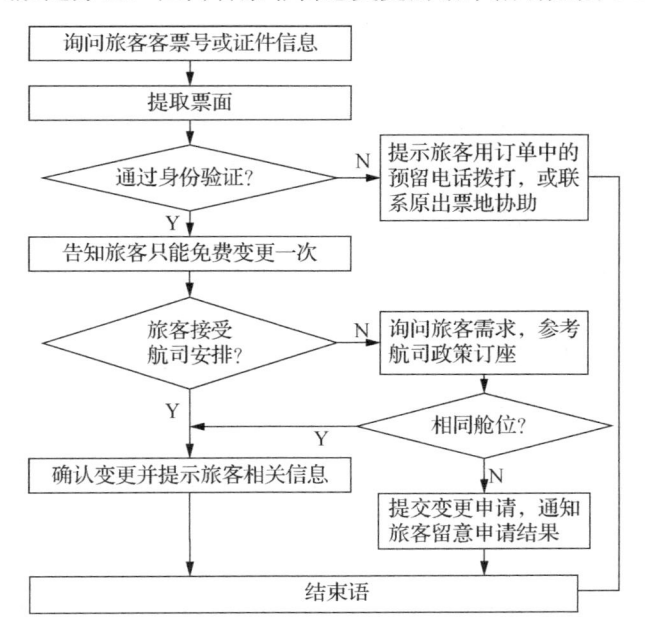

图 6-2　国内客票非自愿变更的话术指引

## 五、注意事项

（1）航班非自愿变动，为旅客办理退票、变更、签转等业务，必须征求旅客意见，并明确告知旅客一旦确认新的航班信息，旅客由于个人原因再次提出变更或退票时，将按照自愿变更或退票的相关规定处理；

（2）为旅客变更航班时。

① 有相同舱位。

身份验证成功，在征得旅客同意后，取消原航段，确认新航段，并按新航段信息录入 SSR TKNE 项，航空公司系统用 OSI 备注，如 OSI CZ SKED CHG PAX RQ CHG FM CZ****TO CZ **** BY TEL *****。代理人系统用 SSR 备注，如 SSR OTHS CZ SKED CHG PAX RQ FM CZ**** TO CZ**** BY TEL ****。

② 无同等舱位。

身份验证成功后，若无同等舱位，则为旅客在原编码内订入相同物理舱位中的最低可利用舱位（此舱位需在原舱位以上），保留原航段。例如，旅客原订南航 E 舱，非自愿变更无同等舱位，查询当时开放经济舱最低舱位为 H 舱，则为旅客预订 H 舱。

（3）若遇计划性非自愿降舱变更，换开后舱位价格低于原舱位价格时，新票的票价输入新舱位的价格、票价级别。

（4）非自愿变更航程后按原购票的行程和舱位进行累积。

## 六、案例介绍

### 案例一

2017 年 5 月 7 日旅客致电呼叫中心，说明因为航班变动，需要将原订的 5 月 7 日的航班变更至 5 月 8 日的航班。旅客原订航班信息如下：

2017 年 5 月 7 日，CZ3877，N 舱，广州至福州。

要求变更至新航班的信息如下：

2017 年 5 月 8 日，CZ5200，N 舱，广州至福州。

座席核实航班符合非自愿变更条件，提交变更单并将旅客原航班变更至所要求的新航班。事后，该座席却被罚款 510 元。为什么呢？

原来，2017 年 5 月 8 日广州至福州的 CZ5200 航班为代码共享航班，旅客实际乘坐的是厦航 MF8324 航班。根据《南航与各航空公司两字代码共享合作协议》文件，变更至厦航代码共享航班，订座规定如下：

（1）南航市场方，厦航承运方的 K、Q、N 舱，仅适用于国际中转。若是纯国内航程，不允许预订 K、Q、N 舱。

（2）非自愿变更到代码共享航班时，除 K、Q、N、Z 舱外的所有舱位，均可订座，应选择当时开放且允许预订的最低舱位。

座席因为违规选择了 N 舱，而被要求补交 510 元的差价。

**案例二**

旅客 A 原订 7 月 29 日厦门—哈尔滨的 CZ6260 航班，后航班因故取消，旅客 A 自行通过订票 App 查询并电话联系客票代理更改至 7 月 28 日的 CZ6260 航班（第一次变更，更改类型为非自愿变更）。

旅客 A 随后致电呼叫中心咨询更改动态时，得知 7 月 29 日有厦门—哈尔滨的航班 MF8342 可以更改，于是又要求更改至 7 月 29 日的 MF8342 航班（第二次变更，更改类型为自愿变更）。座席告知旅客因其已非自愿变更过一次，这次是第二次变更，属于自愿变更，需收取变更费。旅客表示并不知道非自愿变更只能免费变更一次，客票代理也未提醒，不同意交变更费。

经核实，当客票代理在致电呼叫中心表示旅客 A 在 7 月 29 日的 CZ6260 航班取消，要求非自愿变更至 7 月 28 日的 CZ6260 航班时，座席未按照话术先行告知"非自愿变更只能免费变更一次，变更成功后，若旅客因个人原因再次变更，后续变更或退票按照原客票使用条件收取变更费或退票费"，就直接提单操作，且客票代理只在航空公司座席告知后才有义务通知旅客上述客票使用条件。因此，责任应由办理变更业务的座席承担。

## 七、模拟训练

### （一）场景资料

旅客出发当天接到通知，因为机械故障航班取消。旅客被迫改为当天下午的 CZ3109 航班，其他信息不变。

票面历史信息如下：

```
>DETR TN/784-5379366055,H
NAME: 郑浩   TKTN:7845379366055
IATA OFFC: 08312231 ISSUED: 20MAR18 RVAL: 00
  3 1   11JUN/1643/9955      ETSU N/O COUPON CONTROL ADDED TO TICKET
    2   11JUN/1643/9955      TRMK VC IS CZ
    1   11JUN/1643/9955      TRMK CHINA SOUTHERN AIRLINES
```

旅客订座记录内容如下：

```
**ELECTRONIC TICKET PNR**
 1. 郑浩  HQQX7F
 2. CZ3099 Y    SU15JUL   CANPEK HK1    0900 1210              E T2T2
 3. CAN/T CAN/T-020-86700263/CAN ZONGHENG AIR SERVICE CO.,LTD/ZHANGXINYAN
    ABCDEFG
 4. T
 5. SSR FOID CZ HK1 NI160044/P1
 6. SSR TKNE CZ HK1 CANPEK 3099 Y15JUL 7845379366055/1/P1
 7. OSI CZ CTCM13560001644/P1
```

> 8. RMK CMS/A/**
> 9. RMK TJ CAN999
> 10. RMK CA/NGW5KQ
> 11. RMK AUTOMATIC FARE QUOTE
> 12. FN/A/FCNY1700.00/SCNY1700.00/C0.00/XCNY190.00/TCNY50.00CN/TCNY140.00YQ/ACNY1890.00
> 13. TN/784-5379366055/P1
> 14. FP/CASH,CNY
> 15. CAN999

## （二）操作流程

按客票换开方式办理非自愿改期的操作流程如下：
>detr tn/784-5379366055
>detr tn/784-5379366055,h
>rt hqqx7f
>oi et/784-5379366055#1000 can 20mar8 08312231 p1
>xe 6/12/13
>xe2
>ss cz3109 y 15jul canpek nn1
>fc can cz pek 1700.00y cny1700.00 end
>fn rcny1700.00/scny0.00/c0.00/ocny50.00cn/ocny140.00yq/acny0.00
>@
>rt hqqx7f
>xe4
>etdz:15
>DETR TN/新票号
>DETR TN/784-5379366055

按非客票换开方式办理非自愿改期的操作流程如下：
>DETR TN/784-5379366055
>RT HQQX7F
>XE 2/6
>SS CZ3109 Y 15JUL CANPEK NN1
>SSR TKNE CZ HK1 CANPEK 3109 Y15JUL 7845379366055/1/P1
>@
>DETR TN/784-5379366055（核对票面信息）

## （三）参考话术

座席：您好！工号 1234 为您服务，请问有什么可以帮到您？

旅客：我订的今天上午的 CZ3099 航班取消了，我该怎么办？

座席：先生，您好！因为航班取消给您带来的不便，我们深表歉意。我们可以帮您免费变更至今天下午的 CZ3109 航班，14:00 出发，17:10 到达，舱位不变。您看可以吗？

旅客：上午没有其他航班了吗？

座席：我帮您查询一下，您稍等……不好意思，上午的航班座位均已售完，今天还有座位的最早航班就是 14:00 出发的 CZ3109 航班了。

旅客：那好吧，就这个吧。

座席：现在跟您确认下，您原订的 7 月 15 日 9:00 起飞的广州至北京的 CZ3099 航班，现更改为当天 14:00 出发的 CZ3109 航班，请您按照更改后的时间乘机。需提示您，非自愿变更只能免费变更一次，变更成功后，若因旅客个人原因再次变更，后续变更或退票按照原客票使用条件收取变更费或退票费。

旅客：好的。

座席：现在为您办理变更，请稍等……您的客票已变更成功，请您携带订票时提供的有效身份证件原件前往机场，航班起飞前 45 分钟截止办理登机手续。请问还有什么可以帮到您？

旅客：没有了。谢谢！

座席：不客气。再见！

## 思 考 题

（1）简述国内客票自愿变更的处理流程。

（2）简述升舱的处理方法。

（3）简述降舱的处理方法。

（4）简述因航空公司原因造成旅客非自愿降舱，应如何处理？

（5）简述国内客票非自愿变更的处理流程。

# 第七章 国内客票签转业务处理

## 学习目标：

（1）能够处理国内客票自愿签转业务。
（2）能够处理国内客票非自愿签转业务。

## 学习内容：

（1）国内客票自愿签转业务的操作指令、话术指引、注意事项。
（2）国内客票非自愿签转业务的操作指令、话术指引、注意事项。

## 第一节 国内客票自愿签转

### 一、业务概述

旅客购买客票后，自愿要求改变承运人，称为自愿签转。

### 二、操作指令

#### （一）查看联运协议

>IETP D/航空公司两字代码

如果系统提示 INTERLINE ET AGREEMENT AVAILABLE，表示有电子客票联运关系；如果系统提示 NO AGREEMENTS ON FILE，表示没有电子客票联运关系。

#### （二）客票换开指令

>OI:ET/原始票号#票联 原出票城市 出票日期 原出票 OFFICE 的 IATA 编号 旅客序号

### 三、话术指引

为旅客办理自愿改签业务，座席需检查票面是否允许签转；另外，还需查看本航空公司与签转至的航空公司之间有无联运协议等。国内客票自愿签转的话术指引如图7-1所示。

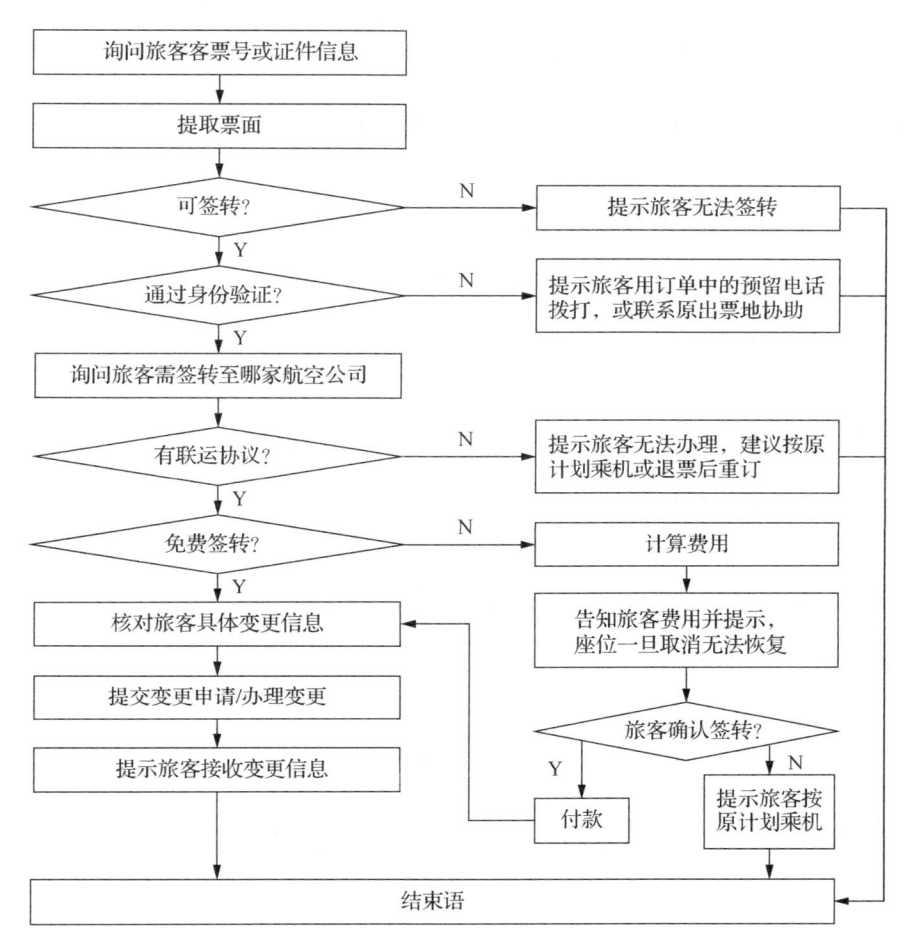

```
询问旅客客票号或证件信息
        ↓
     提取票面
        ↓
    可签转? ──N──→ 提示旅客无法签转
        │Y
  通过身份验证? ──N──→ 提示旅客用订单中的预留电话
        │Y              拨打，或联系原出票地协助
   询问旅客需签转至哪家航空公司
        ↓
   有联运协议? ──N──→ 提示旅客无法办理，建议按原
        │Y              计划乘机或退票后重订
    免费签转? ──N──→ 计算费用
        │Y              ↓
  核对旅客具体变更信息 ←── 告知旅客费用并提示，
        ↓                  座位一旦取消无法恢复
  提交变更申请/办理变更          ↓
        ↓                旅客确认签转?
  提示旅客接收变更信息       Y ↙    ↘ N
        │                  付款    提示旅客按
        ↓                           原计划乘机
                结束语
```

图 7-1　国内客票自愿签转的话术指引

## 四、注意事项

（1）旅客使用的票价无签转限制条件，且原承运人与新承运人之间签有联运协议，方可办理自愿签转。

（2）在 ICS 系统中，使用"IETP D/航空公司两字代码"指令可以查询是否与旅客所需签转的航空公司之间签有联运协议。

（3）办理票面状态为"OPEN FOR USE"的电子客票的签转，座席应根据相关运价文件及航空公司之间签订的签转协议规定进行签转操作。操作方式如下。

① 订座系统直接变更承运人。

在旅客订座记录中直接变更承运人。该方式只适用于国内电子客票国内航空公司之间的免费签转操作。

② 电子客票退票重出。

按照相关协议和签转协议规定，对符合条件的电子客票可采用退票重出的方式进行操作。

③ 电子客票换开。

按照相关协议和签转协议规定，对符合条件的电子客票可按电子客票换开方式进行操作。

（4）务必与旅客核对联系信息，并提醒旅客留意手机短信，及时掌握签转的办理情况。

## 五、模拟训练

### （一）场景资料

旅客张丽因为机场高速堵车而错过了 6:55 出发的南航航班，现致电呼叫中心，希望改签至 13:00 出发的 MF8334 航班。根据南航客票使用规则，Y 舱允许签转，航班出发后收取票价 5%的变更费。旅客票面历史信息如下：

```
>DETR:TN/784-5379366068,H
NAME: 张丽  TKTN: 7845379366068
IATA OFFC: 08312231 ISSUED: 20MAR18 RVAL: 00
  2 1   12JUL/1830/9955      ETSU N/O COUPON CONTROL ADDED TO TICKET
    1   12JUL/1830/88923     TRMK ZONG HENG+CAN999+DEV-15
```

票面信息如下：

```
ISSUED BY: CHINA SOUTHERN AIRLINES    ORG/DST: CAN/XMN           BSP-D
TOUR CODE:
PASSENGER: 张丽
EXCH:                      CONJ TKT:
O FM:1CAN CZ    3723   Y 26AUG 0655 OK Y    26AUG8/26AUG8 20K OPEN FOR USE
     T2-- RL:PJDPDS   /KRV3M41E
  TO: XMN
FC: A/26AUG18CAN CZ XMN650.00CNY650.00END
FARE:          CNY   650.00 |FOP:CASH CASH(CNY)
TAX:           CNY 50.00CN|OI:
TAX:           CNY 40.00YQ|
TOTAL:         CNY   740.00 |TKTN: 784-5379366068
```

PNR 内容如下：

```
**ELECTRONIC TICKET PNR**
 1. 张丽  KRV3M4
 2. CZ3723 Y    SU26AUG   CANXMN HK1    0655 0815         E T2--
 3. CAN/T CAN/T-020-86700263/CAN ZONGHENG AIR SERVICE CO.,LTD/ZHANGXINYAN
    ABCDEFG
```

4. T
5. SSR FOID CZ HK1 NI440123198812123066/P1
6. SSR TKNE CZ HK1 CANXMN 3723 Y26AUG 7845379366068/1/P1
7. OSI CZ CTCM13600001832/P1
8. RMK CMS/A/**
9. RMK TJ CAN999
10. RMK CA/PJDPDS
11. RMK AUTOMATIC FARE QUOTE
12. FN/A/FCNY650.00/SCNY650.00/C0.00/XCNY90.00/TCNY50.00CN/TCNY40.00YQ/ACNY740.00
13. TN/784-5379366068/P1
14. FP/CASH,CNY
15. CAN999

## （二）操作流程

按客票换开方式办理自愿签转的操作流程如下：

```
>detr tn/784-5379366068
>detr tn/784-5379366068，h
>ipet d/mf
>rt krv3m4
>oi et/784-5379366068#1000 can 20mar8 08312231 p1
>xe 6/12/13
>xe2
>ss mf8334 y 26aug canxmn nn1
>xe 5/7
>ssr foid mf hk/ni44012319*********p1
>osi mf ctcm136********/p1
>fc can mf xmn 650.00y cny650.00 end
>fn rcny650.00/scny33.00/c0.00/ocny50.00cn/ocny40.00yq/acny33.00
>@
>rt krv3m4
>xe4
>etdz:15
>detr tn/新票号
>detr tn/784-5379366068
```

## （三）参考话术

座席：您好！工号8867为您服务，请问有什么可以帮到您？

旅客：你好！我因为高速堵车，没赶上今天早上的航班，我现在该怎么办呢？

座席：请您提供您的客票号或证件信息。

旅客：客票号为784-5379366068。

座席：好的，您稍等……根据您的客票使用条件，您可以改期、退票，也可以办理签转业务。

旅客：我上网查了一下，13:00 有一趟厦航的航班，能签转吗？

座席：您稍等，我帮您查询一下……女士，您好！您原订 8 月 26 日广州至厦门的 CZ3723 航班，现要求签转至当天 13:00 出发的 MF8334 航班，需要收取变更费 33 元，请问您确定更改吗？需提示您，原座位取消后无法恢复。

旅客：确定更改。

座席：好的。33 元的变更费用您可以通过转账方式支付，也可以通过电话支付方式支付，您选择哪种支付方式？

旅客：电话支付吧。

座席：好的。稍后为您转接到语音支付系统，请您按照语音提示完成支付操作，好吗？

旅客：好的。

（……支付成功后）

座席：女士，您好！现与您核对航班信息：您需变更至 8 月 26 日 13:00 出发的广州至厦门的 MF8334 航班，变更费为 33 元，已为您提交变更申请。变更成功后，我们会将航班信息发送至您号码为 13600001832 的手机，请您留意查收。办理变更成功后提出退票，按更改后客票适用条件办理。

旅客：好的。

座席：请问还有什么可以帮到您？

旅客：没有了，谢谢！

座席：不客气。祝您旅途愉快！再见！

## 第二节　国内客票非自愿签转

### 一、业务概述

由于天气、工人罢工、机械故障等原因使航班被取消、延误、改变，旅客提出变更承运人，称为非自愿签转。

### 二、操作指令

与自愿签转业务的操作指令相同，参见第七章第一节的内容。

### 三、话术指引

座席为旅客办理非自愿签转业务，首先需要判断旅客是否满足非自愿签转的条件。

其次，在旅客通过身份验证之后，询问旅客需签转至哪家航空公司，检查本航空公司与签转至的航空公司是否签有不正常航班签转协议，若有，则按协议规定处理，若无，则继续检查是否签有联运协议，若有，按对应物理舱位为旅客订座，若无，告知旅客无法办理签转。国内客票非自愿签转的话术指引如图 7-2 所示。

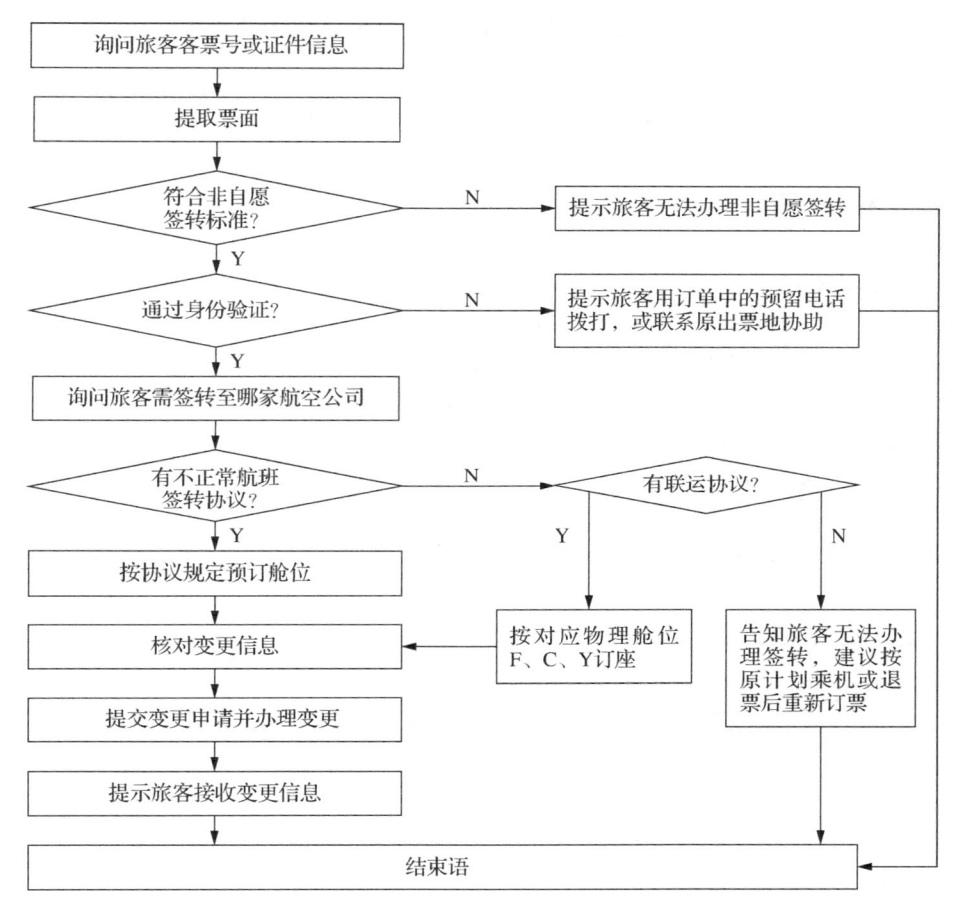

图 7-2　国内客票非自愿签转的话术指引

## 四、注意事项

（1）航班非自愿变动，为旅客办理退票、签转、变更航程等业务时必须征求旅客意见，并明确告诉旅客一旦确认新的航班信息，旅客由于个人原因再次提出变更或退票时，将按自愿变更或退票的相关规定处理。

（2）如果航空公司之间有不正常航班签转协议，办理签转时为旅客预订舱位，具体按文件内容进行操作；若旅客致电要求变更的承运人与原承运人未签有不正常航班签转协议，则签转至签有联运协议、可以相互填开或接收票证的航空公司。可在 ICS 系统中，使用"IETP D/航空公司两字代码"指令查询，按物理舱位 F、C、Y 订座。

（3）务必与旅客核对联系信息，并提醒旅客留意手机短信，及时掌握签转的办理情况。

（4）若从可累积的舱位非自愿签转后在联盟航班可累积范围内，旅客将按照签转后的航班、舱位等实际旅行信息进行累积。

（5）若从可累积的舱位非自愿签转后不在联盟航班可累积范围内，旅客将不可获得里程累积。

（6）若原购舱位为不可累积舱位，旅客非自愿签转后仍不可获得里程累积。

## 五、模拟训练

### （一）场景资料

旅客李想在前往机场的途中，获知自己预订的 MU5101 航班，因为机械故障取消。在与东航呼叫中心沟通后，选择签转至当天 13:30 出发的 FM9103 航班。

旅客票面历史信息如下：

```
>DETR TN/781-5379366057,H
NAME: 李想  TKTN:7815379366057
IATA OFFC: 08312231 ISSUED: 20MAR18 RVAL: 00
  2 1   11JUN/1659/9955      ETSU N/O COUPON CONTROL ADDED TO TICKET
  1     11JUN/1659/88923     TRMK ZONG HENG+CAN999+DEV-15
```

票面信息如下：

```
ISSUED BY: CHINA EASTERN AIRLINES    ORG/DST: SHA/BJS        BSP-D
TOUR CODE:
PASSENGER: 李想
EXCH:                         CONJ TKT:
O FM:1SHA MU    5101   Y 24JUL 0800 OK Y           20K OPEN FOR USE
      T2T2 RL:MGF6ZL    /HQQX7N1E
  TO: PEK
FC: 24JUL18SHA MU PEK1130.00CNY1130.00END
FARE:        CNY 1130.00  |FOP:CASH
TAX:         CNY 50.00CN |OI:
TAX:         CNY140.00YQ|
TOTAL:       CNY 1320.00  |TKTN: 781-5379366057
```

PNR 内容如下：

```
**ELECTRONIC TICKET PNR**
 1. 李想  HQQX7N
 2. MU5101 Y   TU24JUL   SHAPEK HK1    0800 1015         E T2T2
 3. CAN/T CAN/T-020-86700263/CAN ZONGHENG AIR SERVICE CO.,LTD/ZHANGXINYAN
    ABCDEFG
```

4. T
5. SSR FOID MU HK1 NI6601006666/P1
6. SSR TKNE MU HK1 SHAPEK 5101 Y24JUL 7815379366057/1/P1
7. OSI MU CTCM13600006666/P1
8. RMK CMS/A/**
9. RMK TJ CAN999
10. RMK CA/MGF6ZL
11. RMK AUTOMATIC FARE QUOTE
12. FN/A/FCNY1130.00/SCNY1130.00/C0.00/XCNY190.00/TCNY50.00CN/TCNY140.00YQ/ACNY1320.00
13. TN/781-5379366057/P1
14. FP/CASH,CNY
15. CAN999

## （二）操作流程

按客票换开方式办理非自愿签转的操作流程如下：

```
>detr tn/781-5379366057
>detr tn/781-5379366057，H
>rt hqqx7n
>oi et/781-5379366057#1000 can 20mar8 08312231 p1
>xe 6/12/13
>xe2
>ss fm9103 y 24jul shapek nn1
>xe 5/7
>ssr foid fm hk/ni6601006666/p1
>osi fm ctcm136********/p1
>fc sha fm pek 1130.00y cny1130.00 end
>fn rcny1130.00/scny0.00/c0.00/ocny50.00cn/ocny140.00yq/acny0.00
>@
>rt hqqx7n
>xe4
>etdz:15
>detr tn/新票号
>detr tn/781-5379366057
```

## （三）参考话术

旅客：你好！我接到通知，我预订的今天飞北京的航班取消了，你能帮我换个航班吗？

座席：麻烦您提供您的客票号或证件信息，我帮您查一下。

旅客：稍等，我看一下行程单……哦，客票号是 781-5379366057。

座席：好的。客票号 781-5379366057，原订 7 月 24 日 8:00 上海至北京的 MU5101 航班因为机械故障取消。可以为您改期至当天 16:00 出发的东航另一航班 MU5117，您看可以吗？

旅客：太晚了，上午没有其他航班了吗？

座席：抱歉，上午东航的其他航班座位均已售完，我们也可以帮您免费改签至 13:30 出发的 FM9103 航班，您看可以吗？

旅客：好吧。

座席：好的，正在为您办理，请稍等……（有"航班不正常签转协议"，按文件内容为旅客预订舱位）您原订 7 月 24 日上海至北京的 MU5101 航班，现要求签转至当天的 FM9103 航班，13:30 出发，15:55 到达。现已为您提交变更申请，申请结果稍后将以短信形式发送到您号码为 13600006666 的手机上，请您留意查收。

旅客：好的。

座席：需提示您，签转成功后，旅客由于个人原因再次提出变更或退票时，将按自愿变更或退票的相关规定处理。请携带有效身份证件原件乘机，航班起飞前 45 分钟截止办理登机手续。

旅客：好的，谢谢！

座席：不客气，再见！

## 思 考 题

（1）旅客由于自身原因提出改变承运人应如何处理？

（2）由于航班取消旅客被迫改变承运人应如何处理？

# 第八章　特殊旅客服务

**学习目标：**

（1）能够处理预选机上座位业务。
（2）能够处理特殊餐食申请业务。
（3）能够处理无成人陪伴儿童申请业务。
（4）能够处理轮椅申请业务。
（5）能够处理担架申请业务。
（6）能够处理盲人旅客和聋哑旅客购票业务。
（7）能够处理老人迎送服务申请业务。
（8）能够处理婴儿摇篮申请业务。
（9）能够处理小动物托运申请业务。

**学习内容：**

（1）预选机上座位业务的操作指令、操作流程、话术指引、注意事项。
（2）特殊餐食申请业务的操作指令、话术指引、注意事项。
（3）无成人陪伴儿童申请业务的条件、票价及客票退改签规定、操作指令、处理流程、注意事项。
（4）轮椅申请业务的操作指令、话术指引、注意事项。
（5）担架申请业务的操作指令、话术指引、注意事项。
（6）盲人旅客和聋哑旅客购票业务的操作指令、话术指引、注意事项。
（7）老人迎送服务申请业务的操作指令、话术指引、注意事项。
（8）婴儿摇篮申请业务的条件、操作指令、话术指引、注意事项。
（9）小动物托运申请业务的条件、操作指令、话术指引、注意事项。

## 第一节　预选机上座位

### 一、业务概述

预选机上座位功能使旅客在订票的同时，能够预先选择航班上自己喜欢的位置（如靠窗、靠走廊等）。如图 8-1 所示，A380-800 座位图中的 40A 就是一个靠窗的位置。

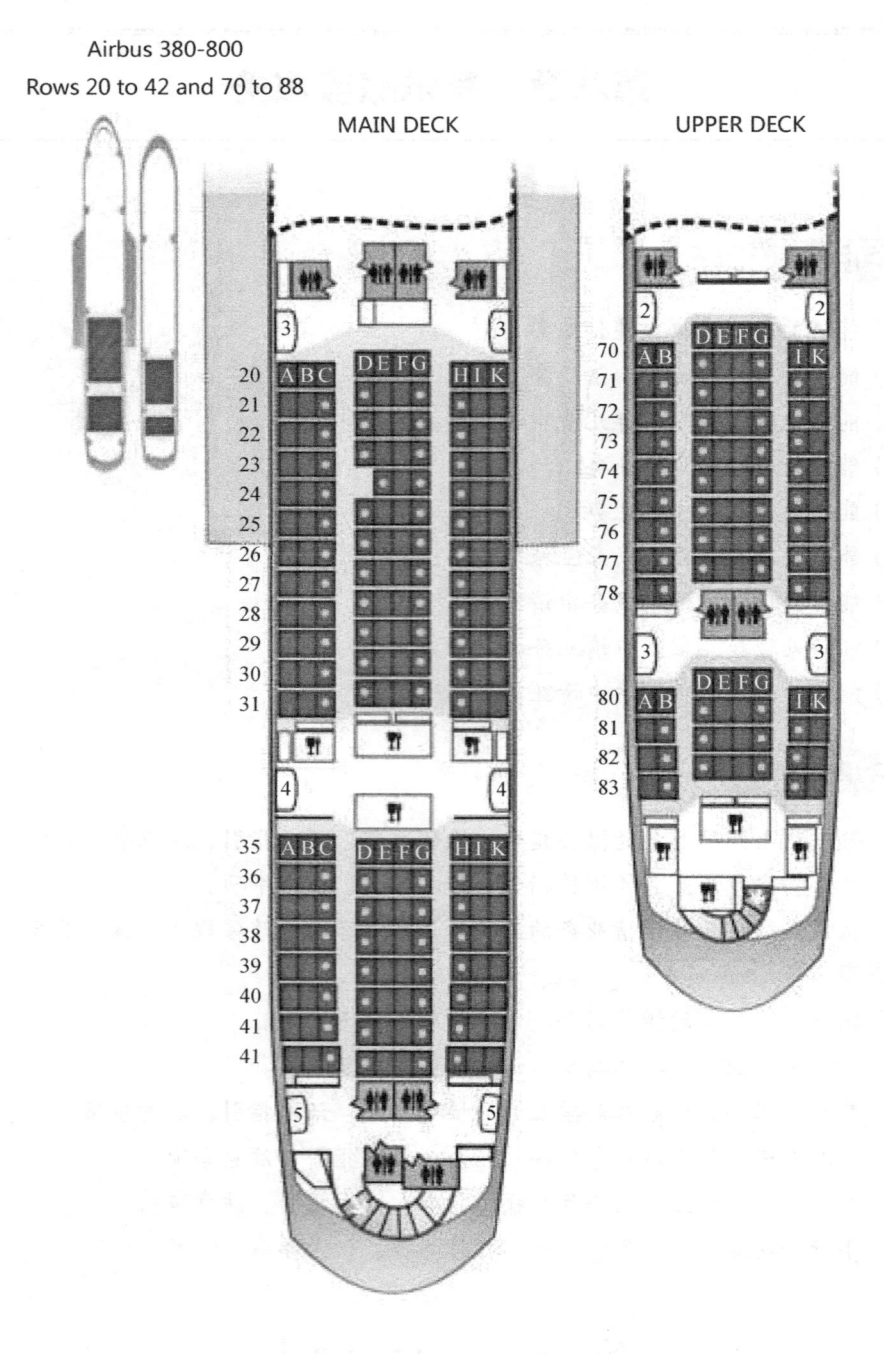

图 8-1　A380-800 座位图

航班上的座位图，在订座系统中的显示方式如图 8-2 所示。在座位图中，符号所代表的含义如表 8-1 所示。

```
CZ3099/Y/250CT/CANPEK/380
Y     3         4         5         6              UY7
      123456789012345678901234567890123456789       0123456789
RK    XXXXXXXX******  ********************          XX*******  KR
RJ    XXXXXXX*******  ********************                     JR
RH    XXXXXXXX******  ********************          XX*******  HR
R     EE===============E=========E=========         E========  R
R     ===================================           ========   R
RG        XXXX******  ********************          XX*******  GR
RF        XXXX******  X*************X*****          XX*******  FR
LE        XXXX******  ********************          XX*******  EL
LD        XXXX******  X*************X*****          XX*******  DL
L     ===================================           ========   L
L     EE===============E=========E=========         E========  L
LC    XXXXXXXX******  ********************          XX******   CL
LB    XXXXXXX*******  ********************                     BL
LA    XXXXXXX*******  ********************          XX******   AL
      123456789012345678901234567890123456789       0123456789
Y     3         4         5         6              UY7
```

图 8-2　订座系统显示的座位图

表 8-1　座位图符号及其代表的含义

| 符　　号 | 含　　义 |
| --- | --- |
| * | 可预订的座位 |
| X | 不可预订的座位 |
| $ | 付费选座 |
| / | 可预订但不可后仰的座位 |
| ! | 已预订的座位 |
| . | 已被 ASR 占用且已打印登机牌的座位 |
| B | 婴儿摇篮座位 |
| C | 对一般营业员不开放的座位 |
| H | 残疾人座位 |
| M | 多种座位类型（同样的座位在不同航段有不同的性质） |
| = | 缺省的走廊符号 |
| E | 紧急出口行 |
| I | 婴儿行 |

## 二、操作指令

### 1. 显示座位图

>ADM:航段序号

### 2. 预选座位

>ASR:航段序号/城市对/座位号码/旅客标识

## 三、操作流程

### 1. 提取客票信息

旅客客票信息如果为"OPEN FOR USE"或"CHECKED IN",可根据旅客需求进行后续操作;否则告知旅客无法办理。

### 2. 判断旅客是否已选座

如果 PNR 中已包含 SSR SEAT 组项,告知旅客已办理选座业务,并与旅客确认是否需要重新选座;如果需要重新选座,为旅客取消原预选座位后,根据旅客需求重新办理。若无 SSR SEAT 组项,则说明旅客属于首次提出预选座位,根据旅客需求进行后续操作。

### 3. 判断航班是否可选座

使用 AV 指令查询对应航班是否有机上座位预选标识"^",若无,告知旅客该航班未开放预选机上座位功能,请在航班起飞前**分钟在机场办理登机手续;若有,则可预选座位。

### 4. 预选座位

(1)使用 ADM 指令查询航班座位图。
(2)使用 ASR 指令为旅客预留座位。

如果 ADM 指令无法显示航班座位图,按照系统返回的提示信息,告知旅客无法预选机上座位的原因,有以下三种。

① 如果提示"SEAT RESERVATION TOO LATE",表示已超过预选机上座位时间。
② 如果提示"SEAT RESERVATION TOO EARLY",表示预选机上座位时间过早。
③ 如果提示"SEAT RESERVATIONS SUSPENDED - TRY LATER"表示座位预选挂起,请稍后再试。

### 5. 将办理结果告知旅客

(1)如果成功预选座位,话术如下。

现为您核对客票信息:旅客姓名为***,乘坐*月*日从**飞往**的****航班,预计起飞时间为*点*分。已成功为您预选(上层客舱/主层客舱)第**排靠窗/过道/中间的**位置,座位号为***,最终座位号以登机牌上所显示的为准。需提示您,若遇航班取消、合并或机型变更等特殊情况,座位号可能会有所变动,请以现场工作人员的安排为准;若您办理自愿/非自愿变更航班,您所选的座位号将失效。

（2）如果无法预选座位，话术如下。

请您在航班起飞前一天登录航空公司官网办理乘机手续，或在航班起飞当天提前到机场实际承运航空公司柜台办理，才可以正常登机。需提示您，**机场将在航班起飞前**分钟截止办理登机手续。

### 四、话术指引

座席为旅客预选机上座位，首先要提取旅客票面，核对旅客票面信息；其次要查看该航班有无开放预选机上座位功能；最后要在开放预选机上座位功能的航班上，根据旅客需求预留座位。预选机上座位的话术指引如图 8-3 所示。

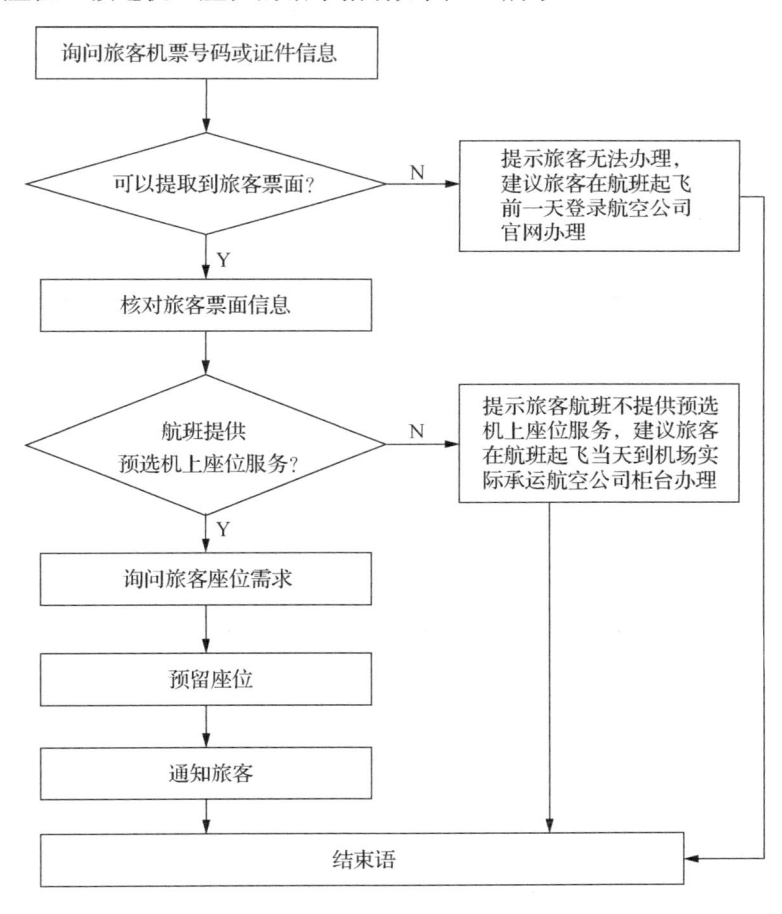

图 8-3　预选机上座位的话术指引

### 五、注意事项

（1）AV 指令查询结果中有"^"标识的航班才可提供预选机上座位服务。
（2）只支持对座位图中标示为"*""$"的座位进行预选。

（3）为旅客预选机上座位后，需提醒旅客最终座位号以登机牌上所显示的为准。

（4）目前 ASR 指令不支持多个旅客对多个座位进行一次选座，不同旅客需要分开预选机上座位。

（5）关于紧急出口座位选座规定如下。

根据民航局规定，紧急出口座位仅限 15 周岁以上，符合相关条件，愿意并有能力履行相关义务的旅客选择。必要时，身体和语言上均有能力协助履行紧急疏散的相关义务；低于 15 周岁（含）的旅客、行动不便的旅客（如老年旅客）、缺乏良好中文语言表达能力、信息传达能力、听觉能力及视觉能力的旅客，以及照顾婴儿的旅客和孕妇旅客、病残旅客不得选择紧急出口座位。选择紧急出口座位的旅客需要到人工柜台办理值机手续。在旅客提出选择紧急出口座位时，应当提醒旅客相关信息，旅客表示知晓及同意后协助办理。另外，一般情况下，紧急出口座位不对年龄超出 65 周岁的旅客开放。

## 六、模拟训练

### （一）场景资料

旅客林静致电呼叫中心，想提前选一个前排靠窗的座位。旅客票面信息如下：

```
ISSUED BY: CHINA SOUTHERN AIRLINES    ORG/DST: CAN/CTU         BSP-D
E/R: 变更退票收费
TOUR CODE:
PASSENGER: 林静
EXCH:                          CONJ TKT:
O FM:1CAN CZ    3401   Y 01JUL 0815 OK Y    01JUL8/01JUL8 20K OPEN FOR USE
        T2T2 RL:PT8WWQ    /KRPQM31E
  TO: CTU
FC: 01JUL18CAN CZ CTU1300.00CNY1300.00END
FARE:          CNY 1300.00   |FOP:CASH CASH(CNY)
TAX:           CNY 50.00CN   |OI:
TAX:           CNY140.00YQ|
TOTAL:         CNY 1490.00   |TKTN: 784-5379366052
```

### （二）操作流程

```
>DETR NI/4401231986121220XX
>RT KRPQM3
>ADM:2
>ASR:2/CANCTU/43A/P1
>@
```

预选座位前 ADM 指令显示航班座位图如下：

```
CZ3401/Y/01JUL/CANCTU/330
  Y   3 4          5          6
      8901234567 89012345678901
  RK  XX*******/ ************   KR
  RH  XX*******/ ************X  HR
  R   ========= E============   R
  R   ========= E============   R
  RG  XX******* ************    GR
  RF  XX******* X*********      FR
  LE  XX******* ************    EL
  LD  XX******* X***********    DL
  L   ========= E============   L
  L   ========= E============   L
  LC  XX*******/ ************X  CL
  LA  XX*******/ ************   AL
      8901234567 89012345678901
  Y   3 4          5          6
>ASR:2/CANCTU/
```

### （三）参考话术

座席：您好！工号 6688 为您服务，请问有什么可以帮到您？

旅客：我买了 7 月 1 号广州到成都的机票，能提前选个座位吗？

座席：请您提供您的身份证号码。

旅客：身份证号码为 440***************。

座席：好的，您稍等……女士，您好！现在跟您核对一下客票信息，旅客姓名为林静，双木林，安静的静；乘坐 7 月 1 日广州到成都的 CZ3401 航班，预计起飞时间为早上 8 点 15 分。

旅客：对的，是我。

座席：林女士，您好！现查询到该航班已开放 40 排至 61 排的座位，请问您希望座位靠走道还是靠窗？

旅客：43 排靠窗的吧。

座席：好的，正在为您申请，请稍等……林女士，您好！已为您预留座位，座位号为 43A。需提示您，若遇航班取消、合并或机型变更等特殊情况，座位号可能会有所变动，请以现场工作人员的安排为准。

旅客：好的，谢谢！

座席：不客气。请问还有什么可以帮到您？

旅客：没有了。

座席：感谢您的来电。祝您旅途愉快！再见！

# 第二节　特殊餐食申请

## 一、业务概述

为进一步做好旅客服务工作，对于有特殊饮食需要的旅客，航空公司一般会提供特殊餐食。例如，南航的儿童餐（见图 8-4），从样式到口味都深受儿童旅客的喜爱。销售单位在接到旅客的特殊餐食申请时，应使用 SSR 指令注明餐食种类。收电部门负责同该航班分控部门联系，确认是否可以保障该餐食，并及时回复销售单位。销售单位负责通知旅客餐食申请结果。

图 8-4　南航的儿童餐

## 二、操作指令

>SSR　餐食代码　航空公司两字代码　行动代码　人数/旅客序号/航段序号

常见特殊餐食如表 8-2 所示。

表 8-2　常见特殊餐食

| 序号 | 餐食代码 | 餐食种类 | 餐食详情 |
| --- | --- | --- | --- |
| 1 | BBML | 婴儿餐 | 适用于 2 周岁以下的婴儿的餐食 |
| 2 | CHML | 儿童餐 | 适用于 2 至 12 周岁的儿童的餐食 |
| 3 | HNML | 印度（教）餐 | 根据印度人的宗教信仰及饮食习惯制作的非素餐食 |
| 4 | KSML | 犹太餐 | 购自有犹太餐制作资质及信誉认证的制造商，根据犹太人宗教律法和饮食习惯制作的餐食并提供服务 |
| 5 | MOML | 穆斯林餐 | 具有穆斯林餐食生产资质认证，根据穆斯林的宗教律法和饮食习惯制作的餐食 |
| 6 | VJML | 耆那教餐 | 根据耆那教习俗准备的印度素食 |
| 7 | NBML | 无牛肉餐 | 不包括牛肉、小牛肉或相关制品的餐食 |
| 8 | BLML | 清淡餐 | 餐食为软质，低脂肪，低纤维，不含刺激性食材 |

续表

| 序号 | 餐食代码 | 餐食种类 | 餐食详情 |
|---|---|---|---|
| 9 | DBML | 糖尿病餐 | 适合糖尿病人食用的餐食，不含任何种类的糖 |
| 10 | LCML | 低热能餐 | 限制脂肪、调味料、肉汁与油炸食材的含量；限制含糖食材 |
| 11 | LFML | 低脂、低胆固醇餐 | 使用低胆固醇、高纤维的材料，无红肉、油炸及高脂肪的餐食 |
| 12 | LSML | 低盐餐 | 限制使用含有天然盐分和钠的加工食材，不添加盐分的餐食 |
| 13 | NLML | 低乳糖餐 | 限制使用含有任何乳类及乳类制品的餐食 |
| 14 | GFML | 无麸质餐 | 不含任何形式的麸质的餐食 |
| 15 | FPML | 水果餐 | 配备新鲜水果的餐食，水果种类根据供应及季节而定 |
| 16 | RVML | 生鲜蔬果餐 | 配备新鲜水果和蔬菜的餐食，蔬果种类根据供应及季节而定 |
| 17 | SFML | 海鲜餐 | 包括一种或多种海鲜，不含其他肉类制品的餐食 |
| 18 | LQML | 流质餐 | 主要为细小的流体食材，如奶、滤粥或清汤 |
| 19 | AVML | 亚洲素食 | 印度风味的素食餐，口味通常辛辣，无肉类、海鲜及鸡蛋类食材，可能包含少量乳制品 |
| 20 | VGML | 西式素食 | 西式素食餐，不含肉类、海鲜、蛋类及乳制品食材 |
| 21 | VOML | 东方素食 | 中式素食餐，不含肉类、海鲜、蛋类及乳制品食材 |
| 22 | VLML | 西式蛋奶素餐 | 含有蛋类及奶制品的西式素食 |

## 三、话术指引

座席在接到旅客的特殊餐食申请时，应先提取旅客票面，根据旅客票面信息判断准备时间是否足够，然后根据旅客需求完成订餐操作。特殊餐食申请的话术指引如图8-5所示。

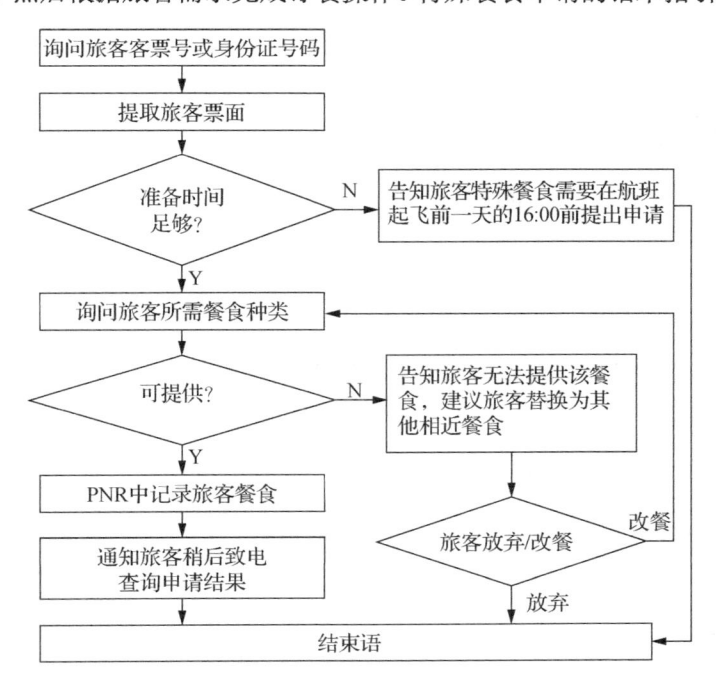

图8-5 特殊餐食申请的话术指引

## 四、注意事项

（1）普通餐食：B（早餐）、L（中餐）、D（晚餐）、S（正餐）、C（点心）。

（2）特殊餐食配餐规格，请参考各航空公司的"特殊餐食规格描述"。

（3）可以通过 AV 指令或 DSG 指令查看航班是否提供餐食。

（4）航空公司一般不受理代码共享航班特殊服务的申请，若旅客申请则指引旅客联系实际承运航空公司办理。

（5）特殊餐食不限航班始发地办理申请，异地始发航班也可为旅客申请，以终端申请结果为准。

（6）特殊餐食申请需要在航班起飞前一天的 16:00 前提出申请。（南航犹太餐（KSML）仅供航程超过 6 小时的国际航班，且需要特殊审批。）

## 五、模拟训练

### （一）场景资料

旅客在航班出发前两天致电呼叫中心，想申请一份穆斯林餐食。

旅客票面信息如下：

```
ISSUED BY: CHINA SHENZHEN AIRLINE    ORG/DST: CAN/SHE         BSP-D
TOUR CODE:
PASSENGER: 马忠
EXCH:                       CONJ TKT:
O FM:1CAN ZH     9651   Y 02JUL 0720 OK Y        20K OPEN FOR USE
        RL:QH24GC   /KRPM4R1E
    TO: SHE
FC: 02JUL18CAN ZH SHE2310.00CNY2310.00END
FARE:          CNY 2310.00   |FOP:CASH
TAX:           CNY 50.00CN |OI:
TAX:           CNY140.00YQ|
TOTAL:         CNY 2500.00   |TKTN: 479-5379366041
```

### （二）操作流程

```
>DETR NI/440112196606062066
>RT KRPM4R
>SSR MOML ZH NN1/P1/S2
>@
```

### （三）参考话术

座席：您好！工号 1234 为您服务，请问有什么可以帮到您？

旅客：我想在航班上申请一份穆斯林餐食，可以吗？

座席：麻烦您提供您的客票号或身份证号码，我帮您看看。

旅客：身份证号码为440***************。

座席：好的。请问您是需要一份穆斯林餐食，对吗？

旅客：对的。

座席：好的，您稍等……先生，您好！已为您申请穆斯林餐食，请您稍后致电查询申请结果。

旅客：好的，谢谢！

座席：不客气。请问还有什么可以帮到您？

旅客：没有了。

座席：感谢您的来电，祝您旅途愉快！再见！

## 第三节　无成人陪伴儿童申请

### 一、业务概述

无成人陪伴儿童是指开始旅行之日年满 5 周岁，但不满 12 周岁的无家长或 18 周岁以上旅客陪伴、单独乘机的儿童（如图 8-6 所示为南航接受的"无人陪伴儿童"的旅客）。

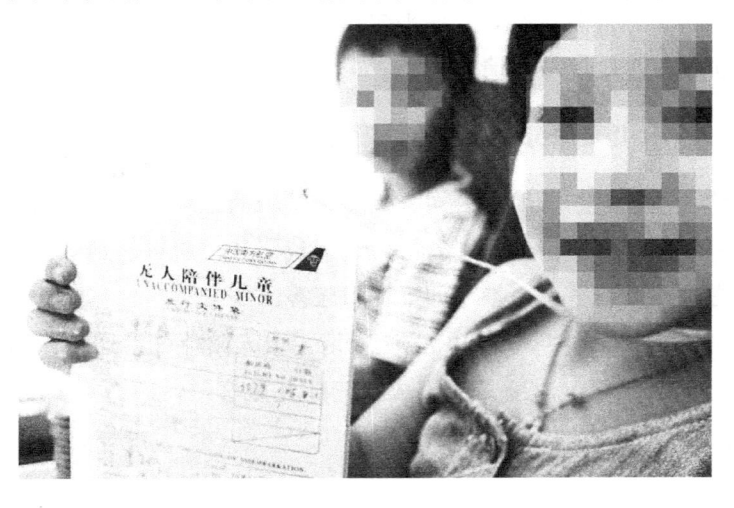

图 8-6　南航接受的"无人陪伴儿童"的旅客

无成人陪伴儿童符合下列条件者，方能接受运输。

（1）无成人陪伴儿童应由其父母或监护人陪送到乘机地点，并在无成人陪伴儿童的下机地点安排人予以接送和照料，并提供接送人的姓名、地址和电话。

（2）对于无成人陪伴儿童的承运，其父母或监护人必须在订座时预先向始发站航空公司的售票部门提出，其座位必须根据航空公司的相关承运规定得到确认。

（3）航空公司仅接受直达航班（不换机）上的无成人陪伴儿童的运输。运输的全航程包括两个或两个以上航段时，在航班经停站，应由无成人陪伴儿童的父母或监护人安排人予以接送和照料，并提供接送人的姓名、地址、电话及与儿童的关系。

（4）无成人陪伴儿童的父母或监护人，如果在上述航班衔接站安排人接送有困难，而要求由航空公司或当地雇请服务人员照料儿童时，应预先提出并经航空公司同意后，方可接受运输。

（5）无成人陪伴儿童的父母或监护人应向航空公司提供在航班到达站安排的接送人的姓名、地址、电话及与儿童的关系，座席只有向接送人核实后方可接受。

## 二、申请条件

### （一）无成人陪伴儿童服务申请的时间要求

申请无成人陪伴儿童服务，需要在航班起飞前72小时办理。若已申请，后因航班发生计划性变动或取消而导致需要重新申请，不再受72小时的限制。

### （二）无成人陪伴儿童服务申请的航班要求

（1）航空公司仅接受直达航班（不换机）上的无成人陪伴儿童的运输。

（2）如果旅客预订多航段航班，均需要申请无成人陪伴儿童服务时，则每个航段必须分开预订、出票，否则无法申请。

### （三）无成人陪伴儿童服务申请的舱位限制

无成人陪伴儿童只能预订航空公司直接承运航班的经济舱座位，头等舱、公务舱、高端经济舱不接受无成人陪伴儿童。若旅客选择代码共享航班，则应告知旅客联系实际承运航空公司办理相关业务，可参考如下话术应答。

因您选择的是*航代码共享航班，无法申请无成人陪伴儿童服务，请您联系**航空公司（实际承运航空公司）重新购买无成人陪伴儿童客票，感谢您的配合。

### （四）无成人陪伴儿童服务申请的人数限制

由于承运人对无成人陪伴儿童负有责任并需提供特殊服务和照顾，对同一航班的其他旅客会有一定的影响，所以每一航班对运送的无成人陪伴儿童数量有一定的限制。南航各机型无成人陪伴儿童的限制人数如表8-3所示。

表 8-3　南航各机型无成人陪伴儿童的限制人数

| 机　型 | 限　制　人　数 | 机　型 | 限　制　人　数 |
| --- | --- | --- | --- |
| B777A | 8人 | B787 | 6人 |
| B777B | 6人 | B777-300ER(B77W) | 6人 |
| B757/B737 | 5人 | A330 | 6人 |
| A321/320/319 | 5人 | ATR-72/EMB145 | 1人 |
| E190 | 3人 | A380 | 10人 |

如果航班同时接收了数量受限制的病残旅客，原则上表中的无成人陪伴儿童的限制人数应减半（减半后不足1个的向下取整）。

座席在为旅客办理无成人陪伴儿童业务时，可通过指令"ML U1/航班号/日期"查询当前申请人数，并结合上表判断是否还有可申请名额。

### 三、票价及客票退改签规定

#### （一）无成人陪伴儿童票价

1. 国内航班

票价按照相应的儿童票价计收，可以使用"PAT:A*CH"指令查询儿童票价。

免收服务费（但是若需要另派服务员随机陪伴时，应加收成人普通票价50%的服务费用）。

2. 国际航班

按照相应的儿童票价计收，可通过使用"QTE:UNN/航空公司两字代码/PUBL"指令查询运价（注意检查规则第19项是否允许出无成人陪伴儿童客票）。

免收服务费（但是若需要另派服务员随机陪伴时，应加收成人普通票价50%的服务费用）。

#### （二）无成人陪伴儿童客票退改签规定

按照客票相应运价使用条件计收费用，即无成人陪伴儿童按照儿童票价的使用规则计收退改签费用。

### 四、操作指令

1. 输入无成人陪伴儿童的姓名

>NM 1 姓名（UM 岁数）

2. 输入无成人陪伴儿童生日

>SSR CHLD 航空公司两字代码 HK1 生日/旅客序号

3. 输入无成人陪伴儿童始发站、经停站、到达站的接送人的姓名、地址、电话及与儿童的关系

>SSR UMNR 航空公司两字代码 NN1 关系/接送人姓名 地址 TEL 电话

4. 询某航班已申请无成人陪伴儿童的数量

>ML:U1/航班号/日期

## 五、处理流程

### （一）输入无成人陪伴儿童的姓名

>NM 1 姓名(UM 年龄)

### （二）预订座位

（1）国内付费机票预订 Y 舱。

（2）国际付费机票订座舱位随舱销售。

（3）国内/国际奖励机票，按照各航空规定执行（如南航为 X 舱）。

### （三）输入证件信息

无成人陪伴儿童订座记录中需要输入儿童的证件信息和 SSR CHLD 组项。

### （四）无成人陪伴儿童 SSR UMNR 组项

封口后必须检验 PNR 有无自动生成 SSR UMNR 组项，如果系统没有自动生成该组项，座席需要手工补充，格式如下：

>SSR UMNR 航空公司两字代码 NN1 城市对 航班号 舱位 航班日期 UM 年龄/P1

### （五）输入备注信息

使用 RMK 指令备注送机人、接机人及父母或监护人的姓名、电话（也有部分航空公司需要以 SSR 组项的形式输入）。

## 六、话术指引

接受无成人陪伴儿童订座，座席应先询问旅客儿童的年龄，判断是否符合年龄要求。对于符合年龄要求的儿童，根据旅行计划，查询相关航班上是否还有无成人陪伴儿童的名额，若有，可引导旅客办理订座；若无，则建议旅客更换航班旅行。无成人陪伴儿童

的话术指引如图 8-7 所示。

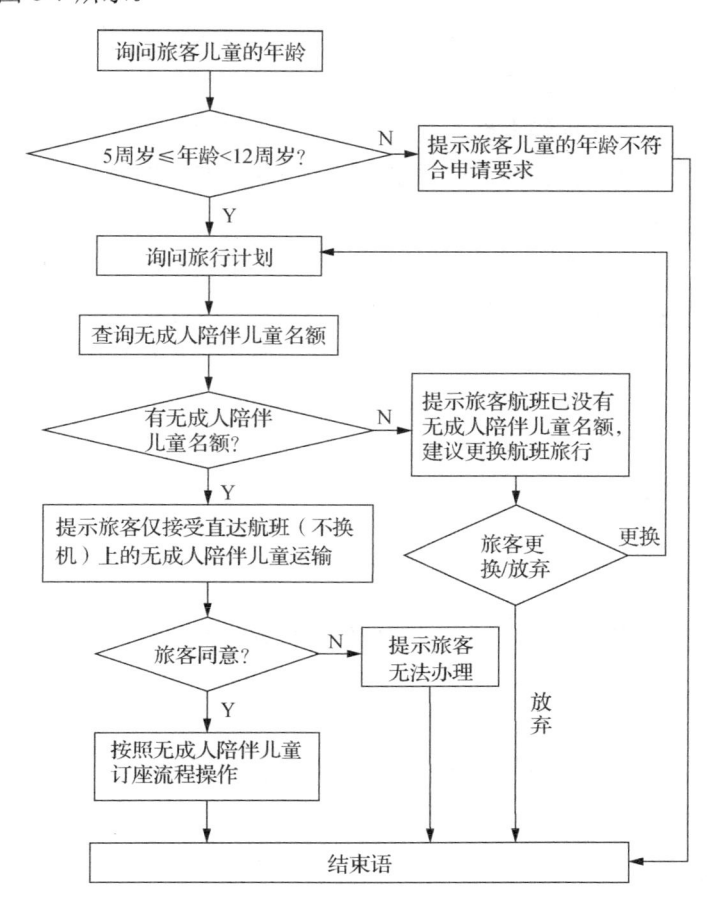

图 8-7　无成人陪伴儿童的话术指引

## 七、注意事项

（1）航空公司一般不受理代码共享航班无成人陪伴儿童服务的申请，若旅客需申请则指引旅客联系实际承运航空公司办理。

（2）无成人陪伴儿童只能预订航空公司直接承运航班的经济舱座位，头等舱、公务舱、高端经济舱不接受无成人陪伴儿童。

（3）无成人陪伴儿童客票一旦申请成功并成功出票，若旅客自愿变更航班时间，新航班需满足办理标准并按流程重新申请，若申请成功按普通客票使用条件进行变更，若申请失败，指引旅客选择其他符合条件的航班。

（4）旅客申请涉及国际航班的无成人陪伴业务时。

① 接机人的电话必须确认可以联系，若接机人的电话无法联系或者联系后不知晓接机事宜，会导致无成人陪伴服务申请不通过。后续再次申请时，可能出现无位置或超出

申请时限不能申请的情况，航空公司不承担责任。

②座席应建议旅客在向航空公司提出申请前，先联系对应国家领事馆及出入境管理部门，详细了解目的地是否允许相应年龄段的儿童单独出入境及相关规定。

（5）出票成功后，应提醒乘机人必须同时携带儿童的有效身份证件原件、无成人陪伴儿童乘机申请书原件，在机场柜台领取无成人陪伴儿童文件袋后放入相应申请资料，以备机场工作人员和机上乘务员查验。

（6）无成人陪伴儿童在乘机当天办理值机时，还需要办理相关填单手续，为避免耽误行程，座席应提醒旅客在航班起飞前2小时办理乘机手续。

（7）座席应提醒旅客送机人和接机人必须携带身份证原件，地服部门工作人员需要查验。

## 八、模拟训练

### （一）场景资料

旅客致电南航呼叫中心，询问小孩独自坐飞机该如何购票。

### （二）操作流程

无成人陪伴儿童购票一般只能由航空公司直属营业部办理，座席只负责相关咨询工作，故此处省略操作流程。

### （三）参考话术

座席：您好！工号8867为您服务，请问有什么可以帮到您？

旅客：你好！我小孩放暑假独自回老家，想给他买张机票，怎么办理啊？

座席：请问小孩今年多大？

旅客：8岁了。

座席：好的。请问儿童计划乘机的日期和目的城市是哪里？

旅客：7月26日，广州回西安。

座席：好的。需提醒您，南航仅接受直达航班（不换机）上的无成人陪伴儿童的运输。运输的全航程包括两个或者两个以上航段时，在航班经停站，应由无成人陪伴儿童的父母或监护人安排人予以接送和照料，并提供接送人的姓名、地址、电话及与儿童的关系。

旅客：好的。

座席：女士，帮您查询到7月26日广州回西安的航班还可以接受无成人陪伴儿童订座。请您提供儿童的有效身份证原件或复印件，接送人的姓名、地址、电话及与儿童的关系，在航班起飞前72小时到南航直属售票处办理。需提醒您，无成人陪伴儿童的名额有限，以您在售票处申请时的名额为准，请您尽快办理。

旅客：好的。

座席：请问还有其他问题需要咨询吗？

旅客：没有了，谢谢！

座席：不客气，感谢您的来电，再见！

## 第四节　轮椅申请

### 一、业务概述

轮椅旅客是指需要轮椅的病人或残疾旅客（见图 8-8），分为以下三类。

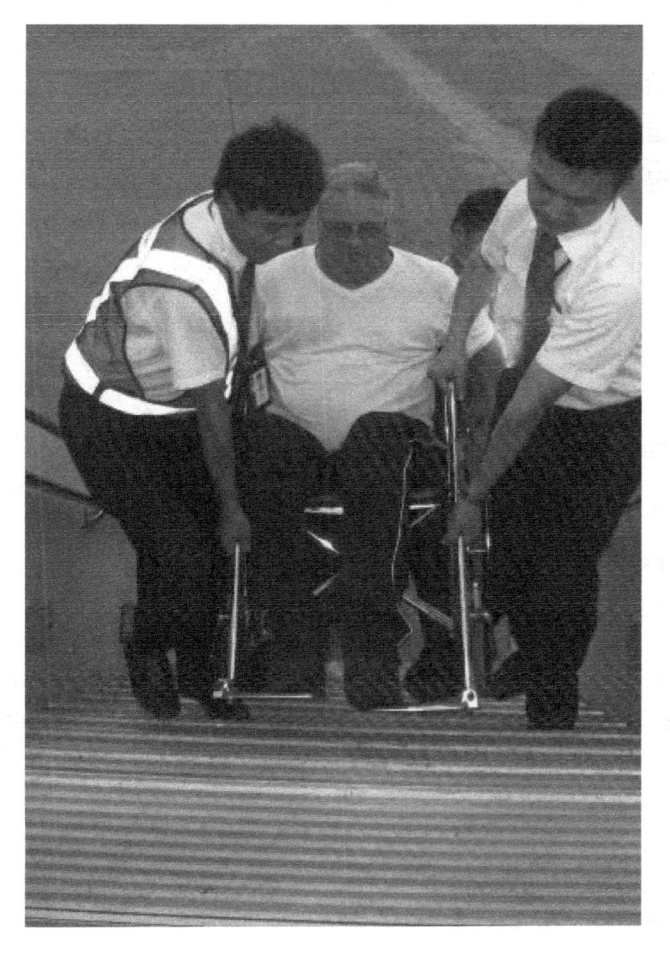

图 8-8　轮椅旅客

### 1. WCHC（客舱轮椅）

此类旅客尽管能在座位上就座，但不能自行走动，并且在前往或离开飞机/休息室时需要轮椅，在上下客梯和进出客舱座位时需要背扶。此类旅客的服务起止于客舱。

### 2. WCHS（客梯轮椅）

此类旅客可以自己进出客舱座位，但上下客梯时需要背扶，远距离前往或离开飞机/休息室时需要轮椅。此类旅客的服务起止于客梯。

### 3. WCHR型（停机坪轮椅）

此类旅客可以上下客梯，也可以自己进出客舱座位，但是远距离前往或离开飞机时，如穿越停机坪、站台或前往休息室，需要轮椅。此类旅客的服务起止于停机坪。

当接到需要轮椅的旅客订座时，座席应详细询问旅客的病情、伤残情况，以便决定旅客所属的类别、需要提供的服务，并在PNR中以SSR项的形式输入特殊服务申请。轮椅旅客携带的轮椅，航空公司可以免费托运，但不能放在客舱托运，只能作为托运行李放在货舱内托运。若旅客的轮椅是电池驱动的，在通知轮椅需求的SSR项目中自由格式部分，将此情况通知相关承运人。

## 二、操作指令

### 1. 申请客舱轮椅
>SSR WCHC 航空公司两字代码 NN1/Pn/Sn

### 2. 申请客梯轮椅
>SSR WCHS 航空公司两字代码 NN1/Pn/Sn

### 3. 申请停机坪轮椅
>SSR WCHR 航空公司两字代码 NN1/Pn/Sn

### 4. 说明旅客的轮椅是电池驱动的
>SSR 轮椅类型 航空公司两字代码 NN1 城市对 航班号 日期 OWN BATTERY

## 三、话术指引

座席为旅客申请轮椅时，一定要问清楚旅客的身体状况，以确定需要的轮椅类型。轮椅申请的话术指引如图8-9所示。

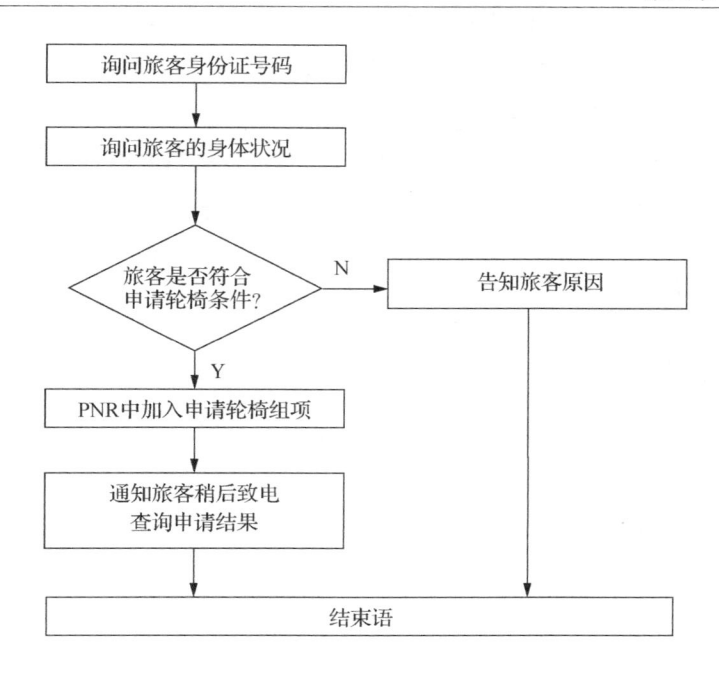

```
        ┌─────────────────────┐
        │  询问旅客身份证号码  │
        └──────────┬──────────┘
                   ↓
        ┌─────────────────────┐
        │  询问旅客的身体状况  │
        └──────────┬──────────┘
                   ↓
              ╱旅客是否符合╲    N    ┌──────────────┐
             ╱ 申请轮椅条件? ╲──────→│ 告知旅客原因 │
             ╲              ╱       └──────┬───────┘
              ╲            ╱               │
                   │Y                      │
                   ↓                       │
        ┌─────────────────────┐            │
        │ PNR中加入申请轮椅组项│            │
        └──────────┬──────────┘            │
                   ↓                       │
        ┌─────────────────────┐            │
        │ 通知旅客稍后致电     │            │
        │ 查询申请结果         │            │
        └──────────┬──────────┘            │
                   ↓                       ↓
        ┌─────────────────────────────────────┐
        │              结束语                 │
        └─────────────────────────────────────┘
```

图 8-9　轮椅申请的话术指引

## 四、注意事项

（1）航空公司一般不受理代码共享航班特殊服务的申请，若旅客需要申请则指引旅客联系实际承运航空公司办理。

（2）为旅客申请轮椅前需详细了解旅客的身体状况，尤其是患病旅客申请 WCHC 服务及 WCHS 服务时，应主动询问旅客的身体状况，征询所需要提供的服务及协助要求。同时座席要告知旅客，在办理乘机手续时，航空公司有权根据旅客的身体状况自行判断决定是否承运。并提醒旅客，因疾病申请 WCHC 服务及 WCHS 服务的旅客（残疾旅客除外）必须有同一物理舱位的具有完全民事行为能力且具备陪护能力的同机陪伴人员。

（3）为旅客申请轮椅后，应指引旅客稍后致电查询申请结果，座席可直接提取 PNR 查看申请结果。

（4）病残旅客包括患病旅客、肢体伤残的旅客、盲人旅客、担架旅客、轮椅旅客、需要使用机上氧气设备的旅客。

（5）每个航班对没有陪伴人员、但需要他人协助的病残旅客的人数有限制（残疾人运动会等特殊期间除外），如表 8-4 所示。

表 8-4　航班对病残旅客人数的限制

| 航班座位数量 | 限制人数 | 航班座位数量 | 限制人数 |
| --- | --- | --- | --- |
| 51—100 | ≤2 | 101—200 | ≤4 |
| 201—400 | ≤6 | 400 以上 | ≤8 |

（6）具备乘机条件的病残旅客需要托运电动轮椅应在订座时提出，并最迟不晚于航班离站时间前 72 小时。若旅客的轮椅是电池驱动的，应通过 SSR 项目中自由格式部分（如 SSR WCHS CZ NN1 CANPEK3099Y12MAR OWN BATTERY），将此情况通知相关承运人。电动轮椅应在航站离站时间前 3 小时交运，并应符合危险品运输相关规定。

## 五、模拟训练

### （一）场景资料

呼叫中心座席接到电话，旅客父亲张大年腿脚不方便，走不了远路，旅客希望为其申请轮椅服务。

乘机人票面信息如下：

```
ISSUED BY: CHINA SOUTHERN AIRLINES    ORG/DST: CAN/CTU         BSP-D
E/R: 变更退票收费
TOUR CODE:
PASSENGER: 张大年
EXCH:                          CONJ TKT:
O FM:1CAN CZ     3401    Y 01JUL 0815 OK Y        01JUL8/01JUL8 20K OPEN FOR USE
        T2T2 RL:PT8WTJ    /KRPQV41E
   TO: CTU
FC: 01JUL18CAN CZ CTU1300.00CNY1300.00END
FARE:          CNY 1300.00   |FOP:CASH CASH(CNY)
TAX:           CNY 50.00CN   |OI:
TAX:           CNY140.00YQ |
TOTAL:         CNY 1490.00   |TKTN: 784-5379366046
```

### （二）操作流程

```
>DETR NI/44012319501203xxxx
>RT KRPQV4
>SSR WCHR CZ NN1/P1/S3
>@
```

### （三）参考话术

座席：您好！工号 1234 为您服务，请问有什么可以帮到您？

旅客：您好！我和我父亲买了 7 月 1 日广州飞成都的机票，但是他年龄大了，腿脚不方便，我想给他申请个轮椅，可以吗？

座席：请您提供您父亲的身份证号码。

旅客：我父亲的身份证号码是 440***************。

座席：好的。请问乘机人是否远距离行走不方便？

旅客：是的。

座席：乘机人可以上下客梯吗？进入机舱内能单独行走吗？

旅客：能上下客梯，在机舱内也可以单独行走。

座席：好的。现在跟您核对一下信息：乘机人为张大年，弓长张，大小的大，年龄的年，预订 7 月 1 日广州飞成都的 WH3401 航班，身份证号码是 440***************，已为乘机人申请了停机坪轮椅服务，请稍后致电查询申请结果。

旅客：好的，谢谢！

座席：不客气。请问还有其他问题需要咨询吗？

旅客：没有了，再见！

座席：感谢您的来电，再见！

# 第五节　担架申请

## 一、业务概述

担架旅客是指本人不能自主行动或病情较重，只能躺在担架上旅行的旅客（见图 8-10）。在接受担架旅客订座时，座席应先向航班运行管理部门询问担架旅客所申请航班任务的飞机能否拆卸座位，未得到肯定答复前，不能对旅客做出任何承诺。担架旅客的票价由担架旅客的个人票价和担架附加票价两个部分组成。担架旅客的个人票价按 1 个经济舱普通票价计收，不得使用优惠票价或折扣票价（儿童折扣除外）；担架附加票价按 8 个（或 5 个，按实际拆掉的座椅数计算）经济舱普通票价（不另加收税费）计收。

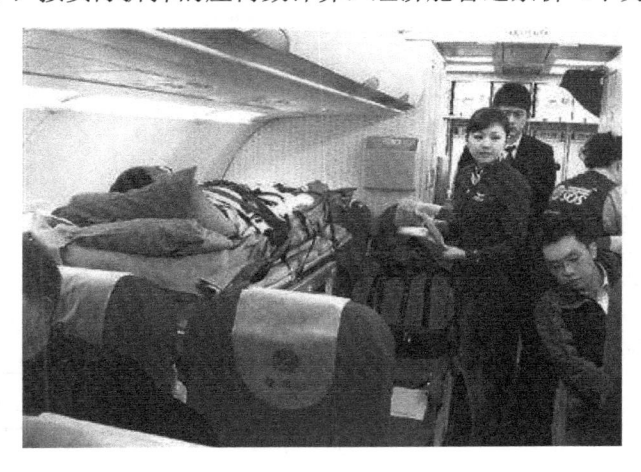

图 8-10　担架旅客

## 二、操作指令

### 1. 担架旅客姓名输入

>NM 1 姓名 STCR

### 2. 担架旅客服务申请

>SSR STCR 航空公司两字代码 NN1/Pn/Sn

### 3. 担架旅客票价计算组 FC 输入

>FC 始发城市 承运人 到达城市 票价及票价类别 P 城市对 担架附加票价 CNY 总票价 END

### 4. 担架旅客客票签注信息

>EI STR/CASE，免费行李额 180（120）kg

### 5. 陪伴人员客票签注信息

>EI ACC STR/CASE

## 三、话术指引

航空公司一般不受理旅客担架服务的申请，座席需指引旅客到航空公司直属营业部办理，同时要将申请担架的注意事项告知旅客。担架申请的话术指引如图 8-11 所示。

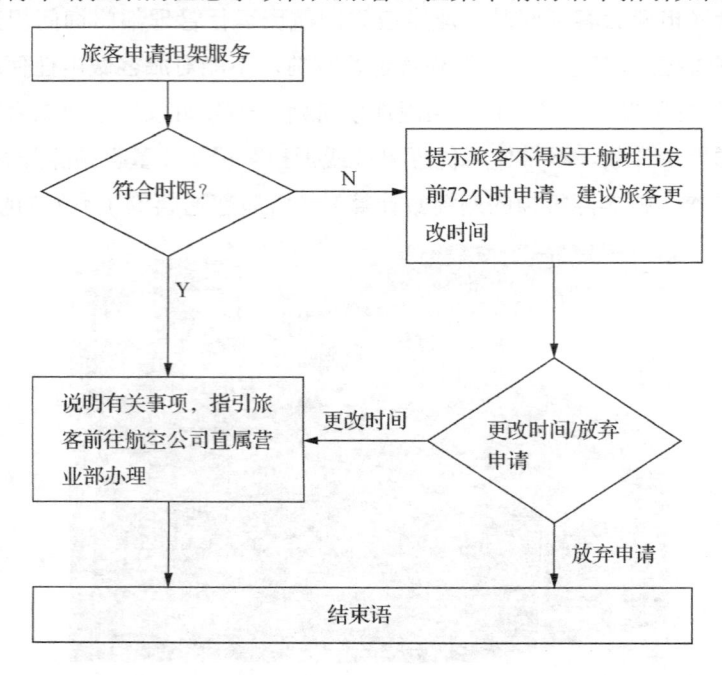

图 8-11 担架申请的话术指引

### 四、注意事项

（1）航空公司一般不受理代码共享航班特殊服务的申请，若旅客需申请则指引旅客联系实际承运航空公司办理。

（2）担架旅客申请必须符合以下条件。

① 订座不得迟于航班起飞前 72 小时。

② 担架旅客必须至少由 1 名医生或护理人员陪同旅行，经医生证明，病人在旅行中不需要医务护理时，也可由其家属或监护人员陪同旅行。

③ 需在始发站航空公司营业部申请办理。

④ 除特殊批准外，原则上每一航班只限载运 1 名担架旅客，如果航班接收了担架旅客，则不再接受其他病残旅客。

（3）担架旅客的免费行李额为 180 或 120kg，陪伴人员的免费行李额则按所支付票价的座位登记计算。

（4）旅客若需使用救护车接送，要自行联系机场急救中心救护车，所产生的一切费用由旅客本人自行承担。

（5）担架旅客只能安排乘坐在经济舱，安置担架附近的空余座位，前一排或相邻一列座位一般不再售票。

### 五、模拟训练

#### （一）场景资料

旅客致电呼叫中心，要求预订五天之后广州至北京的航班，并申请担架服务。

#### （二）操作流程

呼叫中心座席一般不处理担架申请业务，主要负责向旅客解释申请担架服务的相关注意事项，并引导旅客前往航空公司直属营业部办理，故此处省略操作流程。

#### （三）参考话术

座席：您好！工号 1234 为您服务，请问有什么可以帮到您？

旅客：我父亲需要去北京看病，他身体很差，需要担架，怎么申请？

座席：请问您需要购买广州至北京的机票，并申请担架服务，对吗？

旅客：对的。

座席：先生，您好！跟您解释一下担架旅客运输的相关要求。担架旅客必须至少由

1 名医生或护理人员陪同旅行，经医生证明，病人在旅行中不需要医务护理时，也可由其家属或监护人员陪同旅行。若需申请，请在始发站航空公司营业部领取并填写特殊旅客乘机申请书。若乘坐飞机对旅客的健康状况有威胁，或在飞行中需要特别护理、需要使用医用氧气设备输氧的旅客还应有县、市级医疗单位填写的医疗证明或诊断证明书（一式三份），医疗证明或诊断证明书必须包括旅客的病情、诊断结果、防止该疾病或传染病扩散所必须遵守的条件等内容，并经医生签字、医疗单位盖章。医疗证明一般是 96 小时内填开，病情严重的旅客需要在航班起飞前 48 小时内填开。需提示您，每趟航班的担架服务旅客名额有限，请您尽快前往始发站航空公司营业部申请，申请结果以营业部回复为准。**营业部登记在册的地址是*****，电话是*****，工作时间是*****，请您在工作时间内前往办理。

旅客：一定要去始发站航空公司营业部申请吗？不能直接电话申请吗？

座席：非常抱歉，目前担架服务仅限在始发站航空公司营业部申请。

旅客：哦，那怎么收费呢？

座席：担架旅客的票价由担架旅客的个人票价和担架附加票价两个部分组成。担架旅客的个人票价按 1 个经济舱普通票价计收，不得使用优惠票价或折扣票价（儿童折扣除外）；担架附加票价按 8 个（或 5 个，按实际拆掉的座椅数计算）经济舱普通票价（不另加收税费）计收。而陪同人员的票价是按实际乘坐的座位等级来计收的。

旅客：哦，我知道了。

座席：好的，若您需要担架服务，最迟不能晚于航班起飞前 72 小时申请。

旅客：知道了，谢谢。

座席：不客气，请问还有什么可以帮到您？

旅客：没有了，再见！

座席：感谢您的来电，再见！

## 第六节　盲人旅客和聋哑旅客购票

### 一、业务概述

盲人旅客是指双目失明的旅客；聋哑旅客是指因双耳听力缺陷而不能说话的旅客。盲人旅客和聋哑旅客如果由年满 18 周岁且有民事行为能力的成人旅客陪伴同行，该旅客按普通旅客运输。每一航班对载运盲人旅客和聋哑旅客均有数量限制。

符合航空公司运输条件的导盲犬和助听犬可以由盲人旅客和聋哑旅客免费携带并进入客舱运输，或单独装进货舱运输。如图 8-12 所示，为盲人旅客和导盲犬。

图 8-12 盲人旅客和导盲犬

## 二、操作指令

### 1. 盲人旅客特殊服务申请

>SSR BLND 航空公司两字代码 NN1/Pn/Sn

### 2. 聋哑旅客特殊服务申请

>SSR DEAF 航空公司两字代码 NN1/Pn/Sn

## 三、话术指引

代办人申请为盲人旅客购票时,座席应询问有没有人陪伴等详细情况。代办人申请为盲人旅客购票的话术指引如图 8-13 所示。

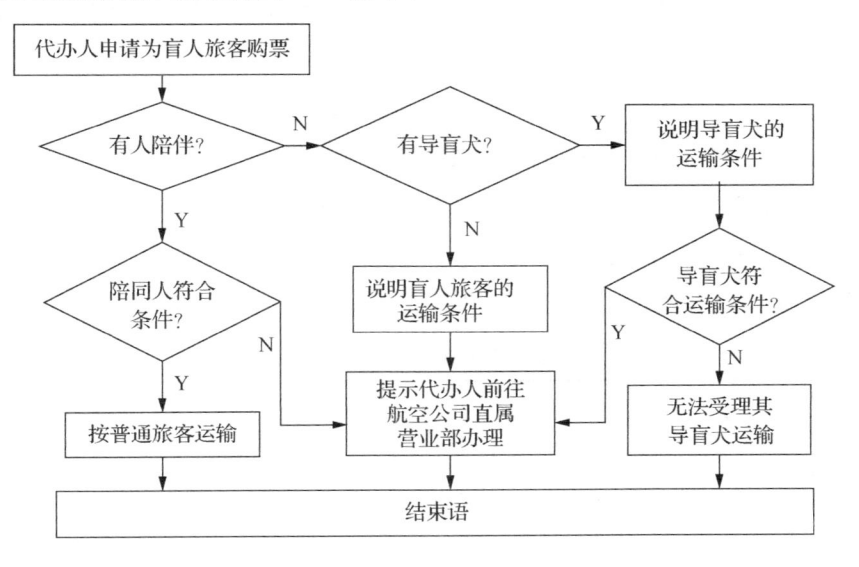

图 8-13 代办人申请为盲人旅客购票的话术指引

聋哑旅客单独乘机必须年满 16 周岁。代办人申请为聋哑旅客购票时，座席应询问有没有人陪伴等详细情况。代办人申请为聋哑旅客购票的话术指引如图 8-14 所示。

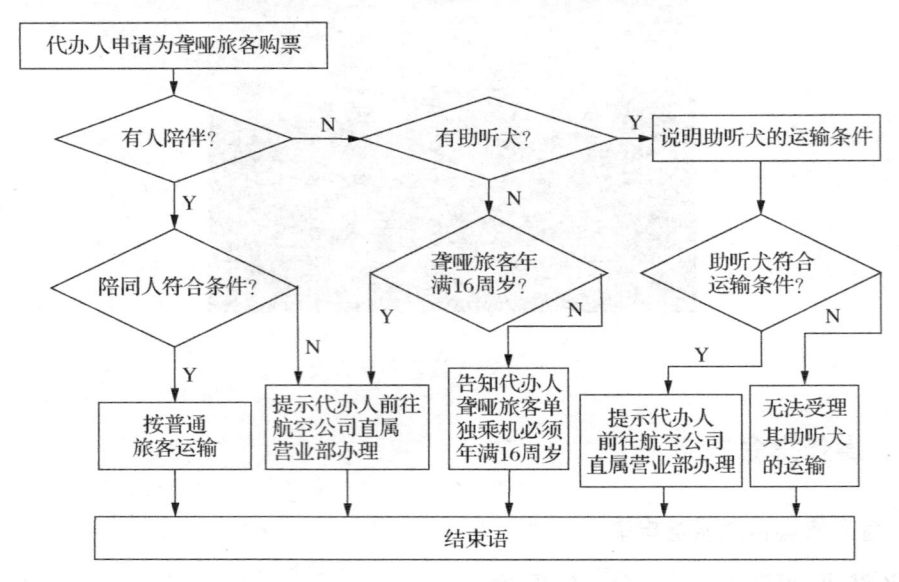

图 8-14 代办人申请为聋哑旅客购票的话术指引

## 四、注意事项

（1）呼叫中心一般不受理盲人旅客/聋哑旅客服务购票业务，只提供相应咨询服务。

（2）若旅客申请盲人旅客/聋哑旅客购票与特殊服务，需指引旅客先到售票处领取申请表格，再办理后续申请手续，并提醒旅客申请结果以航空公司直属营业部回复为准。

（3）航空公司一般不受理代码共享航班特殊服务的申请，若旅客需申请则指引旅客联系实际承运航空公司办理。

（4）具备乘机条件的盲人旅客/聋哑旅客需要携带导盲犬/助听犬进入客舱应在订座时提出，并最迟不晚于航班离站时间前 72 小时。

（5）符合航空公司运输条件的导盲犬/助听犬可以由盲人旅客/聋哑旅客免费携带并带入客舱运输，或单独装进货舱运输。每一航班的客舱内只能装运一只导盲犬/助听犬。

（6）可以随身携带的助残装置如表 8-5 所示。

表 8-5 可以随身携带的助残装置

| 类 别 | 助 残 装 置 | |
|---|---|---|
| 肢残 | 助行器 | 拐杖、折叠轮椅、假肢 |
| 聋人 | 助听设备 | 电子耳蜗、助听器 |
| 盲人 | 盲杖 | 多功能、简易 |
| | 助视器、盲人眼镜 | |

（7）无成人陪伴盲人旅客服务注意事项。

① 旅客必须自己能走动，有照料自己的能力，在进食时，无须他人照料。

② 始发站应由盲人旅客的家属或照料人协助办理乘机手续。

③ 到达站应由盲人旅客的家属或照料人在到达地点予以迎接。

（8）盲人旅客携带导盲犬的注意事项。

① 盲人旅客在客舱内携带的导盲犬必须在上机前戴上口罩及牵引的绳索，并应伏在盲人旅客的脚边，不得在客舱内占用座位和任意跑动。导盲犬在航空公司允许的机上活动范围内，可不要求戴口罩，其他情况必须戴上口罩。

② 在飞机飞行中，除可给导盲犬少量饮水外，禁止喂食；若航程较长，需要在中途喂食，应在经停站地面饲喂。饲喂的食物需由盲人旅客自备。

③ 导盲犬在运输途中受伤、生病、死亡，均由盲人旅客自行负责（美国航线除外）。

④ 根据航班飞行的具体情况，如长距离中途不着陆或在某一种机型不适宜运输时，航空公司有权拒绝承运导盲犬。

### 五、模拟训练

#### （一）场景资料

代办人致电呼叫中心，咨询盲人旅客单独乘机如何办理。

#### （二）操作流程

呼叫中心座席一般不处理单独乘机的盲人旅客/聋哑旅客订座业务，主要负责解释告知注意事项并引导代办人前往航空公司直属营业部办理，故此处省略操作流程。

#### （三）参考话术

座席：您好！工号 1234 为您服务，请问有什么可以帮到您？

代办人：你好！我朋友要从北京前往上海，但他是一位盲人，怎么买票？

座席：先生，您好！请问您是需要为盲人旅客购票，从北京前往上海，对吗？

代办人：是的。

座席：请问有成人陪伴吗？

代办人：没有。

座席：有导盲犬引路吗？

代办人：也没有。

座席：先生，需要跟您解释一下，若无成人陪伴或无导盲犬引路的盲人旅客必须自己能够走动，有照料自己的能力，在进食时，不需要其他人的帮助，且在始发站应由盲人旅客的家属或照料人协助办理乘机手续。在到达站，应由盲人旅客的家属或照料人在到达地点予以迎接。订座时，应由无成人陪伴的盲人旅客的家属或照料人填写特殊旅客乘机申请书（一式两份）。

代办人：这些都没问题。

座席：好的。如果需要申请，请在始发站航空公司营业部领取并填写特殊旅客乘机申请书（一式两份）。若乘坐飞机对旅客的健康状况有威胁，或在飞行中需要特别护理、需要使用医用氧气设备输氧的旅客还应有县、市级医疗单位填写的医疗证明或诊断证明书（一式三份），医疗证明或诊断证明书必须包括旅客的病情、诊断结果、防止该疾病或传染病扩散所必须遵守的条件等内容，并经医生签字、医疗单位盖章。医疗证明一般是 96 小时内填开，病情严重的必须在航班起飞前 48 小时内填开。请您尽快前往始发站航空公司营业部申请，申请结果以营业部回复为准。请您记录营业部的地址为\*\*\*\*\*\*\*\*，在工作时间内办理。

代办人：好的。

座席：请问还有其他需要咨询的吗？

代办人：没有了，谢谢！

座席：不客气。感谢您的来电，再见！

## 第七节 老人迎送服务申请

### 一、业务概述

年龄超过 65 周岁（含），且行动不便，必须借助设备才能乘机，或是需要某些特殊照顾或服务（接送机、登机指引）的旅客，可作为特殊旅客处理，给予特殊服务。

符合以下条件，座席可为旅客申请老人迎送服务。

（1）乘机人年龄超过 65 周岁（含）。

（2）航班起飞前 72 小时提出申请（仅需要地面接送，在客舱中不需要特殊照顾和陪护的老人服务，无申请时限要求）。

（3）乘机人无不适合乘机的病况，可自行走动。

（4）乘机人应由陪护人协助办理乘机手续，并在到达地点安排人员接送和照料。

（5）运输的全航程包括两个或两个以上航段时，在中转站，应由陪护人安排人员接送和照料，并提供接送人的姓名、地址、电话。若在中转站无法安排人员接送和照料，要求航空公司雇佣服务人员照料老人时，应预先提出并经航空公司同意后，方可接受运输。

## 二、操作指令

### 1. 老人迎送服务申请

>SSR MAAS 航空公司两字代码 NN1/PAX 年龄 YRS/Pn/Sn

### 2. 记录老人迎送服务申请时间

>OP/操作日期/OFFICE 号/PAX RQ MAAS AT 操作时间

## 三、话术指引

座席为旅客申请老人迎送服务时，一定要判断旅客的年龄是否符合航空公司的要求。老人迎送服务申请的话术指引如图 8-15 所示。

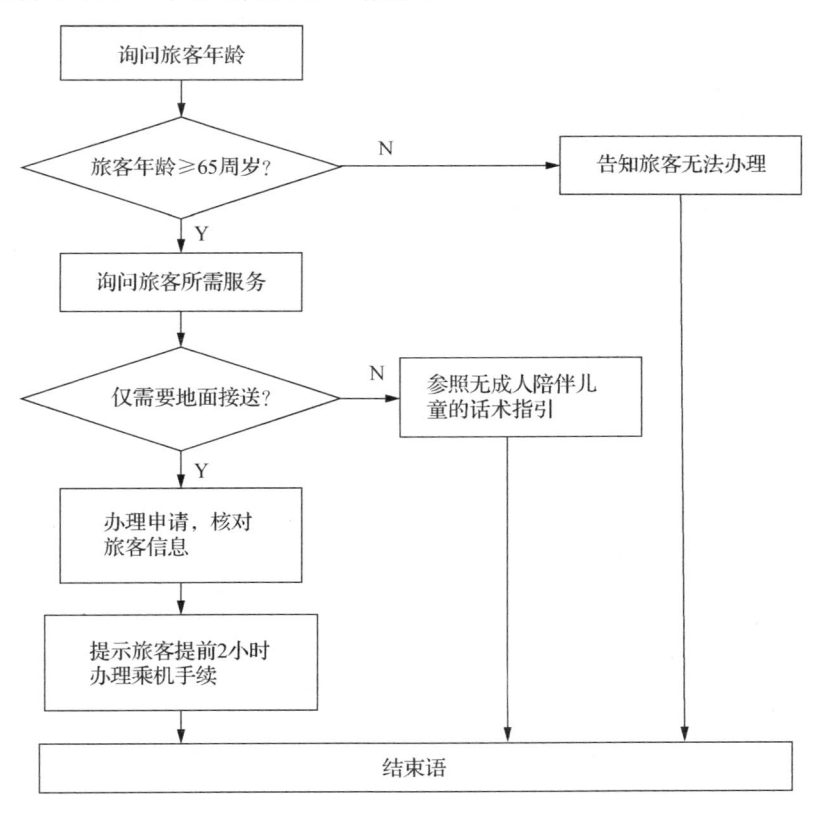

图 8-15 老人迎送服务申请的话术指引

## 四、注意事项

（1）座席应提醒旅客在航班离站时间 120 分钟前办理相关手续。

（2）如果旅客提交的申请已经超过该航班的接收限额，申请将不成功，预订结果请以短信通知为准。

（3）若遇到旅客乘坐的航班发生变动，旅客应重新办理服务申请。

（4）航空公司仅受理地面接送的老人服务，若旅客在空中需照顾、陪护或需借助轮椅，座席应指引旅客联系始发站航空公司营业部申请办理。

（5）对于在空中需要特殊照顾，但行动方便，不需要借助轮椅或担架的特殊老年旅客，可以参照无成人陪伴儿童的运输程序予以承运，但应与无成人陪伴儿童合并计数。

## 五、模拟训练

### （一）场景资料

旅客在航班出发一周前致电呼叫中心，要求为其 68 岁的父亲申请老人迎送服务，旅客身份证号码为 610****************，联系电话为 136********。

旅客票面信息如下：

```
DETR:TN/784-5379366099,AIR/CZ
    ISSUED BY: CHINA SOUTHERN AIRLINES    ORG/DST: CAN/BJS            BSP-D
TOUR CODE:
PASSENGER: 高大年
EXCH:                CONJ TKT:
O FM:1CAN CZ      3099   Y 25OCT 0900 OK Y        20K OPEN FOR USE
       T2T2 RL:NDJS9Q    /JWLS5W1E
   TO: PEK
FC: M/25OCT18CAN CZ PEK1700.00CNY1700.00END
FARE:          CNY 1700.00  |FOP:CASH CASH(CNY)
TAX:           CNY 50.00CN |OI:
TAX:           CNY 40.00YQ|
TOTAL:         CNY 1790.00  |TKTN: 784-5379366099
```

### （二）操作流程

```
>DETR:NI/610***************
>RT JWLS5W
>SSR MAAS CZ NN1/PAX 68YRS/P1/S2
>OP/18OCT/CAN020/PAX RQ MAAS AT 1600
@
```

### （三）参考话术

座席：您好！工号 3468 为您服务，请问有什么可以帮到您？

旅客：您好！我父亲买了下周四也就是 10 月 25 号的机票去北京，老人家第一次单独坐飞机，家里人不放心，能不能申请老人迎送服务？

座席：旅客今年多大？

旅客：68 岁了。

座席：好的，麻烦您提供旅客的客票号或身份证号码。

旅客：身份证号码是 610***************。

座席：好的，您稍等……请问旅客是否仅需要地面接送，在客舱中不需要特殊照顾？

旅客：是的，是的。

座席：好的，现在为您申请老人迎送服务，请稍等……女士，您好！现在跟您核对一下客票信息，旅客高大年，高低的高，大小的大，年龄的年，预订 10 月 25 日的 CZ3099 航班，广州出发前往北京，旅客身份证号码为 610***************，联系电话为 136*********，申请老人迎送服务。请问上述信息是否准确无误？

旅客：是的，没有问题。

座席：好的，已为您申请老人迎送服务，申请结果稍后将以短信形式发送到号码为 136*********的手机上，请您留意接收，您也可以稍后再次致电我们查询申请结果。需提示您，申请特殊服务后，乘机当天还需办理相关填单手续，为避免耽误行程，请在航班起飞前 2 小时办理乘机手续。

旅客：好的，谢谢！

座席：不客气，请问还有什么可以帮到您？

旅客：没有了，谢谢！

座席：不客气，感谢您的来电，再见！

## 第八节　婴儿摇篮申请

### 一、业务概述

在长途飞行中，带婴儿的旅客长时间怀抱婴儿会比较辛苦。为了给旅客提供更好的旅行体验，航空公司在部分长航线上提供免费婴儿摇篮服务。机上婴儿摇篮悬挂位通常安排在各舱位第一排座椅前方的隔板上。婴儿摇篮如图 8-16 所示。

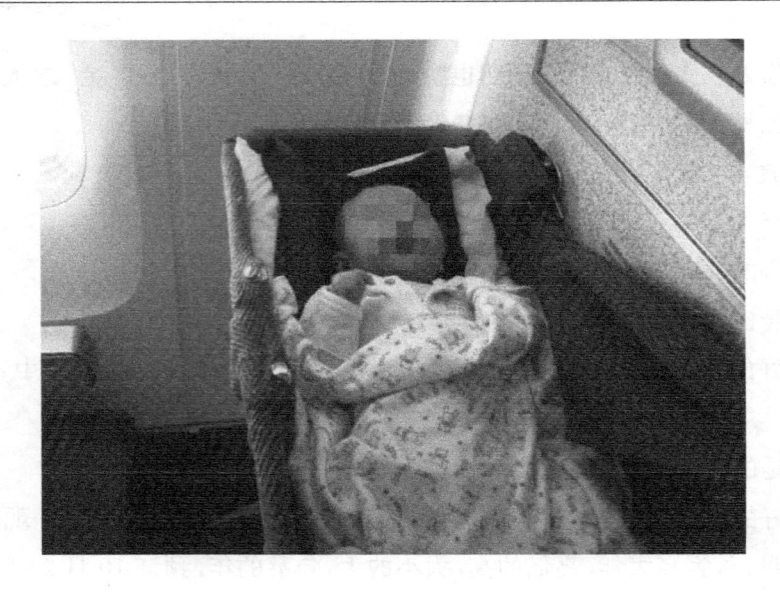

图 8-16 婴儿摇篮

## 二、申请条件

不同航空公司对使用婴儿摇篮的婴儿在身高、体重等方面的规定略有差异,下面以南航为例,说明申请婴儿摇篮需满足的条件。

### （一）婴儿条件限制

（1）年龄：乘机之日已满 14 天未满 1 周岁。
（2）身高：70 厘米以下。
（3）体重：12 千克以下。

### （二）申请时间限制

需在航班起飞前 24 小时之前提出申请。

### （三）航班机型及舱位限制

（1）飞行时间限制：飞行时间超 3 小时以上的航班。
（2）高端经济舱、经济舱。
（3）仅限宽体客机：A380、A330-300、A330-200、A33A、A33G、B777A、B777B、B787、B777-300ER（B77W）。

### （四）婴儿摇篮数量限制

为确保安全与服务，航空公司对各机型可提供的婴儿摇篮数量进行了限制。南航各机型婴儿摇篮的具体数量如表 8-6 所示。

表 8-6　南航各机型婴儿摇篮的具体数量

| 机　　型 | 可接受摇篮数量 | 可接受摇篮舱位 |
|---|---|---|
| A380 | 7 | Y（7） |
| B787 | 4 | Y（4） |
| B777A | 2 | Y（2） |
| B777B | 3 | W（2）、Y（1） |
| A330-300 | 3 | W（3）、Y（2） |
| A330-200 | 3 | W（3）、Y（2） |
| A33A | 3 | W（2）、Y（2） |
| B77W | 7 | W（4）、Y（3） |

若申请人数超过限额，可能造成申请失败，座席可使用 ML 指令查看当前航班上的婴儿摇篮申请情况。

## 三、操作指令

### 1. 查询航班上婴儿摇篮申请情况

>ML:S5/航班号/日期

### 2. 婴儿摇篮申请

>SSR BSCT 航空公司两字代码 NN1/Pn/Sn
>SSR BSCT 航空公司两字代码 NN1 城市对 航班号 舱位 日期 Pn

### 3. 说明婴儿年龄、身高、体重

>RMK 年龄 身高 体重

有些航空公司要求以 OSI 项格式说明婴儿年龄、身高、体重，格式如下：
>OSI 航空公司两字代码 年龄 身高 体重

### 4. 查看航班飞行时间

>DSG C/航班号/日期

## 四、话术指引

座席在处理婴儿摇篮申请业务时，首先要判断距离航班出发时间是不是在 24 小时之前，否则不予办理；其次要查看航班是否提供婴儿摇篮服务；最后要判断婴儿的年龄、身高、体重是否符合要求。只有上述都符合要求，才能为旅客申请婴儿摇篮，婴儿摇篮申请的话术指引如图 8-17 所示。

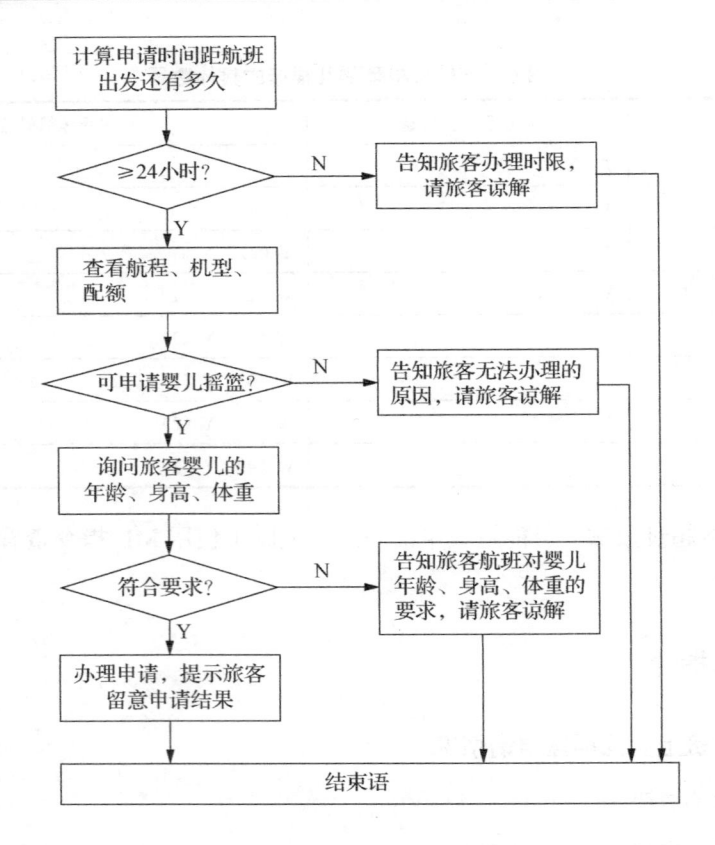

```
┌─────────────────┐
│ 计算申请时间距航班 │
│  出发还有多久    │
└────────┬────────┘
         │
      ◇≥24小时?◇──N──→┌──────────────┐
         │            │告知旅客办理时限,│
         Y            │  请旅客谅解   │
         ↓            └──────┬───────┘
┌─────────────────┐          │
│ 查看航程、机型、 │          │
│     配额        │          │
└────────┬────────┘          │
         │                   │
    ◇可申请婴儿摇篮?◇──N──→┌──────────────┐
         │                  │告知旅客无法办理的│
         Y                  │ 原因,请旅客谅解│
         ↓                  └──────┬───────┘
┌─────────────────┐                │
│ 询问旅客婴儿的   │                │
│ 年龄、身高、体重 │                │
└────────┬────────┘                │
         │                         │
     ◇符合要求?◇──N──→┌──────────────┐│
         │             │告知旅客航班对婴儿││
         Y             │年龄、身高、体重的││
         ↓             │要求,请旅客谅解 ││
┌─────────────────┐    └──────┬───────┘│
│办理申请,提示旅客│           │        │
│  留意申请结果   │           │        │
└────────┬────────┘           │        │
         │                    │        │
         ↓←───────────────────┴────────┘
     ┌───────┐
     │ 结束语 │
     └───────┘
```

图 8-17　婴儿摇篮申请的话术指引

## 五、注意事项

（1）因婴儿摇篮在飞机上有悬挂位置限制，一般仅能在宽体机的经济舱申请，其他舱位能否申请需要查阅各航空公司的规定。

（2）机上婴儿摇篮悬挂位通常安排在各舱位第一排座椅前方的隔板上，所以应安排与婴儿同行的成人旅客在各舱第一排最靠近婴儿摇篮的位置，以便照看婴儿。

（3）通常情况下，挂置位一般位于两个座位之间，即相邻的两个座位都可以安排携带婴儿的成人旅客乘坐。

（4）预订婴儿摇篮成功后，若旅客的客票发生退票、变更，原航班预订的婴儿摇篮将自动取消，旅客若有需要应重新申请。

（5）当航班、机型发生变动，无法提供婴儿摇篮时，在征得旅客同意后，可为婴儿和关联成人免费变更至能够提供婴儿摇篮服务的航班；或在征得旅客同意后，为婴儿和关联成人办理非自愿退票。

（6）非折叠式婴儿车只能作为托运行李免费运输，折叠式婴儿车一般情况下允许带入客舱，如果客舱储存空间不足，也有可能将婴儿车作为托运行李运输，建议旅客提前到达机场咨询。

## 六、模拟训练

### （一）场景资料

旅客在航班出发前两天致电呼叫中心，希望能为其 5 个月大的婴儿申请婴儿摇篮。已知旅客的客票号为 784-5379366084、PNR 编码为 HR7MER，预订 10 月 14 日的 CZ6904 航班，北京飞乌鲁木齐。婴儿的身高为 60cm、体重为 7kg。

DSG 指令结果如下：
```
>dsg:c/cz6904/14oct
   CZ6904   (SUN)14OCT        PEK        0910      787   0   0
                              1320   URC ELAPSED TIME   4:10 DIST 0M
请参考指令 AV:航班号   /  PLEASE REFER FUNCTION AV:FLIGHT NUMBER
```

可以看出该航班飞行时间为 4 小时 10 分钟，飞行时间较长。

### （二）操作流程

```
>DETR TN/784-5379366084
>DSG C/CZ6904/14OCT
>ML S5/CZ6904/14OCT
>RT HR7MER
>SSR BSCT CZ NN1/P1/S2
>OSI CZ 年龄 5 个月 身高 60cm 体重 7kg
>OP/12OCT/CAN020/PAX RQ BSCT AT 1030
>@
```

### （三）参考话术

座席：您好！工号 2356 为您服务，请问有什么可以帮到您？

旅客：你好，我买了 10 月 14 日的机票，北京飞乌鲁木齐，能不能在飞机上申请婴儿摇篮？

座席：麻烦您提供您的证件信息或客票号。

旅客：客票号是 784-5379366084。

座席：好的，正在为您查询，请稍等……女士，您好！目前，航班上还可以申请婴儿摇篮，麻烦您提供婴儿的年龄、身高、体重，可以吗？

旅客：婴儿 5 个月大，身高有 60cm，体重刚好 7kg。

座席：好的，正在为您申请，请稍等……女士，您好！已为您提交申请，稍后将有工作人员联系您，告知申请结果。申请成功后，将同时为您预选机上座位，请您保持电话畅通。

旅客：好的，谢谢。

座席：不客气，请问还有什么可以帮到您？

旅客：哦，还有一个问题，婴儿车能带上飞机吗？

座席：非折叠式婴儿车只能作为托运行李免费运输，折叠式婴儿车一般情况下允许带入客舱，如果客舱储存空间不足，也有可能将婴儿车作为托运行李运输，建议您提前到达机场咨询，好吗？

旅客：好的，谢谢。

座席：不客气，请问还有什么可以帮到您？

旅客：没有了，再见！

座席：祝您旅途愉快！再见！

## 第九节　小动物托运申请

### 一、业务概述

小动物是指家庭驯养的小狗、猫、鸟。野生动物和具有形体怪异或易于伤人等特性的动物如蛇、藏獒、斗牛犬等，不属于小动物范围。如果动物的体形过小（如乌龟、鼠类、观赏鱼等）或体形过大（笼体包装超过最大体积限制）或对运输安全可能造成危害，也不属于小动物范围，不能作为行李运输。

由于短鼻猫、短鼻犬类动物鼻道狭窄，对温度变化敏感，在运送过程中容易发生呼吸问题而导致死亡，航空公司禁止收运短鼻猫、短鼻犬动物作为行李运输。

短鼻类动物包含但不限于以下品种。

短鼻猫：缅甸猫、异国短毛猫（加菲猫）、波斯猫、喜马拉雅猫、英国短毛猫等。

短鼻犬：猴面犬、波士顿梗犬、拳师犬（所有品种）、布鲁塞尔葛里芬犬、斗牛犬/牛头犬（所有品种）、斗牛梗犬、巴哥犬/哈巴犬、卡斯罗犬、松狮犬、波尔多犬、英国玩具猎狐犬、日本狮子犬、骑士查理王猎犬、拉萨犬、獒犬（所有品种）、北京犬、西班牙加纳利犬、沙皮犬、西施犬、西藏猎犬、恶霸犬、洋基犬、巴基斯坦牛头梗、斯塔福德梗等。

### 二、申请条件

#### （一）收运要求

（1）旅客托运小动物，正常情况下至少应在航班起飞前72小时提出申请，经航空公司确认后方可托运。

（2）若航班机型的货舱条件不适合运输活体动物，不能接受旅客申请办理小动物运输。工作人员在收运前应确认该航班机型是否适合运输小动物；个别小型飞机装载活体小动物的行李总数不得超过三件，具体应根据航空公司给出的相关机型限制条件确定，可通过"ML:S/AVIH/航班号/日期"指令查询。

（3）旅客携带的小动物必须是健康、无害、干净、无异味的，并且不能携带怀孕的小动物。

（4）每名旅客只可托运一只小动物或一对鸟类动物（或符合有关承运人和出入境国家的规定）；每只托运的小动物应单独装入一个笼内；一对小鸟可装入同一个笼内。

（5）旅客托运的小动物笼体包装最大不能超过 40 厘米×60 厘米×100 厘米，最小不能小于 5 厘米×15 厘米×20 厘米，重量最大不得超过 32 千克。

（6）航空公司不接受活体小动物联程航班运输申请。若对联程中的某个航段申请且不构成活体动物联程运输则允许申请，但申请结果必须以分控回复为准。

（7）旅客应在乘机之日离站时间 90 分钟以前，将活体动物自行运至机场办理托运手续。

（8）若旅客托运小动物为猫或狗，需签署小动物运输免责书。

**（二）运输文件**

**1. 中国境内航班**

旅客应出示县（区）级以上检疫部门出具的动物检疫合格证明。

**2. 中国港澳台地区/国际航班**

（1）中华人民共和国动植物检疫部门出具的《检疫证书》《狂犬病免疫证书》。

（2）出入境或过境许可证。

（3）入境或过境国家所规定的其他文件（参照 TIM 中有关国家的规定）。

**（三）宠物托运箱的要求**

小动物必须装在适合其特性的坚固的金属、硬塑或木制容器内，并且要符合以下要求。

（1）应为专用航空宠物托运箱，必须由坚固材料制成且顶部固定，至少三面通风，宠物托运箱的门必须有锁闭装置，且为坚固的金属材质，箱门关闭后，应可有效地防止宠物自行打开箱门逃逸。

（2）宠物托运箱的所有配件（包括螺母、门闩、铆钉及锁具等）必须牢固且性能良好。

（3）宠物托运箱的底部要平稳，能够固定在平整的面上而不滑动，如果选用带轮子的宠物托运箱，需要预先将轮子固定或将轮子拆除，保证在运输过程中宠物箱不滑动。

（4）能方便给小动物喂食、饮水，保证小动物可在箱中自由站立或坐下、转身和以正常姿势躺卧。

（5）宠物托运箱内部需要铺上吸水性衬垫（如毛巾、毯子），防止宠物排泄物外溢污染其他行李。

常用的宠物托运箱如图8-18所示。

**（四）宠物托运箱的打包要求**

（1）运输猫、犬等陆生活体小动物时，应使用宠物托运箱防护网，用防护网将宠物托运箱包装并捆扎牢固后再进行打包。

（2）使用打包带打包时，打包带需在防护网外层进行打包呈"井"字形，打包带分布均匀，打包带间距约为20～30厘米。

（3）宠物托运箱侧面不进行横向打包，侧面的打包带均需呈竖状平行状态。要求打包时将打包带穿过箱门网格及防护网格，从上一个网格伸进去，从下一个网格伸出来，间隔均匀，起到将箱门和箱体、防护网兜固定在一起的作用。

图8-19所示为打包好的宠物托运箱，可作为宠物托运箱打包时的参考。

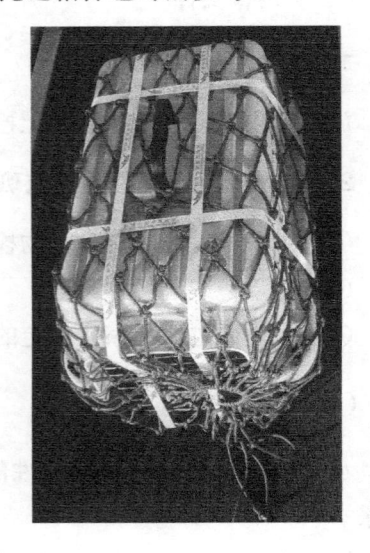

图8-18 宠物托运箱　　　　图8-19 打包好的宠物托运箱

**（五）喂食与活动**

托运小动物的旅客应负责小动物在全旅程中各站经停时的喂食、饮水及其活动等各项工作。

## （六）机场限制

### 1. 国内机场限制

（1）拉萨机场禁止所有航空公司的小动物托运业务，必须一律走货运。

（2）贵阳机场国内航班可受理小动物托运申请，国际航班不受理小动物托运申请。

### 2. 国际机场限制

（1）澳洲航线均不可以携带活体动物，只能通过货运形式运输。

（2）前往迪拜的航班不受理小动物托运申请，小动物只能通过货运形式运输。

（3）伦敦始发的航班，对于符合航空公司小动物运输管理规则要求的活动动物，可受理小动物托运申请；始发至伦敦的航班，活体动物只能通过货运形式运输。

（4）名古屋始发的航班申请小动物托运时，座席需先与旅客核对相关信息，再指引其自行联系办事处申请，办事处联系电话为 052-218-8070。

（5）韩国始发的航班考虑到小动物运输过程中的安全问题，座席需提醒旅客小动物最好出生超过 3 个月，出生不满 3 个月的小动物托运申请以申请结果为准。

（6）始发至中国香港的航班接受活体动物的注意事项：旅客需提供事先取得的香港渔农自然护理署签发的特别许可证（入口许可证或中转许可证）的黄色副本，且只能作为货物运输，随附货运单。

## 三、操作指令

### 1. 小动物托运数量查询指令

>ML:S/AVIH/航班号/日期

### 2. 小动物托运申请

>SSR AVIH 航空公司两字代码 NN1 舱位 日期/Pn/Sn
>SSR AVIH 航空公司两字代码 NN1 航段 航班号 舱位 日期 Pn

### 3. 记录申请时间

OP/操作日期/OFFICE 编号/PAX RQ AVIH AT 操作时间

## 四、话术指引

座席为旅客申请小动物托运，一定要核实小动物是否满足相关运输条件。小动物托运申请的话术指引如图 8-20 所示。

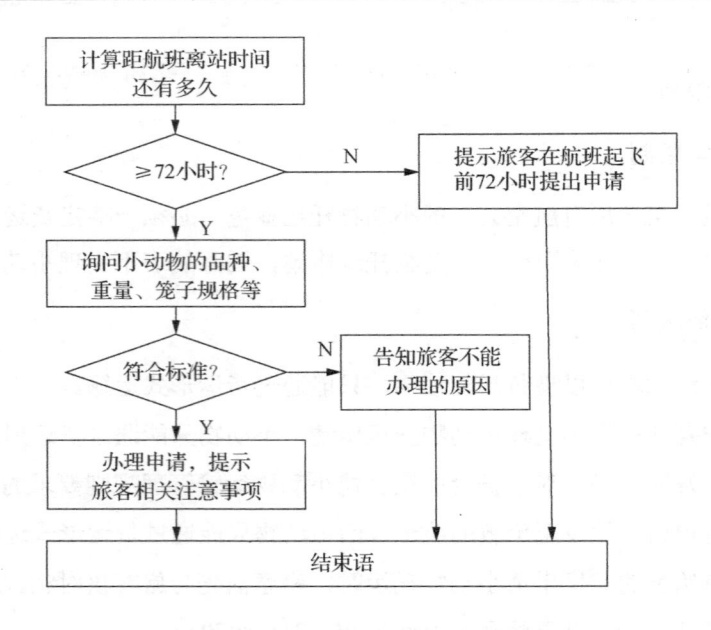

图 8-20 小动物托运申请的话术指引

## 五、注意事项

（1）旅客来电申请小动物托运时，若旅客未购票，座席应先判断可否受理小动物托运申请，若小动物满足申请标准，则根据旅客需求建立 PNR 并输入申请指令，待回复申请成功后方可出票。

（2）若旅客已申请小动物托运后需变更航班，则座席需先帮旅客申请新航班上的小动物托运，待申请成功后方可变更航班。

（3）若遇机型变动或航班不正常，各营销单位将旅客原客票按非自愿原则变更至可以载运小动物的后续航班上，此时小动物托运不受 72 小时前申请时限的约束。

（4）作为行李运输的活体小动物必须装在供氧的货舱内运输（工作犬除外），不适合放在货舱运输的小动物不予收运。

（5）旅客申请小动物托运时，座席应详细记录小动物的品种、重量、年龄、笼子规格等信息；若旅客暂时无法提供有关信息，提示旅客联系相关权威部门确认妥当后再来电申请。

（6）旅客对托运的小动物承担全部责任，在运输中除航空公司原因外出现小动物患病、受伤或死亡的情况，航空公司不承担责任。

（7）旅客应在乘机当日，航班离站时间 90 分钟前，将小动物自行运到机场办理托运手续，并现场签署小动物运输免责书；韩国仁川机场的小动物托运，指引旅客在乘机当天，在航班离站时间 3.5 个小时前，将小动物自行运到机场检疫部门办理相关检疫，再到柜台办理托运手续（约产生 10000 韩元检验检疫手续费，以当地机场检疫部门实际收费为准）。

（8）小动物及其容器和携带的食物的重量，不计算在旅客的免费行李额内，应按逾重行李交付运费；如果办理过程中涉及第三方托运单位，实际费用需以现场收取为准；若旅客咨询具体费用，则座席应提供相应始发站航空公司营业部或办事处的联系电话给旅客咨询；工作犬连同其容器和携带的食物，可免费运输，不计算在免费行李额内。

（9）活体小动物运输不能办理声明价值。

（10）一些场站（如中国香港地区）活体小动物只能作为货物运输出、入境，需查验清楚。

（11）办理小动物托运后，座席应提醒旅客乘机时携带相关证件，证件的有效性以机场相关联检单位审批为准，航空公司仅做申请，不承担证件有效性的责任。

## 六、模拟训练

### （一）场景资料

旅客于10月23日致电呼叫中心，申请托运自己家养的宠物狗。已知旅客航段信息为10月28日的CZ3525航班，广州至上海，已出票，PNR编码为HR7MES。

### （二）操作流程

```
>RT HR7MES
>ML:S/AVIH/CZ3525/28OCT
>SSR AVIH CZ NN1 Y 28OCT/P1/S2
>OP/23OCT/CAN020/PAX RQ AVIH AT 1030
>@
```

### （三）参考话术

座席：您好！工号1234为您服务，请问有什么可以帮到您？

旅客：你好！我买了10月28号广州至上海的机票，想问下飞机上能不能带家养的宠物狗？

座席：麻烦您提供下宠物狗的品种、年龄、体重信息，我帮您查一下。

旅客：纯种京巴犬，2岁，4千克。

座席：女士，您好！京巴犬不可以进入客舱，但可以申请小动物托运，作为行李装在供氧的货舱内运输。另外，小动物必须装在适合其特性的专用航空宠物托运箱内运输，笼体包装最大不能超过40厘米×60厘米×100厘米，最小不能小于5厘米×15厘米×20厘米，重量最大不得超过32千克；小动物及其容器和携带的食物的重量，不计算在旅客的免费行李额内，应按逾重行李交付运费；旅客对托运的小动物承担全部责任，在运输中除航空公司原因外出现小动物患病、受伤或死亡的情况，航空公司不承担责任。

旅客：好的，知道了。那你帮我申请小动物托运吧。

座席：女士，需提示您，旅客交运的小动物应无传染病，请在航班离站时间90分钟前，将小动物自行运到机场办理托运手续，并现场签署小动物运输免责书。请您乘机时携带相关证件，证件的有效性以机场的相关联检单位审批为准，航空公司仅做申请，不承担证件有效性的责任。

旅客：好的，知道了。我今天就去开证明。

座席：现在为您办理，请稍等……女士，您好！已为您申请小动物托运，请稍后致电查询申请结果。

旅客：好的。谢谢！

座席：不客气！请问还有什么可以帮到您？

旅客：没有了，再见！

座席：祝您旅途愉快！再见！

## 思 考 题

（1）如何为旅客预选机上座位？

（2）如何为旅客办理特殊餐食申请业务？

（3）如何引导旅客为无成人陪伴儿童购票？

（4）如何为旅客申请停机坪轮椅？

（5）如何引导旅客申请担架？

（6）如何引导代办人为盲人旅客购票。

（7）如何引导代办人为聋哑旅客购票。

（8）简述为旅客申请老人迎送服务的注意事项。

（9）简述为旅客申请婴儿摇篮的注意事项。

（10）简述为旅客申请小动物托运的注意事项。

# 第九章　国际客票业务

**学习目标：**

（1）能够处理国际航班信息查询、订座及出票业务。
（2）能够处理国际客票退票业务。
（3）能够处理国际客票变更业务。

**学习内容：**

（1）国际航班信息查询业务的操作指令、话术指引、注意事项。
（2）国际订座及出票业务的操作指令、处理流程、话术指引、注意事项。
（3）国际退票款的计算。
（4）国际客票退票业务的操作指令、话术指引、注意事项。
（5）国际客票自愿变更业务的操作指令、话术指引、注意事项。
（6）国际客票非自愿变更业务的操作指令、话术指引、注意事项。

## 第一节　国际航班信息查询、订座及出票

### 一、业务概述

在国际订座业务中，查询航班座位可利用情况依然使用 AV 指令。但是座席一定要注意 AV 指令显示中联接协议的标识，据此判断哪些航班数据在中性查询时就能直接得到；哪些航班数据要通过加上航空公司两字代码才能得到。

例如，查询 11 月 12 日广州至洛杉矶的航班座位可利用情况，结果如下：

```
12NOV(MON) CANLAX
 1- *DL7830   CANLAX 2130  1810  380 0 D   E  DS! J9 C9 D9 I9 Z9 Y9 B9 M9 H9 Q9*
 2   CZ327    CANLAX 2130  1810  380 0^D   E  DS# FA JA CA DA IA OC YA PA BA MA*
 3  *DL6729   CANPVG 0730  0950  EQV 0     E  DS! C2 J2 D2 I2 Z0 Y9 B9 M9 H9 Q9*
    *DL7001        LAX 1300 1005  773 0    E  DS! J4 C4 D4 I0 Z0 Y9 B9 M9 H9 Q9*
 4   FM9302   CANPVG 0730  0950  738 0^    E  DS# UQ FA PQ JC CQ DQ QQ IQ WC YA*
```

|  |  |  |  |  |  |  |  |
|---|---|---|---|---|---|---|---|
|  | MU583 | LAX 1300 | 1005 | 773 0^L | E | DS# UA FA PA JA CA DA QQ IQ WQ YA* |
| 5 | CA1310 | CANPEK 0810 | 1115 | 77W 0^ | E | DS# FAAA OA JC CC DC ZC RC YA BQ* |
| + | CA987 | LAX 1500 | 1100 | 773 0^ | E | DS# FAAA OA JA CA DA ZA RA IA YA* |
| ** | JD5100-JD5800 PLEASE CHECK IN 45 MINUTES BEFORE DEPARTURE AT CAN |

对于查到的座位结果，一定要结合联接协议识读，判断是否得到航班真实数据。常见联接协议如表9-1所示。

表9-1 常见联接协议

| 联接等级标识 | 联接方式说明 | AV指令不加航空公司两字代码 | AV指令加航空公司两字代码 |
|---|---|---|---|
| DS#<br>DS! | 无缝联接 | 直接得到航班座位的真实数据 | |
| AS# | 无缝联接 | 同上，只是提示航班做过更改 | |
| DS*<br>TY*<br>AB* | 直接销售<br>同CRS存在直接销售的联接<br>直接响应 | 座位可利用情况数据不真实；可加上航空公司两字代码进一步查询 | 显示航班座位的具体情况 |
| * | 直接存取 | | |
| TY<br>AB | 同CRS存在直接销售的联接<br>直接响应存在记录编号返回 | 航班座位情况不明，显示Z，通过申请订座 | |
| 空格 | 无联接 | | |

国际订座记录的建立流程与国内订座记录的建立流程类似，但是输入旅客证件信息、查询票价及使用规则的指令与国内业务不同。

## 二、操作指令

### （一）姓名组

**1. 成人旅客姓名**

>NM:1XING/MING（特殊旅客代码）

**2. 儿童旅客姓名**

>NM:1XING/MING CHD

**3. 婴儿旅客姓名**

>XN:IN/XING/MING INF(出生月份年份)/Pn

### （二）护照等证件信息

>SSR DOCS 航空公司两字代码 HK1 证件类型/发证国家/证件号码/国籍/ 出生日期/性别/证件有效期限/SURNAME(姓)/FIRST-NAME(名)/MID-NAME(中间名)/持有人标识 H/Pn

说明：

证件类型：P—护照。

发证国家、国籍：国家三字代码。

持有人标识 H：多人共用一本护照，持有者本人加 H。

出生日期、证件有效期限：DDMMMYY。

性别：F—女士、M—男士、FI—女婴、MI—男婴。

### （三）地址信息

#### 1. 旅客居住地信息

>SSR DOCA 航空公司两字代码 HK1 R/ 国家/ 详细地址/ 城市/ 所在省市（州）信息/ 邮编/I 婴儿标识/P1

#### 2. 旅客目的地信息

>SSR DOCA 航空公司两字代码 HK1 D/ 国家/ 详细地址/ 城市/ 所在省市（州）信息/ 邮编/I 婴儿标识/P1

### （四）旅客 VISA 卡信息

>SSR DOCO 航空公司两字代码 HK1 出生地/ 类型 V/VISA 卡号码/ 发卡地区/ 发卡日期/ 卡有效国家或地区/ 婴儿标识 I/P1

### （五）公布运价显示指令及票价注解（不含税）

#### 1. 查询两点间公布运价（不含税）

（1）公布运价。
>XS FSD 城市对/日期

（2）指定航空公司公布运价查询。
>XS FSD 城市对/日期/航空公司两字代码

（3）查询儿童公布运价。
>XS FSD 城市对/日期<CH/航空公司两字代码

（4）查询婴儿公布运价。
>XS FSD 城市对/日期<IN/航空公司两字代码

（5）指定舱位公布运价查询。
>XS FSD 城市对/日期/*舱位/航空公司两字代码

（6）查询来回程公布运价。
>XS FSD 城市对/日期/*RT/航空公司两字代码

（7）综合查询。
>XS FSD 城市对/日期<CH/*舱位/*RT/航空公司两字代码

#### 2. 显示公布运价的使用规则

>XS FSN 票价序号

#### 3. 票价以另一种货币类型显示

>XS FXC 票价序号/币种

## 4. 公布运价查询举例

```
>xs fsd canpar/cz
FSD CANPAR/CZ/CNY
03NOV18*03NOV18/CZ    CANPAR/EH/ADT    /TPM 5883/MPM    7854/CNY
01 F2PPWQE      /       61600           /F/       .  /           /CN11R
02 F2PPQE       /               88000/F/       .12M/              /CN11R
03 F6PPWQE      /       43100           /F/       .  /           /CN11R
04 F6PPQE       /               68000/F/       . 6M/              /CN11R
05 J2PPWQE      /       37950           /J/       .  /           /CN11R
06 C2PPWQE      /       30250           /C/       .  /           /CN11R
07 J2PPQE       /               54220/J/       .12M/              /CN11R
08 D2PPWQE      /       23990           /D/       .  /           /CN11R
09 C2PPQE       /               43220/C/       .12M/              /CN11R
10 D2PPQE       /               34270/D/       .12M/              /CN11R
11 I2RCQE       /ADVP 14D/      28270/I/       5D.12M/            /CN11R
12 IPXQE        /               18600/I/       6D. 3M/            /CNP2R
13 W2PPWQE      /       18020           /W/       .  /           /CN12R
14 W2PPQE       /               25900/W/       .12M/              /CN12R
15 S2PPQE       /               14900/S/       .12M/              /CN12R
16 S2LRCQE      /ADVP   7D/     10900/S/       5D.12M/03OCT 31MAY /CN12R
17 Y2PPWQE      /       24160           /Y/       .  /           /CN12R
18 B2PPWQE      /       18160           /B/       .  /           /CN12R
19 B4PPWQE      /       13360           /B/       .  /           /CN02R
FSK_E/1E/RH4LWW4ZPF1VK11/FCC=D/PAGE 1/5
```

查询南航发布的广州至巴黎的公布运价，从返回结果可以看出，第 11 种票价类别为 I2RCQE，使用该票价需要提前 14 天出票，来回程票价为 28270 元，订座舱位为 I 舱，最短停留时间为 5 天，最长停留时间为 12 个月，使用规则编号为 CN11R，如果需要查看规则内容，可以使用 XS FSN11 指令。票价查询结果共有 5 页内容，若需查看后续票价，可使用 XS FSPN 指令翻到下一页。

## （六）国际运价自动计算指令及规则显示

### 1. 票价自动计算指令（含税）

（1）计算成人散客票价。
>QTE:/航空公司两字代码

（2）计算儿童旅客票价。
>QTE:CH/航空公司两字代码

（3）计算婴儿旅客票价。
>QTE:IN/航空公司两字代码

（4）显示最低票价。
>QTE:/航空公司两字代码*

（5）指定票价类别。
>QTE:*票价类别/航空公司两字代码

（6）指定出票地。
>QTE:/CZ//出票地三字代码

（7）指定货币类型。
>QTE:/CZ///货币类型

（8）GP 运价计算。
>QTE:/航空公司两字代码///#CGP

（9）计算成人留学生旅客票价。
>QTE:SD/航空公司两字代码

（10）计算儿童移民旅客票价。
>QTE:CNN-EM/航空公司两字代码

说明：

使用 QTE 指令计算票价时，一定要加上航空公司两字代码，否则会导致燃油附加税计算不准确，从而使整个含税票价计算不准确。

### 2. 显示含税票价的使用规则

>XS FSG 票价序号

### 3. 显示含税票价的计算横式

>XS FSQ 票价序号

### 4. 票价自动计算举例

（1）旅客 PNR 内容如下：

| 1. | GAO/WX | HR4BHR | | | |
|---|---|---|---|---|---|
| 2. | CA965 Y | WE12FEB | PEKFRA HK1 | 0200 0510 | E T3T1 |
| 3. | CA966 Y | WE26FEB | FRAPEK HK1 | 1420 0700+1 | E T1T3 |

（2）计算含税票价，如下：
>QTE:/CA

返回结果如下：

```
FSI/CA
S CA    965Y12FEB PEK0200 0510FRA0S      773
S CA    966Y26FEB FRA1420>0700PEK0S     773
01 YRT                  36224 CNY                INCL TAX
02 YRTCT+YRT            31414 CNY                INCL TAX
03 YRTCT                26604 CNY                INCL TAX
*SYSTEM DEFAULT-CHECK OPERATING CARRIER
*ATTN PRICED ON 18DEC17*2108
RFSONLN/1E /EFEP_10/FCC=D/PAGE 1/1
```

从返回结果可以看出，QTE 计算出的含税票价共有 3 种：第 1 种票价类别为 YRT，含税价为 36224 元；第 2 种票价类别为 YRTCT+YRT，含税价为 31414 元；第 3 种票价类别为 YRTCT，含税价为 26604 元。

此时，可以使用"XS FSG 票价序号"指令显示相关的票价使用条件，为旅客选择合适的票价。

当 QTE 返回多种票价时，票价的计算横式不会自动显示。此时，如果想显示某种票价的计算横式，需使用 XS FSQ 指令。

（3）显示票价的计算横式。

>XS FSQ03

返回结果如下：

```
FSI/CA
S CA    965Y12FEB PEK0200 0510FRA0S     773
S CA    966Y26FEB FRA1420>0700PEK0S    773
01 YRT                36224 CNY                INCL TAX
02 YRTCT+YRT          31414 CNY                INCL TAX
03 YRTCT              26604 CNY                INCL TAX
*SYSTEM DEFAULT-CHECK OPERATING CARRIER
*ATTN PRICED ON 18DEC17*2109
 BJS
 FRA YRTCT         NVB      NVA12FEB 1PC
 BJS YRTCT         NVB      NVA12FEB 1PC
FARE   CNY    23380
TAX    CNY      90CN CNY    56DE CNY    3078XT
TOTAL CNY     26604
12FEB18BJS CA FRA1910.04CA BJS1910.04NUC3820.08END ROE6.1202
90
XT CNY 355OY CNY 273RA CNY 50YQ CNY 2400YR
ENDOS *NON-END/PENALTY APPLS
*AUTO BAGGAGE INFORMATION AVAILABLE - SEE FSB
RFSONLN/1E /EFEP_10/FCC=T/
```

显示票价的计算横式后，我们可以使用 DFSQ 指令来生成 PNR 中的 FN、FC、EI、TC 等组项。

>DFSQ：（或 DFSQ:A）

返回结果如下：

```
FN:FCNY23380.00/SCNY23380.00/C2.00
-      /TCNY90.00CN/TCNY56.00DE/TCNY3078.00XT/ACNY26604.00
FC:12FEB18BJS CA FRA1910.04
-      CA BJS1910.04
-      NUC3820.08
-      END
-      / ROE6.120290
-      /XT
-      355.00OY 273.00RA 50.00YQ 2400.00YR
EI:NON-END/PENALTY APPLS
RMK:OT/0/2215//CA
```

在上述结果的末尾双击之后，FN、FC、EI 等组项就会添加到 PNR 中。也可以对上述内容修改之后再提交（使用"DFSQ:A"指令生成的结果不可修改）。

### 三、处理流程

**（一）票价查询的处理流程**

1. 有 PNR 的票价查询

PNR 建立后的票价计算使用 QTE 指令。PNR 建立后的票价查询指令关系如图 9-1 所示。

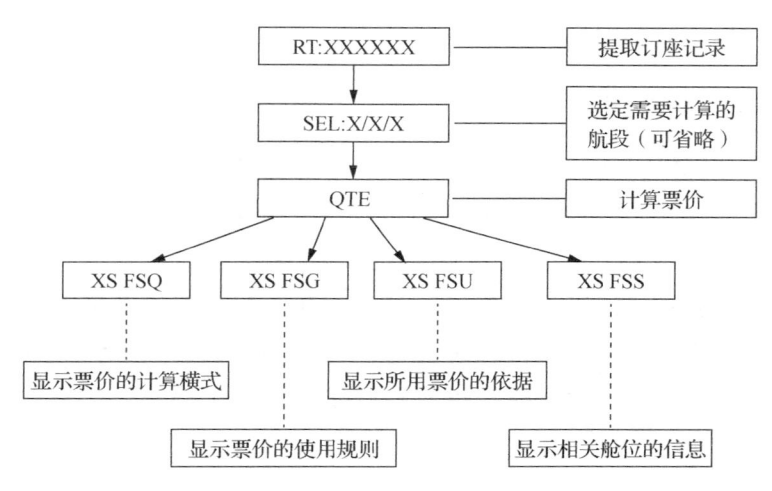

图 9-1　PNR 建立后的票价查询指令关系

2. 无 PNR 的票价查询

建立 PNR 前，查询两点间的公布运价，使用 XS FSD 指令。无 PNR 的票价查询指令关系如图 9-2 所示。

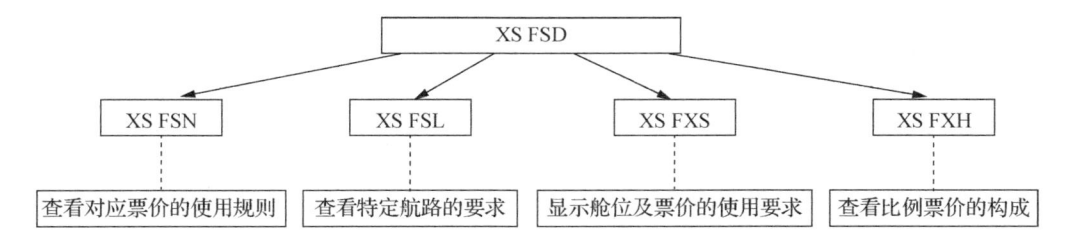

图 9-2　无 PNR 的票价查询指令关系

**（二）订座及出票业务的处理流程**

（1）使用 AV 指令查询航班座位可利用情况，使用 SD 指令订座，建立航段组（也可使用 SS 指令直接建立航段组）。

（2）NM 指令输入旅客的姓名。

（3）CT 或 OSI 指令输入旅客的联系方式。

（4）SSR DOCS 指令输入旅客的证件信息。

（5）SSR DOCA 指令输入旅客居住地及目的地的信息（美加等航线上需要）。

（6）QTE 指令计算票价。

（7）XS FSG 指令查看票价的使用规则。

（8）XS FSQ 指令显示票价的计算横式（如果只有一种票价，计算横式会自动展开）。

（9）DFSQ 指令生成 FN、FC 等组项。

（10）输入旅客付款方式 FP。

（11）封口或 ETDZ 出票。

## （三）普通成人旅客购票实例

中国公民李美丽女士前来预订 12 月 12 日广州出发前往洛杉矶的南航航班，Y 舱座位。旅客护照号码为 Y00******，有效期至 2023 年 6 月 9 日，旅客出生年月日为 1982 年 2 月 9 日，联系为电话 135********。旅客居住地信息为广东省广州市**区***10 号，邮编为 51****；目的地为洛杉矶的*****号，邮编为 90***。假设使用 AV 指令查询结果中的第二个航班，使用 QTE 提取到第 3 种票价，旅客付款方式为人民币现金支付。

根据上述信息，建立旅客出票 PNR 的流程如下：

```
>AV H/CANLAX/12DEC/CZ
>SD2Y1
>NM 1LI/MEILI MS
>OSI CZ CTCM1351*******/P1
>SSR DOCS CZ HK1 P/CHN/ Y00******/CHN/09FEB82/F/09JUN23/LI/MEILI MS/P1
>SSR DOCA CZ HK1 D/USA/NO 1 SUNSET BLVD/LOS ANGELES/CA/90069/P1
>SSR DOCA CA HK1 R/CHN/NO 10 JICHANGROAD BAIYUN DISTRICT/GUANGZHOU
/GUANGDONG/510403/P1
>QTE:/CZ
>XS FSG 03
>XS FSQ 03
>DFSQ:A
>FP CASH,CNY
>@
```

如果旅客确认出票，可提取编码出票。

## （四）儿童旅客购票

为儿童旅客建立国际出票 PNR 时，应注意以下事项。

（1）儿童旅客姓名后必须加 CHD 标识。

（2）输入儿童旅客证件信息 SSR DOCS 后，如果系统没有自动生成 SSR CHLD 组项，则要手工输入，且出票后不得删除 SSR CHLD 组项。

（3）若儿童和成人不在同一 PNR 中，要把成人票号通过 RMK 指令备注于儿童编码内，格式：RMK 成人票号**********。

（4）如果遇到 AA/AF/KL 承运的航班，单独建立儿童订座记录，需按航空公司要求的指令格式备注成人编码。

① AA 的备注格式。

在儿童编码中备注如下：
>OSI AA TRAVELING WITH ADULT 成人编码
>OSI AA TCP 同行总人数

在成人编码中备注如下：
>OSI AA TRAVELING WITH CHILD 儿童编码

② AF/KL 的备注格式。

在儿童编码中备注如下：
>OSI KL PAX TCP WITH 成人编码
>OSI KL PAX TCP WITH 成人编码

（5）也有部分国外航空公司，不允许儿童单独订座（可能会被外航系统视为无成人陪伴儿童而取消其位置），此时儿童旅客务必与成人旅客订在同一个 PNR 中，成功出票后亦不允许分离。

**（五）婴儿旅客购票**

为婴儿旅客建立国际出票 PNR 时，应注意以下事项。

（1）婴儿国际客票需输入婴儿姓名项 XN IN、SSR DOCS、SSR DOCA（涉及美加航线）、SSR INFT 等。

（2）婴儿不占座，SSR INFT 组项的输入格式如下：
>SSR INFT 航空公司两字代码 NN1 城市对 航班号 舱位 出发日期 婴儿姓/名 出生日期/Pn

也可以简化输入指定航段序号，格式如下：
>SSR INFT 航空公司两字代码 NN1 婴儿姓/名 出生日期/Pn/Sn

（3）占座婴儿的 SSR INFT 组项的输入格式如下：
>SSR INFT 航空公司两字代码 NN1 城市对 航班号 舱位 出发日期 出生日期 OCCUPYING SEAT/Pn

（4）婴儿 API（SSR DOCS、SSR DOCA）的信息输入格式如下：
>SSR DOCS CZ HK1 P/CHN/Y00686278/CHN/15MAR18/MI/09JUN23/LI/BAO///P1
>SSR DOCA CZ HK1 D/USA/NO 1 SUNSET BLVD/LOS ANGELES/CA/90069/I/P1
>SSR DOCA CA HK1 R/CHN/NO 10 JICHANGROAD BAIYUN DISTRICT/GUANGZHOU/GUANGDONG/510403/I/P1

（5）婴儿可使用与成人实际订座舱位不同的舱位运价；每一个成人只能有一个婴儿享受这种票价，超过限额的婴儿应按相应的儿童票价计收，可单独占一个座位。

（6）出婴儿票前必须确认 PNR 中有无对应的 SSR INFT 组项，且行动代码为 KK/HK。

（7）婴儿在旅途中满两周岁的处理办法。

一般来说，儿童和婴儿身份的确定都是以开始旅行之日为标准。部分外航对旅行开始之日未满两周岁，但在旅途中满两周岁的婴儿，要求成人旅客按照适用的儿童票价或最低票价补足差价，涉及外航联运或外航代码共享航班时座席需将此规定告知成人旅客并在征得其同意后方可出票，否则应按儿童票销售。

### 四、话术指引

座席在处理国际客票销售业务时，需要与旅客沟通的信息比较多。国际客票销售的话术指引如图 9-3 所示。

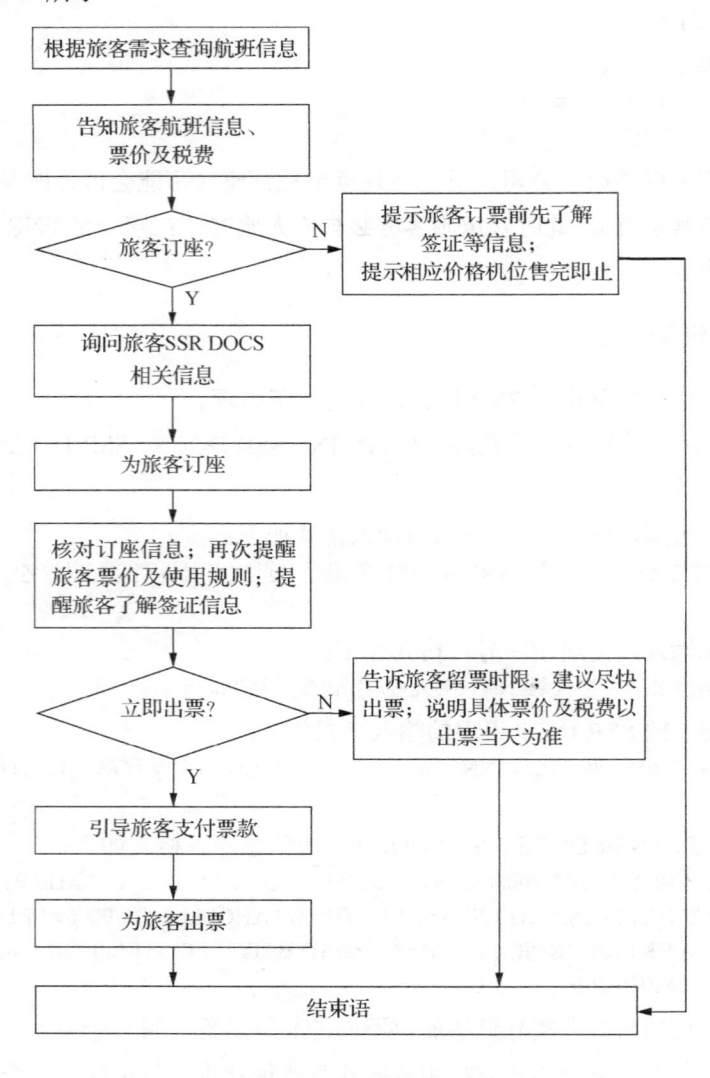

图 9-3　国际客票销售的话术指引

座席在处理国际航班信息查询、订座及出票业务时，可参考如下话术。

**（一）预订本航实际承运的国际直达航班信息提示**

现为您查询到*月*日**至**、**点起飞的***航班，票价为***元，未含税，税费为***元，合计为****元，其使用条件为******，免费行李额为*件，每件重量限额为**千克。需提示您，**机场乘机航站楼为**。请问您需要预订吗？

**（二）预订与外航代码共享的国际直达航班信息提示**

现为您查询到*月*日**至**、**点起飞的***航班，票价为***元，未含税，税费为***元，合计为****元，其使用条件为******，免费行李额为*件，每件重量限额为**千克。需提示您，该航班是我航与**航空代码共享的航班，由**航空执行此次飞行，乘机航站楼为**。若您后续需要预选座位等一系列增值/特殊/便捷服务，将无法申请。请问您需要预订吗？

**（三）预订本航实际承运的中转航班信息提示**

**至**没有直达航班，需经**中转。您可乘坐*月*日**点起飞的****航班到达**，再乘坐当天/次日**点起飞的***航班前往**。请问您需要预订吗？需提醒您，中转航班需要更换航站楼时，请注意预留足够时间。

**（四）预订本航与外航代码共享/联运的中转航班信息提示**

**至**没有直达航班，需经**中转。您可选择乘坐*月*日**点起飞的*航****航班到达**，再乘坐当天/次日**点起飞本航与**航空公司代码共享/联运的****航班前往**。需提示您，**航班是本航与**航空代码共享的航班，由**航空执行此次飞行，乘机航站楼为**。若您后续需要预选座位等一系列增值/特殊/便捷服务，将无法申请。中转航班需要更换航站楼时，请注意预留足够时间。请问您需要预订吗？

**（五）提醒所购航班为经停航班**

需提醒您，您预订**飞往**的**航班需在**经停，经停时间为**。

**（六）国际航班在中国境内有经停点的行李提醒**

您的国际航班有中国境内的经停点时，根据国家相关要求，需要在入境中国的第一个城市携带所有非托运行李办理入境手续，旅客在经停点无须提取托运行李。

**（七）预订中转机场为曼谷机场的转机时间提示**

需提醒您，由于在曼谷机场办理落地签手续用时较长，为避免影响行程，如果需要办理落地签,并转乘泰国国内航班的旅客,转机时间应不少于 3 小时。

**(八)向外籍旅客提示关于从严审核经广州中转 24 小时临时入境许可的通知**

(1)在销售经广州中转国际转国际的客票后,座席应向外籍旅客提示从严审核经广州中转 24 小时临时入境许可的通知,参考话术如下。

需提示您,根据最新通知,即日起经广州中转国际的外籍旅客,除在机场内中转办理 24 小时直接过境手续外(不出口岸限定区域),其他未持有效来华签证的外籍旅客如果需要在广州白云国际机场边检柜台申请 24 小时临时入境许可,将接受更严格的边检入境审核,审批结果以边防解释为准。按政策可免签入境中国的部分国籍旅客可按照相关规定办理入境手续。此外,符合办理 72 小时过境免签政策的旅客可凭相关材料正常申请。

受此政策影响,若外籍旅客需要入境中国(办理中转住宿或在广州乘坐经停国内机场的国际航班),持有效的中国签证方可入境中转;若无法提供有效的中国签证则有可能被拒绝入境中转,只限办理 24 小时直接过境手续或遣返。

(2)在销售经广州中转国际转国际的客票后,需向广州转机时间超过 8 小时的外籍旅客提示免费住宿的要求,参考话术如下。

需提示您,受近期边防对外籍旅客收紧了办理 24 小时停留许可的政策影响,请旅客自行准备入境证件,通过边防入境审核后方可办理住宿。敬请您谅解。

**(九)提醒购买外航联运或外航代码共享航班婴儿客票的成人旅客票价情况**

需提醒您,购买外航联运或外航代码共享航班婴儿客票,若旅行开始之日未满两周岁,但在旅途中满两周岁的婴儿,要求成人旅客按照适用的儿童票价或最低票价补足差价。

**(十)向旅客获取 API 信息**

由于您预订的是国际客票,除乘机人姓名、联系电话外,还需提供乘机人正确有效的证件号码、有效期、发证国家、国籍、出生日期,以及乘机人目前在中国及美国/加拿大的居住地址。

**(十一)提醒携带行程单及相关出入境的注意事项**

1. 提醒携带行程单

需提醒您,伊斯兰堡/马尼拉始发航班的旅客,前往机场需出示英文版行程单或旅行通知单确认具体行程。持有短期签证(旅游、探亲、商务等)入境菲律宾的旅客,需持有订妥回程日期的回程客票,并携带英文版行程单或旅行通知单。

为不影响您的行程,请出票后在官网→服务大厅→自助查询→客票验证模块打印英文旅行通知单且出行时随身携带。

### 2. 对赴美航班中国籍旅客增加 EVUS 登记的提示

需提醒您，如果您是持有 10 年期 B1/B2、B1 或 B2（访问者）签证的中华人民共和国公民，需在 EVUS（Electronic Visa Update System）进行登记，并每两年登录网站在线进行个人基本信息更新。

### 3. 经停第三国家签证提醒

需提醒您：由于您的航班中转/经停第三国家，麻烦您咨询相关权威机构关于中转地/经停地的签证问题。

### 4. 提醒旅客注意签证问题

需提示您，因各个国家和地区对持不同旅行证件的旅客，均有不同的过境或入境要求，为保证您的旅行顺畅，请向相关大使馆或出入境管理部门先行了解详尽的过境或入境要求。

## 五、注意事项

（1）座席在销售环节中，票价和税费要分开报价，同时告知旅客航班经停点、免费行李额、客票有效期、退票有效期和客票使用条件（变更费、误机费（若有）、退票费），国际航班还应告知旅客最短停留时限、最长停留时限。

（2）客票有效期：普通票价的客票有效期自旅客开始第一段旅行之日起，一年内运输有效（若已使用的定期客票第一段旅行日期发生变更，有效期应按第一段旅行的实际开始日期计算，一年内运输有效）；若客票第一段未使用，包括全部未使用的客票和不定期客票，则从填开客票之日起，一年内运输有效。

（3）以 ALA-CAN 航线为例，如旅客咨询南航 6 月 22 日 ALA-CAN 的运价，在终端输入"XS FSD ALACAN/22JUN/CZ"，系统显示"MORE FARES AVAILABLE IN USD"且无运价显示，此时输入"XS FSD ALACAN/22JUN/CZ/USD"即可。

（4）因各个国家和地区对持不同旅行证件的旅客，均有不同的过境或入境要求，可指引旅客向相关大使馆或出入境管理部门先行了解详尽的过境或入境要求。若旅客需要查询相关旅行帮助信息，座席可借助 ICS 前端 TIM 指令查询相关信息。

（5）若航程中有代码共享航班，座席应明确告知旅客实际承运的航空公司。若旅客需要申请特殊服务，则指引旅客联系实际承运的航空公司办理。

（6）订座完毕，座席必须与旅客进行三核对，并再次提示旅客客票适用条件，同时应告知旅客自动留票时限（留票时限在 PNR 中的 SSR ADTK 项内以 24 小时制显示）。

（7）若旅客使用电话支付票款，当银行回调确认支付成功时，将相关规定告知旅客后即可让旅客挂掉电话，旅客无须在线等待；座席自行跟进客票出票情况。

（8）若旅客要求为其预留座位，暂不出票，座席要提示旅客留票时限，并告知旅客具体票价及税费以出票当天为准。

（9）为旅客预留国际航班座位时，应提醒其所需输入的乘机人证件信息，包括姓名、证件号码、证件有效期限、发证国家、国籍、出生日期等。

（10）所有国际和地区航线都必须输入SSR DOCS，否则系统提示缺少DOCS而不能出票；美加航线需要同时输入SSR DOCS 和SSR DOCA（包括居住地及目的地的地址信息）。

（11）对于联程航班订座，在航班衔接地点，应为旅客留有足够时间办理衔接航班的换乘手续，以免衔接不上。每一机场对航班之间的最短衔接时间会有不同的要求，订座时应查核最新OAG（Official Airline Guide）公布的机场最短衔接时间。

（12）旅客购买留学生、海员、劳工、移民运价国际客票时。

① 出票时需提供旅客身份证明（留学证明、海员证、劳务证、移民证）、护照、签证的原件及复印件，指引旅客前往航空公司直属营业部办理。

② 预订特殊旅客类型时，请在旅客姓名后注明相应的旅客类型代码。

③ 在使用QTE指令计算运价时标注正确的旅客类型代码，以便系统生成相匹配的免费行李额。指令格式如下：

>QTE:旅客类型/航空公司两字代码

旅客类型代码如表9-2所示。

表9-2　旅客类型代码

| 旅 客 类 型 | NAME | QTE |
| --- | --- | --- |
| 留学生旅客 | SD | STU |
| 海员旅客 | SC | SEA |
| 劳工旅客 | DL | LBR |
| 移民旅客 | EM | EMI |
| 探亲访友旅客 | VF | VFR |

旅客若购买留学生客票需同时提醒旅客年龄必须低于30周岁才可申请按留学生旅客类型出票。

（13）涉及英国出境航班，全面取消普通经济舱15周岁（含）以下旅客航空税的收取。2周岁以上12周岁以下的旅客，可使用"QTE:CH/航空公司两字代码"指令识别不收取航空税；但12周岁（含）以上15周岁（含）以下的旅客需使用"QTE:C年龄（如QTE:C15/CZ）"指令识别不收取航空税。

（14）中美航线上允许运输无成人陪伴儿童，但要提供以下证明。

① 父母双方的授权书。如果是单亲家庭或父母亲一方已故，需出示有效的法庭判决

或只标明父母亲一方的未成年旅客的出生证明或其父母亲一方的死亡证明等材料。授权书以中英文进行书写，内容包含"父母双方已清楚孩子为单独旅行"的信息；建议对授权书进行公证。

② 未成年旅客的出生证明。座席需提醒旅客以上证明供美国海关及边防保护局查看，对于未按要求提供相关证明材料的未成年旅客，美国海关及边防保护局将拒绝其出入境，也可能会对旅客进行拘留。

### 六、模拟训练

#### （一）场景资料

旅客张欣致电南航呼叫中心，要求购买 9 月 22 日广州至伦敦的机票，选择南航直飞且票价最低的航班。旅客姓名为张欣，联系电话为 135********，护照发证国家是中国，国籍也是中国，证件号码是 G1234567，出生日期为 1966 年 12 月 12 日，证件有效期限至 2025 年 12 月 6 日。

#### （二）操作流程

```
>SS CZ303 L 22SEP CANLON NN1
>NM 1ZHANG/XIN MR
>OSI CZ CTCM 135********/P1
>SSR DOCS CZ HK1 P/CHN/G1234567/CHN/12DEC66/M/06DEC25/ZHANG/XIN
>QTE:/CZ
>XS FSQ 2
>DFSQ:A
>FP CASH,CNY
>ETDZ:1
```

#### （三）参考话术

座席：您好！工号 6678 为您服务，请问有什么可以帮您？

旅客：请帮我订一张 9 月 22 日广州至伦敦的机票。南航直飞航班，票价最低是多少？

座席：请稍等，正在为您查询航班信息……先生，您好！现为您查询到 9 月 22 日广州至伦敦、票价最低的南航直飞航班为 9 点 30 分起飞的 CZ303 航班，票价为人民币 8390 元，未含税，税费为 1318 元，合计为人民币 9708 元。需提示您，退票时需要收取人民币 1500 元的退票费，变更时需要收取人民币 800 元的变更费，请问您需要现在预订吗？

旅客：订吧。

座席：好的。请问您需要预订回程票吗？

旅客：不需要。

座席：好的。由于您预订的是国际客票，除乘机人的姓名、联系电话外，您还需要提供乘机人的证件号码、有效期限、发证国家、国籍、出生日期。

　　旅客：乘机人就是我自己。姓名张欣，电话是135********，护照发证国家是中国，国籍也是中国，证件号码是G1234567，出生日期为1966年12月12日，证件有效期限至2025年12月6日。

　　座席：好的，正在为您订座，请稍等……张先生，您好！已为您预留座位，现在跟您核对一下信息：乘机人为张欣，9月22日广州至伦敦，9点30分起飞的CZ303航班，票价为人民币8390元，税费为1318元，合计为人民币9708元。再次提示您，您所购买的国际客票使用条件为退票时需要收取人民币1500元的退票费，变更时需要收取人民币800元的变更费。因各个国家和地区对持不同旅行证件的旅客，均有不同的过境或入境要求，为了保证您的旅行顺畅，请在购买国际客票之前，向相关大使馆或出入境管理部门先行了解详尽的过境或入境要求。

　　旅客：好的，知道了。

　　座席：请问您现在需要出票吗？

　　旅客：现在就出票吧。

　　座席：好的。请问您选择哪种方式支付票款？电话支付还是线下转账支付？

　　旅客：电话支付吧。

　　座席：好的。现在为您转接到语音支付系统，请您按照语音提示完成票款支付。

　　（……支付成功后）

　　座席：张先生，您9月22日广州至伦敦，9点30分起飞的CZ303航班已出票成功，请您在乘机当天携带有效身份证件办理相关手续。

　　旅客：好的，谢谢！

　　座席：不客气。请问还有什么可以帮到您？

　　旅客：没有了，再见！

　　座席：感谢您的来电。祝您旅途愉快！再见！

## 第二节　国际客票退票

### 一、业务概述

#### （一）自愿退票

　　与国内客票自愿退票的业务概述相同，参见第五章第一节的内容。

## （二）非自愿退票

与国内客票非自愿退票的业务概述相同，参见第五章第二节的内容。

## （三）退票有效期

关于退票有效期，各个航空公司的规定不尽相同，下面以南航、国航、东航为例说明。

### 1. 南航

旅客提出退票，最迟应在开始旅行之日起（第一航段未使用的，从填开之日起）13 个月内办理，逾期不予办理。

完全未使用的客票换开后，旅客提出退票，最迟应在开始旅行之日起（换开后第一航段仍未使用的，从换开之日起）13 个月内办理，逾期不予办理。

### 2. 国航

旅客在客票有效期满之后提出退票，国航不予办理。

### 3. 东航

国内客票需在客票有效期内提出退票；国际客票公布票价的定期客票最迟应在客票有效期满后 30 天内提出退票；各类特殊票价客票应在客票有效期内提出退票，过期客票无法提交退票申请。

# 二、国际退票款的计算

## （一）国际退票单

eTerm 系统中，空白国际退票单的样式和国内退票单一样，如下：

```
>TRFU: M  3 / I/ 0
Airline Code      TKT Number              -        Check
Conjunction No.  1   Coupon No.   1 0000   2 0000   3 0000   4 0000
Passenger Name
Currency Code   CNY-2   Form Of Payment    CASH
Gross Refund                                ET-(Y/N):  Y
Deduction                Commission      % =            ---
TAX  [ 1]  __ _____    [ 2] __ _____   [ 3] __ _____
     [ 4]  __ _____    [ 5] __ _____   [ 6] __ _____
     [ 7]  __ _____    [ 8] __ _____   [ 9] __ _____
     [10]  __ _____    [11] __ _____   [12] __ _____
     [13]  __ _____    [14] __ _____   [15] __ _____
```

|  |  |  |
|---|---|---|
| [16] __ _____ | [17] __ _____ | [18] __ _____ |
| [19] __ _____ | [20] __ _____ | [21] __ _____ |
| [22] __ _____ | [23] __ _____ | [24] __ _____ |
| [25] __ _____ | [26] __ _____ | [27] __ _____ |
| Remark | Credit Card | |
| Net Refund = | CNY | |

同国内客票退票一样，填写退票单时，系统会根据应退票价（Gross Refund）、代理费（Commission）、退票费（Deduction）及应退税费（TAX）项所填写的内容，自动生成应退给旅客的退款总额（Net Refund），其计算公式如下。

退款总额=应退票价-应退票价×代理费-退票费+应退税费

目前，各航空公司逐步取消了机票销售代理人的佣金，所以代理费通常为 0，因此退款总额=应退票价-退票费+应退税费

对于国际客票退票业务来讲，难点在于确定应退票价、退票费及应退税费。

### （二）自愿退票应退款的计算

应退票价=已付票价-已使用航段的适用票价

#### 1. 已使用航段的适用票价

已使用航段的适用票价是指按照已使用的航段及其所对应的旅行日期、舱位等，参照原始销售时适用的运输始发时的优惠运价文件或公布运价重新计算出来的票价。

举例如下。

（1）来回程客票只使用了去程，已使用部分的适用票价按该舱位单程运价计收，若该舱位没有单程适用运价，则选择同一物理舱位中最接近上一级子舱位的单程运价计收。若仍无适用运价，则选择航协适用运价扣除。

（2）国内中转国际客票，旅客如果只使用了国内航段，按相应服务等级的 F/C/Y 普通运价计收。例如，WUH-CAN-LAX 经济舱，两段使用 Q 舱出票，旅客使用国内段后提出退票，则已使用航段的票价应为经济舱单程 WUH 至 CAN 的 Y 舱普通运价（票价级别 Y）。

（3）国际中转国际客票，旅客如果只使用了国际中转航段，按适合的公布运价计收。

#### 2. 应退税费

（1）退票时应一并退还旅客购票时支付的尚未发生的税费（完全未使用的客票可退回全部税费，部分使用的客票应扣减已使用航段适用的税费）。税费的扣减应先将同一税种进行扣减，然后将该税种换算为应退币种，最后再计算所有应退税费总和。

（2）若无特别说明，在退款期限内办理退票，对于无余款可退或不得退票的客票，

也可单独退还税费，且不扣除手续费。但是，若航空公司另有规定，必须按航空公司规定执行。

以南航为例，对于票价使用规则规定不允许退票的国际/地区散客或团队客票，在退票时，除了不允许退还相应票价，同时不予退还 YQ/YR 费用。附加费（Q 值/S 值）是否可以退还，需要通过查看使用条款 8/9/12 项关于附加费收取的说明，若附加费属于票价的一部分，在不允许退票的情况下，不允许退附加费；若附加费属于税费的一部分，则可以退还给旅客。

土耳其航空（TK）是不能退票的，税费也不能退；加拿大航空（AC）文件规定不得退票，只有 YQ 税能退。

**3．退票费**

退票费是指按照运价使用条件的规定应扣除的误机费（若有）和退票费。如果是换开客票，要比较原始客票和新客票的运价使用条件的退票规定，按较严格的规定执行。退票费查询方法如下。

（1）公布、直减运价客票手续费查询，使用 XS FSI 指令或 XS FSD 指令还原客票使用条件。

（2）国际优惠文件手续费查询，按具体文件要求执行。

**4．退款进位**

在中国境内办理退票，退票费均折算成人民币，票价个位进整到人民币 10 元，税费进整保留到个位。涉及进位问题的计算，要先进位后计算，如自愿退票，已使用航段票价为 272.11×6.79852=1849.945288，则计算时应先进位为 1850 后，再进行下一步计算。

### （三）非自愿退票应退款的计算

**1．客票完全未使用要求退票**

退还旅客购票时实际支付的全部款项，不收取任何费用。

**2．客票已经部分使用要求退票**

（1）原客票项显示对应已使用航段的票价时，使用旅客购票时实际支付的票价扣除显示的已使用航段的票价。

举例：

"CAN CZ AMS340.00 CZ CAN360.00NUC700.00END/ROE8.253440"，若 CANAMS 段已使用，则应退还的票价如下。

总票价：700×8.25344=5777.408 元，即 5780 元。

去程已使用票价：340×8.25344=2806.1696 元，即 2810 元。

可退回程票价：5780-2810=2970 元。

（2）原客票未显示对应已使用航段的票价时，采用里程比例分摊的方式（使用 XS FXX 指令）计算已使用航段的票价，同时应注意以下两种情况。

① 涉及国内国际联程运输时，当分摊指令分摊出的国内航段的金额高于该段使用 FD 指令查出的物理舱位最高运价时，可使用该国内航段相应服务等级的公布普通运价作为该航段运价。

② 当分摊指令显示已使用航段无分摊运价时，可使用"XS FSM 城市对"指令，根据该票价计算组中各段里程比例算出该航段运价。

举例 1：

SHE-CZ-X/CAN-AKL-CZ-X/CAN-CZ-SHE，已使用航段：SHECAN

原付票价：CNY9040，原客票 FC 栏："SHE CZ X/CAN CZ AKL687.80CZ X/CAN CZ SHE759.86NUC1447.66END ROE6.244500."

已使用票价计算组运价：687.8×6.2445=4300，即 CNY4300。

已使用航段的分摊运价：1123.56，即 CNY1130。

则应退还金额：CNY9040-CNY1130=CNY7910。

```
>XS FXX SHE/CZ/CAN/CZ/AKL/C/CNY/4300
FXX SHE/CZ/CAN/CZ/AKL/C/CNY/4300
 CTY     CAR      PF    CCY      AMT         PRORATE
 SHE
 CAN     CZ       R     CNY      4160.00     1123.56
 AKL     CZ       5527                       3176.44
 TOTAL            7482
 CNY4300
 PRORATE VALUE         0.5747126
 18SEP14    BASIC SALES PRORATION FOR INFORMATION ONLY
 STRAIGHT RATE DUE EXCESS PROVISO
 NO PRORATE,SINGL CARIER
 PAGE   1/1
```

举例 2：

票价计算组 OSA-SHE-CGO，票价为 JPY23000，已使用航段为 OSASHE，使用 XS FXX 指令，结果显示无分摊数据。

```
>XS FXX OSA/CZ/SHE/CZ/CGO/V/JPY/23000
FXX OSA/CZ/SHE/CZ/CGO/V/JPY/23000
 NO PRORATE DATE    OSASHE
```

此时可先用"XS FSM OSASHECGO"指令显示各段里程，系统返回结果如下：

```
>XS FSM OSASHECGO
 FSM       OSA  .YY.   SHE  .YY.  CGO
 CTY       TPM        CUM        MPM      LVL
```

| | | | | | |
|---|---|---|---|---|---|
| OSA | | | | | |
| SHE | 808 | 808 | 969 | 0M | |
| CGO | 718 | 1526 | 1479 | 5M | |

由上述结果可知，已使用航段的里程占比为 0.5295（808/1526）；则已使用航段的票价为 JPY23000×0.5295=JPY12200（日元票价需进整到百位）。由此计算出的票价，可作为已使用航段的票价进行下一步扣减。

### 3. 非自愿退票特殊情况处理

（1）若特殊运价产品对非自愿退票有特殊规定，以产品对应的特殊规定为准。

（2）旅客自愿变更航班并支付变更费用后，其所变更的航班发生不正常时，旅客要求退票，不收退票费，但已付变更费用不退。

（3）非自愿变更航程后，若后续航班再次发生航班变动，旅客要求后续航段退票，仍可以用原票 FC 中变动航段对应的值进行退款，航段对应无数额可在原票价计算组中分摊，此类情况可以使用 XS FXX 指令分摊被非自愿换开后的航程，计算部分航段的退款。

举例：

客票号为 784-4491803558，客票原航程是 IST-URC-WUH，非自愿变更航程为 IST-TK-PVG-MU-WUH 后，现在旅客将 IST-PVG 使用后，再次发生航班非自愿变动，旅客申请剩余航段非自愿退票，如何计算应退金额？

```
ISSUED BY: CHINA SOUTHERN AIRLINES    ORG/DST: WUH/WUH              ARL-I
E/R:INVOL CHG
TOUR CODE:NDSD1502ECP
PASSENGER: ZHAO/SHILI
EXCH: 784-4411318020              CONJ TKT:
O FM:1IST  TK    026   L 30NOV 0045 OK TPUQI   30NOV5/30NOV5   1PC   USED/FLOWN
    ---- RL:NCZK4W  /
X TO:2PVG  MU   2544   L 30NOV 2035 OK TPUQI   30NOV5/30NOV5   1PC   REFUNDED
    ---- RL:NCZK4W  /
  TO   WUH
FC:^M^ 24NOV15WUH CZ X/URC CZ T-IST 210.40TPUQI TK X/PVG MU WUH 210.40TPUQI
  NUC420.80END ROE6.368800   PD XT 52YQ/PD1600YR
```

原航程是 IST-CZ-URC-CZ-WUH，票价计算组中 FC 结算价为 NUC210.4（210.4×6.3688=CNY1340），非自愿变更航程至 IST-TK-PVG-MU-WUH 后，票价计算组中 FC 仍按原客票 IST-CZ-URC-CZ-WUH 的 NUC210.4 输入，所以 XS FXX 指令分摊时使用的运价是原客票对应票价计算组的票价，具体航段和承运公司要按照实际输入，如下：

>XS FXX IST/TK/SHA/MU/WUH/T/CNY/1340

系统返回结果如下：

>XS FXX IST/TK/SHA/MU/WUH/T/CNY/1340
FXX IST/TK/SHA/MU/WUH/T/CNY/1340
CTY    CAR    PF    CCY    AMT         PRORATE

```
IST
SHA    TK    5884                      1178.21
WUH    MU    R       CNY    4260.00    161.79
TOTAL         6692
CNY1340
PRORATE VALUE        0.2002390
```

## 三、操作指令

### 1. 提取票面

>DETR:TN/票号
>DETR:NM/旅客姓名
>DETR:CN/订座记录编号
>DETR:PP/护照号

### 2. 生成国际退票单

>TRFD:AM/打票机序号/I

### 3. 提取显示退票单

>TRFD:AM/打票机序号/I/退票单号

## 四、话术指引

与国内客票退票的话术指引类似，参见图 5-1 及图 5-2。

## 五、注意事项

（1）客票有效期。普通票价的客票自旅客开始第一段旅行之日起，一年内运输有效。第一段未使用或不定期的客票，自填开客票之日起，一年内运输有效。特种票价的客票有效期，按照航空公司规定的该种票价的有效期计算。

（2）使用 DETR 指令提取票面，若票面签注栏有"NON-REF"字样，则不能退票。

（3）旅客办理退票，票联必须为"OPEN FOR USE"状态。

（4）若旅客反映其购票的代理点已倒闭，无法办理退票时，可指引旅客带上身份证件原件和行程单到当地航空公司营业部或直属售票处办理退票。

（5）座席为旅客办理退票前，必须明确告知旅客相关规定，征得其同意后，方可按照呼叫中心流程操作并为其取消座位。

（6）若客票涉及误机费，可使用"DETR: TN/票号,H"查看历史记录，以截止办理登机手续的时间为判断误机费收取的标准。

（7）国际客票公布运价使用 XS FSN 指令查询到限制条件如同时包含 OUTBOUND

和 INBOUND 的变更退票规定，则按以下规定办理。

① 如 OUTBOUND 段与 INBOUND 段单段退票或变更，则按照单段的规则执行。

② 如全航程都涉及变更或退票，则比较 OUTBOUND 与 INBOUND 的限制条件，按最严格的标准执行。

## 六、模拟训练

### （一）场景资料

旅客张欣于 2018 年 8 月 15 日致电呼叫中心，因个人原因，需要退掉所购买的 9 月 22 日广州至伦敦的机票。票面历史信息如下：

```
>detr TN/784-4171549348,h
NAME: 张欣    TKTN: 7844171549348
IATA OFFC: 08312231 ISSUED: 20MAR18 RVAL: 00
  2 1   11JUN/1830/9955    ETSU N/O COUPON CONTROL ADDED TO TICKET
    1   11JUN/1830/88923   TRMK ZONG HENG+CAN999+DEV-15
```

### （二）操作流程

```
>DETR PP/G1234567
>DETR TN/784-4171549348,H
>TRFD AM/1/I
（填写退票单）
>DETR TN/784-4171549348（核对票面状态是否变更为 REFUNDED）
>RT HN4VHM
>XEPNR@
```

### （三）参考话术

座席：您好！工号 3366 为您服务，请问有什么可以帮到您？

旅客：您好！我购买了一张 9 月 22 日广州至伦敦的机票，现在想退票，可以吗？

座席：先生，您好！请提供您的客票号或护照号码。

旅客：护照号码是 G1234567。

座席：好的，您稍等……先生，根据您客票的限制条件，需要收取人民币 1500 元的退票费。需提示您，座位一旦取消无法恢复，请问您是否办理？

旅客：好吧，退吧。

座席：好的，正在为您办理退票业务，请您稍等……先生，您好！已为您取消原订座位，并提交退票申请，通过审核后，退票款将会尽快退还到您原来支付票款的银行卡账户中，请注意查收。

旅客：好的。

座席：请问还有什么可以帮到您？

旅客：没有了，再见！

座席：再见！

# 第三节 国际客票自愿变更

## 一、业务概述

座席在为旅客办理国际客票自愿变更业务时，应参照航空公司国际客票自愿变更的规定，收取变更费、误机费（发生误机情况时收取）、差价等变更费用。

国际客票自愿变更业务的规定如下。

（1）要求变更的客票必须在客票有效期内并且客票乘机联为未使用状态。

（2）要求变更的客票需遵循原客票的使用条件。

（3）变更乘机人按自愿退票规定办理退票，根据新乘机人姓名重新购票。

（4）变更承运人，按客票签转有关规定办理。

（5）若无特别说明，使用儿童运价的儿童或占座婴儿按成人标准扣除变更费用，使用婴儿运价的不占座婴儿不收取变更费。

（6）费用的收取：同属变更范畴的各种变更行为，若同时发生则按次收取变更费，不叠加收取，若有误机费则需要同时收取。运价规则中 CHGFEE 和 RERFEE 原则上应该一致，如果两者不一致，以 CHGFEE 为准收取。

（7）对于物理舱位变更、航程变更、改期变更引起的税项金额变化、税种增减的情况，需向旅客补收税差。

各个航空公司对自愿变更业务的规定不尽相同，在实际业务处理的过程中，座席一定要根据航空公司的具体规定执行。下面以南航为例，说明旅客国际客票自愿变更业务的处理方法。

## 二、变更费用的计算

旅客所持国际机票，根据所使用的运价不同，可分为以下三种类型。

### 1. 公布运价客票

特点是票面 TOUR CODE 栏为空。

### 2. 直减运价客票

特点是票面 TOUR CODE 栏非空，使用 XS FSI/FSD 能还原该运价及票价级别。

### 3. 优惠运价客票

特点是票面 TOUR CODE 栏非空，无法用"XS FSI/XS FSD"指令还原该运价及票价级别。

对于公布运价的变更费、误机费可使用"XS FSI/XS FSD"指令查询原客票运价使用条款，若涉及签转及变更航程，需以使用条款中第 16 项、第 18 项的内容为准。同时，变更规定应"以发生变更的票价计算组中最严格的规定执行"；变更操作中的新票 EI 栏"按新票中 EI 栏规定显示"输入。

示例 1：

旅客航程为 CAN-LAX-CAN，运价基础分别为 ZPRCN 和 LKXEXQD6，两个票价计算组的改期收费分别是 900 元和 600 元；现旅客欲对 LAX-CAN 航段进行改期，CAN-LAX 航段不做任何变更。此时，变更业务的处理方法是，当运价为多个票价计算组组合时，以发生变更的票价计算组中最严格的规定执行。根据这一规定应收变更费 600 元。

示例 2：

旅客航程为 CAN-LAX-CAN，运价基础分别为 ZPRCN 和 LKXEXQD6，两个票价计算组的改期收费分别是 900 元和 600 元，停留期为 1 个月；在 CAN-LAX 航段已使用后，现旅客欲对 LAX-CAN 航段进行改期，同时最长停留期延至 1 年。则需将已使用的 CAN-LAX 航段变更至 1 年停留期的最低舱位 L 舱，并对 LAX-CAN 航段进行改期。因停留期等变化造成已使用航段发生变更的，已使用航段所涉及的票价计算组亦视为"发生变更的票价计算组"。此时，根据变更规定应收变更费 900 元。

对于优惠运价，则根据相关文件规定收取变更费、误机费（发生误机情况时收取）及差价。

国际客票自愿变更涉及的差价包括票价差价和税费差价。

### （一）计算票价差价

计算票价差价的重点在于确定变更后的新票价。

### 1. 公布运价客票变更

（1）在客票完全未使用时，如果第一个票价计算组发生任何变更，填开新客票时应采用新的客票填开日和新的航程始发之日适用的票价和 ROE。

（2）在客票完全未使用时，如果第一个票价计算组不发生任何变更，填开新客票时应采用原客票填开日和原航程始发之日适用的票价和 ROE。

（3）在客票部分已使用时，填开新客票时应采用原客票填开日和原航程始发之日适用的票价和 ROE。

在计算时,如果新票价(以票价计算栏,即 Fare Calculation 栏结果为准,下同)提高,需向旅客补收票价差价,并收取变更费和误机费(发生误机情况时收取,下同);如果新票价降低,按自愿退票处理,也可由旅客选择维持原票价继续旅行。

**2. 优惠运价客票变更**

(1)完全未使用客票。

① 如果客票全部未使用且票价为非定向优惠运价,变更时,在有效期内改期后新的航班,符合原销售文件规定的航程、舱位、旅行时间限制等信息的,继续按原文件的规定销售,若改至文件中较高的优惠运价,补收不同运价的差价。

② 如果客票全部未使用且票价为定向优惠票价,变更时座席无法使用 QTE 指令提取到定向文件运价的,则变更至公布运价,收取文件运价与公布运价的差价。

(2)部分使用客票。

① 变更/延期时,原舱位有公布运价的,收取原客票舱位的公布运价与所升舱位对应的公布运价间的差价。

② 若原客票的订座舱位在公布运价中无对应舱位运价的,收取与原客票最接近的最低舱位的公布运价的 80%与所升舱位对应的公布运价间的差价。

③ 原客票为本航运价与 SPA(Special Prorate Agreement,按特殊拆账或比例分摊)运价手工分段相加的,参考①②步收取公布运价差价及 SPA 段差价(若有)。

④ 变更完成后,出票代号栏、EI 栏均按原客票执行;FC 栏、免费行李额按变更后所用公布运价做对应更新。

**(二)计算税费差价**

处理国际客票自愿变更业务,计算票价差价的同时,若税费发生变化也要收取差价;原客票税费计算以 XS FSI 指令查询到的结果为准。

**(三)实例**

实例 1:公布运价客票完全未使用变更

旅客于 5 月 17 日致电呼叫中心,希望将去程 CAN-PNH 改为 5 月 28 日,回程 PNH-CAN 改为 6 月 10 日。已知航空公司规定变更费为 500 元。旅客原客票票面信息如下:

| ISSUED BY: CHINA SOUTHERN AIRLINES | ORG/DST: CAN/CAN | BSP-I |
|---|---|---|
| E/R:Q/NONEND PENALTY APPLS | | |
| TOUR CODE: | | |
| PASSENGER: YE/SHUTONG | | |
| EXCH: | CONJ TKT: | |
| O FM:1CAN CZ   6059   K 19MAY 1125 OK K2KRCQB | 19MAY6/19MAY6 | 1PC OPEN FOR USE |

```
        ---- RL:MBCRE5    /KMV2M61E
O TO:2PNH CZ     324   V 06JUN 0800 OK V2KRCQB      04JUN6/04JUN6 1PC OPEN FOR USE
        ---- RL: MBCRE5   /KMV2M61E
   TO   CAN
FC:^A^ 19MAY16CAN CZ PNH221.05CZ CAN95.95NUC316.99END ROE6.514200 XT 54.0
0YQ600.00YR
FARE:          CNY 2070.00   |FOP:CASH(CNY)
TAX:           CNY 90.00CN   |OI:
TAX:           CNY164.00KX   |
TAX:           CNY 54.00YQ   |FOR ALL TAXES:DETR:TN/784-1710197761,X
TOTAL:         CNY 2978.00   |TKTN: 784-1710197761
```

新客票票价信息如下：

```
FSI/CZ/PUBL
S CZ   6059K28MAY  CAN1125   1325PNH0S     320
S CZ    324Q10JUN  PNH0800   1145CAN0S     320
01 K2KRCQB+Q*              3188  CNY                   INCL TAX
*SYSTEM DEFAULT-CHECK OPERATING CARRIER
*KH TAX MAY APPLY. SEE TXT/KH
*TKT STOCK RESTR
*ATTN PRICED ON 17MAY16*1847
CAN
PNH K2KRCQB                      NVB28MAY16  NVA28MAY16  1PC
CAN Q2KRCQB                      NVB10JUN16  NVA10JUN16  1PC
FARE  CNY    2280
TAX  CNY       90CN  CNY    168KX  CNY     654XT
TOTAL CNY    3188
28MAY16CAN CZ PNH221.05CZ CAN128.18NUC349.23END ROE6.514200
XT CNY 54YQ CNY 600YR
ENDOS *Q/NONEND PENALTYAPPLS
*AUTO BAGGAGE INFORMATION AVAILABLE – SEE FSB
RFSONLN/1E /EFEP_37/FCC=T/
```

计算过程如下。

原客票票价：CNY2070

新客票票价：CNY2280

票价差价：CNY2280−CNY2070=CNY210

原客票税：CNY 90.00CN CNY 164.00KX CNY 54.00YQ CNY 600.00YR

新客票税：CNY 90.00CN CNY 168.00KX CNY 54.00YQ CNY 600.00YR

税费差价：CNY4 KX

旅客应补交的费用：CNY210+CNY4+CNY500=CNY714

实例2：优惠运价客票部分使用后变更

旅客原客票航程为 CAN-YVR-CAN，出票代号是****，来回程订座舱位均为 S 舱，最长停留期为 3 个月，销售价为 10000 元，变更费为 500 元。旅客在使用去程后，要求在最长停留期内变更回程日期，但是回程日期经济舱只开放 W 舱；已知 S 舱公布运价为 11580 元（来回程），W 舱公布运价为 24080 元（来回程）；变更前后税费不变。

变更费用计算过程如下。

（1）为回程改期并变更舱位至 W 舱，票价为 CNY24080/2=CNY12040。

（2）已使用航段运价为 CNY11580/2=CNY5790。

（3）票价差为 CNY12040−CNY5790=CNY6250。

（4）应交费用为 CNY6250+CNY500=CNY6750。

### 三、操作指令和处理流程

#### 1. 改期指令

>XE 航段序号,日期
>SSR TKNE 航空公司两字代码 行动代码 城市对 航班号 舱位 日期 票号/航段序号/旅客序号

#### 2. 改变舱位

>XE 航段序号,新舱位/NN

#### 3. 客票换开指令

>OI ET/原始票号#票联 原出票城市 出票日期 原出票 OFFICE 的 IATA 编号 旅客序号

国际客票自愿变更业务可按客票换开方式或非客票换开方式处理，处理流程和国内客票自愿变更业务类似，参见第六章的内容。

### 四、话术指引

与国内客票自愿变更的话术指引类似，参见图 6-1。

### 五、注意事项

（1）在 ICS 系统中查询客票限制条件，应以航空公司数据库显示为准，即根据"DETR TN/票号,D"指令提取到的结果为准。

（2）使用 DETR 指令提取票面，签注栏如显示为"VALID ON FLT DATE SHOW ONLY""NO CHANGE"等限制条件则不允许变更。

（3）客票适用期：可从 NVB（NOT VALID BEFORE）栏及 NVA（NOT VALID AFTER）栏确认。

（4）只有状态为 "OPEN FOR USE"的客票才允许变更。

（5）更改机票完毕，必须与旅客进行三核对，并提示客票适用条件。

（6）使用优惠票价所填开的客票回程自愿变更，应根据相应运价文件规定执行，或根据《国际航线优惠运价使用条件说明》，按以下规定执行（客票完全未使用）。

① 按运价表列明的金额收取变更费，如重新订座、换开客票。

② 日期变更后，若始发的季节或日期运价与原先的不同，需补收差价，多不退。

③ 由高票价的舱位降低至低票价的舱位，按自愿退票处理。

④ 由低票价的舱位提高至高票价的舱位，或延长停留有效期，可以按自愿退票处理，也可以按客票换开方式处理。

（7）使用公布运价所填开的客票应根据对应运价的变更规定执行。

（8）根据航空公司客运总条件和销售业务手册的规定，儿童和婴儿身份的确定一般以开始旅行之日为标准，需注意的情况：CX/JM/KA/VS 四家航空公司，旅客在旅途中如果超过两周岁，需要按照适用的儿童票价或者最低运价补足票价差价。

（9）座席在订座编码中为旅客更改航班信息项后，需要认真检查 SSR TKNE 项是否输入正确，若系统无法正确生成，要手工输入。

（10）座席为旅客进行变更操作后，应再次使用"DETR:TN/票号"指令查看票面信息，以检查航段信息是否正确，以及是不是"OPEN FOR USE"正常状态。

（11）国际客票公布运价使用 XS FSN 指令查询到限制条件如同时包含 OUTBOUND 航段和 INBOUND 航段的变更退票规定，则按以下规定执行。

① 若 OUTBOUND 航段与 INBOUND 航段单航段退票或变更，则按照单航段的规定执行。

② 如全航程都涉及变更或退票，则比较 OUTBOUND 航段与 INBOUND 航段的限制条件，按最严格的标准执行。

## 六、模拟训练

### （一）场景资料

旅客致电呼叫中心，要求将旅行计划推迟 10 天，其票面信息如下：

```
ISSUED BY: CHINA SOUTHERN AIRLINES    ORG/DST: CAN/LAX         BSP-I
TOUR CODE:
PASSENGER: GAO/QING
EXCH:                          CONJ TKT:
O FM:1CAN CZ    327  Y 15DEC 2130 OK Y     05DEC8/05DEC9 20K OPEN FOR USE
    --B  RL:MTQ9V8  /HQ7VHN 1E
 TO: LAX
FC: M/15DEC18CAN CZ LAX2941.03NUC2941.03END ROE6.120290 XT 31.00XA43.00X
```

```
           Y34.00YC25.00YQ1000.00YR
   FARE:           CNY18000.00  |FOP:CASH
   TAX:            CNY 90.00CN  |OI:
   TAX:            CNY105.00US |
   TAX:            CNY1133.0XT |
   TOTAL:          CNY19328.00  |TKTN: 784-4171549366
```

已知航空公司退改签政策：自愿变更收费标准为人民币 1500 元。

### （二）操作流程

按手工换开方式办理自愿改期的操作流程如下：
```
>DETR TN/784-4171549366
>DETR TN/784-4171549366，H
>RT HQ7VHN
>OI ET/784-4171549366#1000 CAN 20MAR8 08312231 P1
>XE 7/13/14（删除 SSR TKNE、FN、TN 项）
>XE2，25DEC
>FC CAN CZ LAX 18000.00Y CNY18000.00END
>FN RCNY18000.00/SCNY1500.00/C0.00/OCNY90.00CN/OCNY105.00US
/OCNY1133.0XT/ACNY1500.00
>@
>RT HQ7VHN
>XE4
>ETDZ:1
```

### （三）参考话术

座席：您好！工号 1369 为您服务，请问有什么可以帮到您？

旅客：我买了一张广州至洛杉矶的机票，现在需要推迟 10 天出发，请帮我办理改期业务。

座席：先生，您好！请提供您的客票号或护照号码。

旅客：等一下，我看看行程单……客票号是 784-4171549366。

座席：好的，您稍等……请问您需要更改到哪一天的航班？

旅客：12 月 25 号。

座席：好的。先生，根据您的客票适用条件，需要收取人民币 1500 元的变更费，请问您确定更改吗？

旅客：确定。

座席：好的。您可以通过电话支付的方式支付变更费，请问现在需要办理吗？

旅客：是的。

座席：现在为您转接到电话支付系统，请您按照语音提示完成支付操作。

（……支付成功后）

座席：先生，您好！现在与您核对航班信息：您需变更至 12 月 25 日广州至洛杉矶的 CZ327 航班，北京时间 21:30 起飞。变更费为 1500 元人民币，您的联系电话为 135********，变更成功后，我们会将您的航班信息发送至您的手机上，请您留意查收。办理变更成功后提出退票，按更改后客票适用条件办理。

旅客：好的。

座席：请问还有什么可以帮到您？

旅客：没有了，谢谢！

座席：不客气，感谢您的来电，再见！

## 第四节 国际客票非自愿变更

### 一、业务概述

因航班取消、提前、延误、航程改变或不能提供原订座位时，旅客要求变更客票，称为非自愿变更。处理非自愿变更时，航空公司应考虑旅客的合理需要并采取以下措施之一。

（1）为旅客安排有可利用座位的本航航班。

（2）征得旅客及有关承运人的同意后，办理签转手续。

不同航空公司处理非自愿变更业务的政策略有不同，下面参考南航的相关规定，来介绍非自愿变更业务的处理。

#### （一）非航空公司原因引起的非自愿变更

由于天气、空中交通管制等无法控制或不能预见的非航空公司原因而使旅客要求改变原客票所列明的航程，航空公司安排本航航班，将旅客运达目的地或中途分程地点，票款和逾重行李费的差额多退少不补，但因此产生的额外税费差额和地面运输费用及其他服务费用需要补收。

#### （二）航空公司原因引起的非自愿变更

由于机务维护、航班调配等航空公司原因使旅客要求变更原客票所列明的航程，航空公司安排旅客乘坐本航或其他承运人的航班，或者双方认可的其他运输方式将旅客运达目的地或中途分程地点，票款、逾重行李费和其他服务费用的差额多退少不补。

#### （三）非自愿变更处理的一般原则

（1）多航段客票其中一航段发生航班变动，符合非自愿情况时，旅客要求更改其他航段或退票，整张客票可按非自愿变更或非自愿退票处理。

（2）联程客票如果其中一航段旅客按非自愿提出变更，则其他关联的航段只能按非自愿变更处理；如果其中一航段旅客按非自愿提出退票，则其他关联的航段只能按非自愿退票处理。

（3）旅客确认新的航班信息后，因旅客原因再次提出变更或退票，按自愿变更或自愿退票的相关规定处理。

是否确认新的航班信息以航段做"RR"为判断标准，编码中的航段做了"RR"就判定为已确认。

（4）非自愿变更处理顺序。

① 优先建议旅客乘坐原航班或保护航班。

② 旅客不同意乘坐原航班或保护航班，则允许旅客免费变更一次，首先可选择本航直飞航班，其次可选择本航中转（以 AV 指令查询结果为准）航班，再次可选择本航代码共享航班，最后可选择签转外航。

（5）非自愿变更行李额规则。

旅客非自愿提高或降低座位等级，其免费行李额应按原付票价等级规定的限额计算。

## 二、非自愿变更的判断方法

### （一）"I"标识

"I"即 Involuntary indicator，非自愿标识，当 PNR 中的航段后出现"I"标识或电子客票票面出现"INVOL"标识，说明航班发生非自愿变动，后续可为旅客按非自愿变更处理。

### （二）计划性航班变动

**1. 判断方法**

（1）检查 PNR 或 RTC 查看历史记录中航班状态是否为 UN。

（2）发生 UN 的航班号、日期、航程、起飞时间、到达时间（造成衔接错失）、物理舱位等级其中一项或多项发生变化。

若符合上述两点，则按非自愿变更处理。

**2. 编码有 UN 但不能按非自愿原则处理的情况**

（1）仅到达时间变化且未造成衔接错失。

若发生 UN 的航班仅到达时间变化且未造成衔接错失（计算到达时间与下一续程航班的起飞时间间隔，对照最短衔接时间），不能按非自愿变更处理。

（2）机型变动未造成物理舱位变化。

机型变动未造成旅客原订物理舱位变化，不能按非自愿变更处理。

（3）已确认保护航班。

在 PNR 中如果保护的航段已做过 RR 操作，旅客提出再次变更时，按自愿变更处理。

（4）重新输入了 SSR TKNE 项。

除系统保护自动生成的 SSR TKNE 项外，若重新输入了新航班的 SSR TKNE 项，则视为确认航班。旅客提出变更时，按自愿变更处理。

（5）原客票已换开新票。

如果原客票已换开新票，则视为确认航班。旅客提出再次变更时，按自愿变更处理。

### （三）临时性航班变动

PNR 中无航班变动信息（UN），需登录航空公司 SOC（系统运行控制）系统查询临时性航班延误情况。

#### 1. 对比航班延误发布时间与取消座位时间的先后

（1）通过查询航班变动发布时间，对比航班变动的发布时间与旅客取消座位时间的先后；航班延误发布时间在取消座位时间之前，且达到延误标准可按非自愿变更处理。

（2）若有多次航班变动发布时间，其中一次符合非自愿变更的标准，即可按非自愿变更处理。

#### 2. SOC 延误情况

（1）航班延误。

航班延误是指航班实际到港挡轮挡时间晚于计划到港时间超过 15 分钟的情况。仅航班到达时间延误，若未造成后续航班的衔接错失，不能按非自愿变更处理。

挡轮挡时间是指飞机降落停稳后轮胎挡板放置的时间。

（2）航班出港延误。

航班出港延误是指航班实际出港撤轮挡时间晚于计划出港时间超过 15 分钟的情况。撤轮挡时间是指飞机准备滑动时撤除固定轮胎挡板的时间。

（3）起降航站一致。

当 SOC 查询到航班起降航站一致，且旅客客票为"OPEN FOR USE"状态，即可判断为航班返航、客票未使用，按非自愿变更处理。

对于航班返航，在某些情况下客票不一定会恢复"OPEN FOR USE"状态（如超过当天晚上 12 点，或者旅客接受了航空公司其他安排），此情况下，座席需与始发站地面服务保障部门核实情况。对于返航后未接受航空公司其他安排的旅客，可以申请修改状态为"OPEN FOR USE"，并对修改后的所有未使用航段按非自愿变更处理。

（4）航班号一致，但航程、起飞时间不一致。

当 SOC 查询到航班号一致，但航程、起飞时间不一致时，视为航班改变，可按非自愿变更处理。

（5）大面积延误或取消。

若遇暴雪、暴雨、地震、洪水等不可抗力造成航班发生大面积延误或取消，可以全部按 SOC 信息进行审核，涉及的航班均可以按非自愿变更处理。

（6）经停地或备降地航变。

联程客票，前段航班在经停地或备降地发生临时延误或取消，造成补班飞行，旅客成行后，后续航班可按非自愿变更处理一次。

（7）已确认的保护航段临时性变动。

若部分航段临时变动，对变动的航段确认了保护航班或改期，变更后航班不符合中转时间标准，若旅客再提出对其他航段进行变更，按非自愿变更处理。

**（四）外航航班延误**

**1. PNR 中有 UN 信息**

如果 PNR 中有 UN 信息且符合"计划性航班变动判断方法"的要求，则按非自愿变更处理。

**2. PNR 中无 UN 信息**

如果 PNR 中无 UN 信息，则按以下办法处理。

（1）登录外航官网核实航班延误情况。

登录外航官网，核实有航班延误或者取消，且符合非自愿变更标准的情况，可以保存截图后按非自愿变更处理。

（2）联系外航客服，确认航班延误情况。

如果无法通过外航官网核实航班延误情况，座席要与外航客服电话联系核实，视情况处理。

① 外航客服可以核实航班延误发布时间。

座席核实座位取消时间及航班延误发布时间，或航班延误发布时间之后取消座位，则提交非自愿变更/退票，并备注与外航客服联系的电话号码和时间；若航班延误发布时间之前取消座位，按自愿变更处理。

② 外航客服无法核实航班延误发布时间。

外航客服确认航班发生延误，但无法核实航班延误发布时间，座席和外航客服均提交非自愿变更/退票，并备注与外航客服联系的电话号码和时间。

**注意：**

（1）无论旅客是否能提供外航航班延误证明，均以外航官网或外航客服核实为准，外航航班延误证明只作为辅助核实。

（2）若遇到无法联系外航客服确认的情况时，可直接以外航航班延误证明为依据判断为非自愿变更/退票。

（3）关于1A客票涉及外航航班变动，航信编码无UN/TK信息时，对应的1A编码在1A系统中有UN/TK信息的问题，可作为客票非自愿处理的依据。

### （五）其他非自愿变更的处理情况

#### 1. 关于航线取消非自愿变更的处理

付费客票在使用或办理变更时发现原购客票列明的本航航段在整个航季取消飞行的，可按非自愿变更处理。

奖励机票办理自愿变更时，若原购客票列明的本航航段在整个航季取消飞行的，或在整个航季仅能查询到代码共享航班（非本航实际承运），按非自愿全退里程或非自愿签转（奖励机票已出票）处理。

#### 2. 航班机型变动导致无法提供婴儿摇篮的处理

因航班机型变动，无法提供婴儿摇篮时，座席在征得旅客同意后，可为婴儿和关联成人免费变更至能够提供婴儿摇篮服务的航班；或在征得旅客同意后，为婴儿和关联成人办理非自愿退票。

#### 3. 非自愿变更或确认保护航班后座位异常的处理

非自愿变更或确认保护航班后，座位被取消，座席需要报故障、核查取消原因，如航班紧急则请示值班经理后按非自愿变更处理。

#### 4. 前段航班误机或提前取消座位后，后续航班发生变动的处理

同一运输合同客票联程、来回程、缺口程或已关联非同一运输合同填开的客票前段航班误机或提前取消座位，若后续航班有变动，国际客票未使用航段均按非自愿变更处理；国内客票若后续航班不正常发生在前段航班离站时间之后，则前段航班按自愿变更处理，后续航班按非自愿变更处理；若后续航班不正常发生在前段航班离站时间之前，则可都按非自愿变更处理。

#### 5. 未按顺序使用客票的处理

由于航班不正常造成旅客无法按顺序使用客票时，未按顺序使用的乘机联不可变更，但可在退票有效期内按非自愿退票处理。

### 6. 海外机场无法办理值机的处理

因机场值机人员在 GDS 或离港系统中无法查询旅客的客票信息导致旅客无法正常乘机时，可按非自愿变更处理。

## 三、航班变动后又恢复的处理规则

针对航班取消又恢复、航班补班等情况，按非自愿变更处理。

（1）原本航航班变动，旅客非自愿签转外航航班，现原本航航班恢复，旅客可以免费变更回原本航航班。

（2）原本航 A 航班变动，旅客非自愿变更至本航 B 航班（包括中转航班），现本航 A 航班恢复，旅客可以免费变更回本航 A 航班。

（3）原本航航班变动，旅客非自愿变更航程，现原本航航班恢复，旅客可以免费变更回原本航航班。

（4）原本航航班变动，旅客非自愿变更/签转成功后，原本航航班恢复，恢复后的本航航班日期、航班号、航程与原本航航班日期、航班号、航程一致，恢复后本航航班计划起飞时间或计划到达时间与原本航航班计划时间有差异，旅客可以免费变更回原本航航班。

（5）原本航航班变动，旅客非自愿变更/签转成功后，原本航航班恢复，恢复后的本航航班为原航班补班，旅客可以免费变更回本航原航班补班航班。

补班航班号：将原航班号最后一位数字，按对应规则换成相应字母，数字与字母的对应关系：0——Z、1——Y、2——X、3——W、4——V、5——U、6——T、7——S、8——R、9——Q。

举例如下。

原航班：　　CZ3999 CAN-PEK 30JUL 15:00—19:00

原航班补班：CZ399Q CAN-PEK 31JUL 0:15—3:15

## 四、非自愿变更的订座规则

### 1. 变更至本航航班

非自愿变更至本航航班时，应从该航班同物理舱上开放利用的最低折扣舱位开始订座，但不得低于原票舱位。

### 2. 变更至代码共享航班

非自愿变更至代码共享航班时，应从预订航班同物理舱上开放利用的最低折扣舱位开始订座，但不得低于原票舱位。

### 3. 非自愿签转至外航航班

使用 XS FSD 指令查询外航同等物理舱位运价，查询旅行日期当天开放的单程运价舱位，即可作为签转舱位预订。

## 五、操作指令和处理流程

国际客票非自愿变更业务可以按客票换开方式或非客票换开方式处理，操作指令和处理流程与国内客票非自愿变更业务类似，参见第六章第二节的内容。

## 六、话术指引

与国内客票非自愿变更的话术指引类似，参见第六章第二节的内容。在沟通过程中，座席需要注意强调以下信息。

### （一）旅客暂不变更/签转

对于旅客来电不能及时确认变更的情况，对客票不做任何操作，且不得在终端留位，提醒旅客尽快来电确认变更。

参考话术：

现未对您的客票进行操作，需提示您，航班仅允许办理一次非自愿变更，航班座位情况以变更时查询为准，建议您尽早办理。

### （二）旅客同意保护航班的操作

在航班计划性变动时，若旅客接受航空公司统一安排（原航段行动代码为 UN，新航段行动代码为 TK），并且编码中有已关联新航班的 SSR TKNE 项，座席应检查票面是否与 TK 航班日期、时间、舱位、航段、航班号相同。若相同，不删除 UN 航段，与旅客进行三核对后，做 RR 操作确认保护航班座位，告知旅客变更成功；若不相同，按客票换开方式处理。

参考话术：

一旦您确认本次保护航班后，假如再次提出航班变更或退票，将按原客票自愿变更或退票的相关规定处理。

### （三）旅客需要变更至其他航班

判断旅客提出变更的时间距新航班出发的时间是否还有 120 分钟，分类处理。

#### 1. 120 分钟以外

如果旅客提出变更的时间距新航班出发时间比较长，在 120 分钟以外，则在检查 PNR

中的 SSR DOCS、SSR DOCA 项后，进行变更处理。

（1）编码无 DOCS 项，可增加 DOCS 项。

（2）编码有 DOCS 项，但证件信息不完整，允许补充完整（美加航线 72 小时内除外）。

（3）涉及北美航线，若编码无 DOCA 项，需补充完整。

参考话术：

（涉及美加航线 72 小时内变更，DOCS 项不全或有误导致无法变更）

因您客票证件信息不全/有误，基于美国/加拿大安全要求，无法修改证件信息，因此不能为您办理变更，建议您联系原出票单位处理。

### 2. 120 分钟以内

如果旅客提出变更的时间距新航班出发时间较短，在 120 分钟以内，为防止变更不成功或变更成功后旅客没有足够时间办理登机手续，建议旅客至机场办理；若旅客坚持电话办理，则座席需根据参考话术告知旅客注意事项。

参考话术：

话术 1：（若旅客要求变更的时间在航班起飞 120 分钟以内，电话办理）

现距您想改乘的航班起飞仅有\*\*分钟，\*\*机场航班起飞前\*\*分钟截止办理登机手续。变更需要取消座位再进行变更，若变更失败，将无法恢复原航班；在航班截止办理登机手续前无法顺利完成变更操作或变更成功后不能及时到达机场办理登机手续，所造成的损失由您自行承担。请问您是否确定办理？

话术 2：（若旅客要求变更的时间在航班起飞 120 分钟以内，指引旅客至机场办理）

现距您想改乘的航班起飞仅有\*\*分钟，\*\*机场航班起飞前\*\*分钟截止办理登机手续，由于电话办理变更手续需要时间，请您前往机场柜台办理。

### （四）变更/签转检查特殊服务项

（1）原航班申请过特殊服务（如餐食申请等），告知旅客原航班申请的特殊服务将失效，并与旅客确认新航班是否依然需要申请。如果旅客仍需要申请，若呼叫中心可受理则座席按对应特殊服务规则申请，并告知旅客申请结果以专人联系回复为准；若呼叫中心不可受理则指引旅客到相关单位重新申请。

（2）签转至外航时，若旅客需要特殊服务则指引旅客联系实际承运航空公司申请。

（3）当旅客为 VVIP、VIP、CIP 旅客时，需要重新帮旅客输入 OSI 项注明旅客职务。

重新申请特殊服务的参考话术：

客票进行变更后，特殊服务需要重新申请，请问您是否需要重新申请\*\*特殊服务？

客票成功签转至外航后，如果需要特殊服务请联系实际承运航空公司申请。

## （五）变更操作前删除原航班座位

参考话术：

变更操作前我们需要先将您的原航班座位取消，需提示您，原航班座位取消后将无法恢复，请您知晓。

## （六）非自愿变更后提醒事项

参考话术：

需提示您，航班确定后，若再次更改航班或退票，均按自愿变更或退票的相关规定处理。变更成功后，将会发送变更成功短信到您的手机上，若长时间未收到变更成功短信，请您再次来电核实。请在乘机当天携带您订票时提供的有效身份证件前往机场，**机场航班在起飞前**分钟截止办理登机手续。需提醒您，您更改后的航班由**航空公司实际承运，请您到实际承运的航空公司的柜台办理值机手续。

## （七）非自愿变更后里程累积

参考话术：

需提示您，若从可累积的舱位非自愿签转后在联盟航班可累积范围内，将按签转后的航班、舱位等实际旅行信息进行累积；若从可累积的舱位非自愿签转后不在联盟航班可累积范围内，将不可获得里程累积；若原购舱位为不可累积舱位，签转后仍不可获得里程累积；非自愿变更航程后按原购票的行程和舱位进行累积。

## 七、注意事项

（1）婴儿票变更前，PNR 需重新输入 SSR INFT 婴儿申请项，并在行动代码变为"KK"后方可操作变更。

（2）携带婴儿一起变更时，建议旅客选择航空公司实际承运航班，代码共享航班可能存在报文交换不成功的情况，无法成功申请到婴儿客票。

（3）婴儿客票若为外航实际承运航班，需要与外航确认是否需要按照适用的儿童票价或最低运价补足差价。

（4）若订座有境外航空公司承运航班，不允许儿童单独订座（可能会被外航系统视为无成人陪伴儿童而取消位置），儿童旅客务必与成人旅客订在同一个 PNR 中，变更成功出票后亦不允许分离。

（5）涉及中转航班，最短衔接时间可使用 SCM 指令查询。若为代码共享航班，则按照市场方（MC）航班进行判断。

（6）变更航程至中转/经停第三国家，应提醒旅客咨询相关权威机构关于中转地的签证问题。

（7）国际客票票面签注栏（EI 栏）仅作参考，在变更退票时以运价的使用条款为准。

## 八、模拟训练

### （一）场景资料

旅客在航班出发前一天接到通知，由于航空公司的原因，旅客原来预订的广州至曼谷的 CZ357 航班取消。

经协商，旅客接受航空公司的统一安排，变更至保护航班，即 11 月 13 日的 CZ357 航班。但是，座席查询时发现 11 月 13 日的 CZ357 航班只有 Y 舱有座位。

如上所述，座席应如何为旅客办理变更业务？

处理方法：座席在核实确属航空公司原因引起变更后，将旅客变更至保护航班，非自愿升舱至 Y 舱，不收取任何费用。

旅客原客票票面信息如下：

```
>DETR:TN/784-5379366086
      ISSUED BY: CHINA SOUTHERN AIRLINES    ORG/DST: CAN/BKK              BSP-I
      E/R: NONEND/RER/UNUSED CHG CNY150/PARTUSED CHG PMID
      TOUR CODE:
      PASSENGER: ZHANG/XIN
      EXCH:                          CONJ TKT:
      O FM:1CAN CZ      357    K 12NOV 0845 OK KLOXSA      25OCT8/25OCT9 20K OPEN FOR USE
            T2 RL:NJ3CHC    /
        TO: BKK
      FC: A/12NOV18CAN CZ BKK267.66NUC267.66END    ROE6.388660
      FARE:          CNY 1710.00  |FOP:CASH CASH(CNY)
      TAX:           CNY 90.00CN |OI:
      TAX:           CNY 26.00YQ |
      TAX|           CNY300.00YR|
      TOTAL:         CNY2126.00   |TKTN: 784-5379366086
```

### （二）操作流程

按客票换开方式处理国际客票非自愿变更业务的流程如下：

（1）提取 PNR，删除原 PNR 中的 SSR TKNE 项、TN 项、FN 项，重新预订新的航段和舱位。

（2）重新输入 FN 项。

>FN RCNY1710.00/SCNY0.00/C0.00/OCNY90.00CN/OCNY26.00YQ
/OCNY300.00YR/ACNY0.00

（3）输入 FC 项。

>FC 25OCT18CAN B-25OCT18 A-25OCT19 F-20KG CZ BKK267.66NUC267.66END ROE6.388660

（4）输入 OI 指令。

>OI:ET/784-5379366086#1000 CAN 25OCT8 P1

等待系统返回"OI CHECK HAS COMPLETED, PLEASE GO ON!!!"后进行下一步操作。

（5）EI 项注明非自愿换开。

>EI:INVOL CHG/NONEND/RER/UNUSED CHG CNY150/PARTUSED CHG PMTD

（6）输入 FP 项。

（7）ETDZ 出票。

新客票票面信息如下：

```
>DETR:TN/784-5379366087
    ISSUED BY: CHINA SOUTHERN AIRLINES    ORG/DST: CAN/BKK         BSP-I
    E/R: NONEND/RER/UNUSED CHG CNY150/PARTUSED CHG PMID
    TOUR CODE:
    PASSENGER: ZHANG/XIN
    EXCH: 784-5379366086           CONJ TKT:
  O FM:1CAN CZ     357   Y 13NOV 0845 OK KLOXSA      25OCT8/25OCT9 20K   AIRPCNTL
        T2 RL:NJ3CHC    /
     TO: BKK
   FC: A/25OCT18CAN CZ BKK267.66NUC267.66END   ROE6.388660
   FARE:          CNY 1710.00|FOP:CASH CASH(CNY)
   TAX:          PD   90.00CN|OI: 784-5379366086   CAN 25OCT8
   TAX:          PD   26.00YQ|
   TAX|          PD  300.00YR|
   TOTAL:         CNY    NOADC|TKTN: 784-5379366087
```

### （三）参考话术

座席：您好！工号 1356 为您服务，请问有什么可以帮到您？

旅客：你好！我刚刚接到信息，说明天广州至曼谷的 CZ357 航班取消了，那我怎么办？

座席：麻烦您提供您的证件信息或者客票号，可以吗？

旅客：稍等，我找找看……客票号是 784-5379366086。

座席：好的，我帮您查一下……先生，您好！您预订的 11 月 12 日广州至曼谷的 CZ357 航班由于航空公司的原因取消，现为您变更至 11 月 13 日的 CZ357 航班，可以吗？

旅客：11 月 13 日没有其他航班飞曼谷了吗？

座席：非常抱歉，11 月 13 日的其他航班都没有座位了。

旅客：哦。那就改到你刚才说的那个航班吧。

座席：好的，需提醒您，一旦您确认本次保护航班后，假如再次提出航班变更或退票，将按原客票自愿变更或退票的相关规定处理。

旅客：知道了。

座席：变更操作前我们需要先将您的原航班座位取消，需提示您，原航班座位一旦取消无法恢复，请您知晓。

旅客：嗯，知道了。

座席：好的，现在跟您核对下信息，旅客张欣，客票号为784-5379366086，原订11月12日广州至曼谷的CZ357航班取消，现变更至11月13日的CZ357航班，因该航班无相同舱位，我们免费为您升至Y舱，本次变更属于非自愿变更，不收取任何费用。请问您确定现在变更吗？

旅客：确定。

座席：好的，正在为您处理，请稍等……张先生，您好！已为您提交变更申请，变更成功后，将会发送变更成功短信到您的手机上，若长时间未收到变更成功短信，请您再次来电核实。需提醒您，航班确定后，若您再次更改航班或退票，均按自愿变更或退票的相关规定处理。请在乘机当天携带您订票时提供的有效身份证件前往机场，广州白云国际机场的航班在起飞前45分钟截止办理登机手续。

旅客：好的，知道了，谢谢！

座席：不客气，请问还有什么可以帮到您？

旅客：没有了，再见！

座席：祝您旅途愉快！再见！

## 思 考 题

（1）简述处理国际航班信息查询业务的注意事项。

（2）简述国际订座业务的处理流程。

（3）如何计算国际退票款。

（4）简述非自愿退票的有效期。

（5）简述国际客票自愿变更业务的注意事项。

（6）简述国际客票非自愿变更业务的处理流程。

# 第十章 其他情况的参考话术

**学习目标:**

(1) 掌握主动销售航意险的参考话术。
(2) 掌握航班无座位时的应答话术。
(3) 掌握航班变动时的应答话术。
(4) 掌握旅客致电查询遗失物品的参考话术。

**学习内容:**

(1) 主动销售航意险的参考话术。
(2) 航班无座位时的应答话术。
(3) 航班变动时的应答话术。
(4) 旅客致电查询遗失物品的参考话术。

## 第一节 主动销售航意险的参考话术

### 一、主动销售航意险的参考话术

(……省略开头语及其他业务沟通过程)

座席：请问您需要购买航意险吗？

旅客：需要多少钱？

座席：保险费是每人每航班 20 元人民币，仅限购买一份。最高赔偿金额可达**元人民币；如果遇到航班延误，最高赔偿额可达***元人民币；行李延误的最高赔偿额可达**元人民币。详细的保险条款内容可致电**保险客服热线**咨询。请问您还有什么疑问吗？

旅客：能给开发票吗？

座席：保险费在电子客票行程单的右下角显示，可作为报销凭证，电子客票行程单可在机场柜台打印或由我们为您邮寄。

旅客：那就买一份吧。

座席：请问您是乘机人本人吗？

旅客：不是，我是给我妈妈买的票。

座席：请问乘机人是否授权您购买保险？并且她本人认可我们所销售保险的金额吗？

旅客：是的，她授权我购买并认可销售保险的金额。

座席：好的。先生，您需要支付机票款和相关税费、保险费，共计***元人民币。现在为您办理电话支付，请稍等……

旅客：有没有保单啊？

座席：**保险目前可提供电子保单，电子保单带有电子印章和电子签名，打印后与纸质保单等效，请问您是否方便留下您的邮箱地址？

旅客：我需要纸质保单。

座席：先生，纸质保单请您联系**保险公司客服热线**索取，好吗？

旅客：那怎么行呢？我在你这儿买的保险，你们应该给我保单啊。

座席：您的需求我们将通知**保险公司，请提供您的邮寄地址，纸质保单将在*个工作日内以平信方式邮寄到您提供的地址，请您留意查收。

旅客：这么麻烦。算了算了，发电子版的吧，邮箱地址是***@qq.com。

座席：好的。您的需求我们将通知**保险公司，电子保单将在*个工作日内发送到您的邮箱，请您留意查收。

旅客：好的。

座席：请问还有什么可以帮到您？

旅客：没有了，谢谢。再见！

座席：不客气。再见！

## 二、旅客签转后申请退保时的参考话术

旅客通过呼叫中心电话支付购买的机票，发生自愿签转/非自愿签转的情况，鉴于其购买的旅行保险无法签转至其他航空公司，旅客申请退保时，座席应先判断其是否符合退保办理的规则，具体如下。

（1）旅客在航班起飞前申请退保。

（2）提取票面查询客票状态，确认旅客已办理自愿签转/非自愿签转，具体判断方法如下。

自愿签转，客票状态栏显示"EXCHANGE"。

航班计划性变动，非自愿签转后，客票状态栏显示"EXCHANGE"，且 EI 栏注明"非自愿签转"。

航班临时变动，非自愿签转后，客票状态栏显示"FIM EXCHANGE"。

参考话术：

座席：您好！工号 1369 为您服务，请问有什么可以帮到您？

旅客：我原来购买了一张南航的机票，现在签转到厦航了，保险没法跟着机票签转，所以我想把原来买的保险退了。

座席：先生，请提供您的客票号或身份证号码。

旅客：身份证号码是 440\*\*\*\*\*\*\*\*\*\*\*\*\*\*\*。

座席：（判断旅客符合退保办理的规则后）先生，请提供您的传真号码或邮箱地址，稍后将发送退保申请表到您所提供的传真号码或邮箱地址，请您填写完成后在航班起飞前发送传真或邮件至\*\*保险公司，保费将在 7—15 个工作日内退还至您原支付票款的银行账户内。

旅客：好的。

座席：请问还有什么可以帮到您？

旅客：没有了，谢谢。再见！

座席：不客气。再见！

## 第二节　航班无座位时的应答话术

### 一、航班座位售罄时的应答话术

若旅客所需的直达无经停航班座位售罄，座席可按其他时间航班、直达有经停航班、中转航班、附近城市航班的顺序依次向旅客推荐，若上述航班座位均已售罄，可建议旅客选择其他交通方式出行。

应答话术：

座席：您好！工号 1234 为您服务，请问有什么可以帮到您？

旅客：帮我查一下 7 月 25 日广州飞西宁的航班，看看直达无经停航班现在最低是几折的票？

座席：好的，您稍等……女士，您好！帮您查询到广州飞西宁的直达无经停航班只有 6:30 出发的 CZ3249 航班，目前经济舱座位已售完，公务舱还有少量座位，请问您需要预订吗？

旅客：公务舱票价太贵了。

座席：由于当前是销售旺季，较多旅客选择乘机出行。经济舱您可以选择 8:10 出发的 CZ3129 航班，目前还有 8.5 折舱位，该航班经停长沙，经停时间为 1 小时，13:05 到达西宁。请问您需要预订吗？

旅客：好的，就订这个吧。

（……转入订座业务沟通过程）

## 二、关于旅客航班超售或超编时致电咨询的应答话术

"超售"是指航班在办理乘机手续前，其实际订座人数大于该航班执飞机型可利用座位数。

"超编"是指航班由于机械、飞机调配等原因引发的机型更改、航班合并，最终造成的航班旅客"溢出"。

按照航空运输行业通行的做法，航空公司可能在某些航班上进行适当的超售。在个别超售情况下，可能会有个别旅客不能按原订航班成行。当需要减少旅客时，航空公司会寻找自愿下机的旅客并根据优先登机规定办理。对于因航班超售未能如期成行的旅客，航空公司将尽量安排其到最早的后续航班上以使旅客成行，并视具体情况按照相应赔偿标准给予旅客一定的赔偿。

此时，若旅客致电呼叫中心，座席应向旅客做出解释，若遇旅客不接受解释的情况时，可先对旅客反馈的情况进行记录，再由相关工作人员给予回复。

应答话术：

座席：您好！工号 3399 为您服务，请问有什么可以帮到您？

旅客：我买了广州到北京的机票，结果收到消息说因为航班超售而要被拉下，我该怎么办？

座席：先生，请提供您的客票号或证件号码。

旅客：客票号是 784-5379366058。

座席：先生，很抱歉，因航班超售给您带来不便，我们将尽量为您安排最早的后续航班，并视具体情况按照相应赔偿标准给予您一定的赔偿。

旅客：好吧。

（……转入非自愿变更业务沟通过程）

## 三、旅客咨询特殊产品票价无座位时的应答话术

当查询到特殊产品票价无座位时，座席应在告知旅客查询结果的同时，为旅客推荐当时最低票价，以减少旅客的不满。

应答话术：

座席：您好！工号 5678 为您服务，请问有什么可以帮到您？

旅客：我在网上看到 9 月 12 日广州飞新加坡的票价最低才 338 元，请问现在能订票吗？

座席：您稍等，正在为您查询……您好！9 月 12 日广州飞新加坡的航班，暂未查询到 388 元的票价，目前为您查询到的最低票价为 600 元，未含税，含税票价为 1118 元。请问您现在需要预订吗？

旅客：怎么回事？明明看到的是 338 元！

座席：抱歉！女士，特殊产品舱位有限，需以当时查到的情况为准，请您谅解。现在可为您查询到的最低票价为 600 元，未含税，含税票价为 1118 元。请问您现在需要预订吗？

旅客：算了。

座席：实在抱歉。请问还有什么可以帮到您？

旅客：没有了。

座席：感谢您的来电，欢迎再次致电**航空。再见！

## 第三节　航班变动时的应答话术

### 一、航班不正常时的应答话术

若遇天气等原因造成航班不正常时，旅客可能会致电呼叫中心，希望得到航班起飞的准确时间。此时，座席查询航班信息后应明确告知旅客，此信息仅供参考，呼叫中心没有办法掌握航班不正常时现场航班动态的最新信息，准确的航班动态应以机场工作人员发布的为准，所以必须请旅客向机场工作人员了解。座席也不需要回答航班因何原因变动、变动后旅客的酒店和餐食等安排的问题，相应航班不正常的情况及处理应让旅客向机场工作人员咨询，如果遇到难缠的旅客，请按照应答话术的指引，反复应答旅客。但在应答旅客时务必注意服务态度和措辞，避免引起旅客服务方面的投诉。

应答话术：

座席：您好！工号 1233 为您服务，请问有什么可以帮到您？

旅客：你们怎么回事啊？说是 8 点起飞，延误到 9 点半，现在都 10 点了，怎么还没有广播登机啊？

座席：目前我们查询到的出发时间是*月*日*点*分，此信息仅供参考，如果航班临时调整，具体情况请您务必向机场工作人员了解，我们没有现场航班动态的最新信息。

旅客：你们怎么会不知道呢？

座席：很抱歉，由于您的航班为临时性变动，请您向机场工作人员了解情况，我们没有现场航班动态的最新信息。

旅客：太气人了，动不动就延误，打电话问什么都不知道……

座席：给您带来的不便我们深感歉意。但是，请您务必向机场工作人员了解有关航班动态的最新信息。

旅客：也只能这样了，不好意思，不该冲你发火。

座席：没关系。请问还有什么可以帮到您？

旅客：没有了，再见！

座席：再见！

### 二、航班计划内变动的外呼通知话术

座席：您好！这里是南航呼叫中心，工号6789为您服务。请问是张先生吗？

旅客：是我，什么事儿？

座席：很抱歉通知您，由于天气原因，您原订的12月20日从哈尔滨到广州的8点15分起飞的CZ3624航班取消，现更改为12月20日的13点20分起飞，航班号为CZ3616，请您按更改后的时间乘机。

旅客：好吧。

座席：感谢您的配合。现在为您确定航班。需提示您，航班确定后，若更改航班或退票，均按自愿变更或退票的相关规定处理。

旅客：知道了。

座席：请问还有什么可以帮到您？

旅客：没有了，再见！

座席：再见！

## 第四节　旅客致电查询遗失物品的参考话术

如果旅客致电呼叫中心，请求帮忙查询遗失物品，座席应建议旅客尽快联系机场的行李查询部门；如果旅客不接受或表示已联系但查询无果，此时座席应记录旅客反馈的情况，交由相关部门处理。座席记录时，对遗失物品的外包装要做详细记录，包括形状、大小、颜色、品牌、型号等；若物品在客舱内遗失，应记录旅客的座位号；若物品在机场遗失并已与机场的行李查询部门联系，应记录行李牌号或行李运输事故记录单号。

参考话术：

座席：您好！工号 3954 为您服务，请问有什么可以帮到您？

旅客：我的行李丢了，你们能帮我找找吗？

座席：先生，您好！请您提供您的机票号码或有效证件号码。

旅客：机票号码是 784-5379366037。

座席：好的，您稍等……与您核对一下信息，您乘坐的是 10 月 5 日从北京到广州的 11 点 30 分起飞的 CZ3112 航班，请问您遗失了什么物品？

旅客：是一个深蓝色的小箱子，里面装了……

座席：建议您尽快联系广州白云国际机场的行李查询部门，电话是********

旅客：联系了，他们还没有给我回复。

座席：很抱歉给您造成的不便。请您提供遗失物品的行李牌号或行李运输事故记录单号，以及物品的遗失地点、形状、大小、颜色、品牌、型号等详细信息，并留下您的联系方式，以便我们为您记录后转交相关部门查询。请您保留好您的行李牌或行李运输事故记录单原件，以便我们后续跟进。

旅客：好吧。

座席：请问还有什么可以帮到您？

旅客：没有了，再见！

座席：再见！

## 思 考 题

（1）座席应如何主动销售航意险？

（2）航班座位售罄时座席应如何应答旅客来电？

（3）因航班超售而导致旅客无座位时座席应如何处理？

（4）航班不正常时座席如何应答旅客来电？

# 第十一章 解析真情服务理论和弘扬当代民航精神

## 第一节 民航真情服务底线思维的重要现实意义

### 一、民航运输场景的服务痛点

民航真情服务聚焦的是民航服务领域的质量问题，服务是民航行业各单位、各组织、各部门、各团队完成各岗位工作职责后系统性输出的最终结果，飞行安全、航班正常、品质服务是具体特征。但航班延误问题给人们带来了困扰。前国务院总理朱镕基在某年4月份访问西欧前，早晨到机场后才知道飞机不能按时起飞，原因是飞机油泵管坏了，需要更换，因此要晚点到 14:30 才能起飞。但是到 14:30 时飞机仍未能准时起飞，机长跟他解释这次延误的原因是给飞机装行李的临时工不懂装载业务，行李摆放得不平衡，后来是机长带头上机才把行李摆放好的。朱镕基总理说机长身先士卒，很感谢机长。可是摆放行李的工作，是否有制度，是否该有人监督呢？怎么能让临时工随便摆放？如果有制度却没有严格执行，就要从内部去找原因。这是朱镕基总理在全国民航工作会议上讲的经历，他的这篇讲话的题目就是《"正点"是民航服务质量的中心》。

除了航班延误，还有一件服务的"意外"让朱镕基总理又一次"挂不住脸"。当时，他在上海机场迎接一位外国总统，但在外国总统的专机抵达停机坪停稳之后，接机的客梯车却出现了故障，使这位外国总统无法下飞机，在飞机上等了很久。对此，朱镕基总理讲："民航的一切作为，代表着国家的形象、民族的精神。外国人是从我们的民航、民航人员看这个国家的素质和精神状态的。你们是中华人民共和国的代表。要用这种感情来改善你们的服务态度。一个国家的民航服务水平很低，飞机总不正点，如果连这个都抓不上来，这个国家是没有前途的。应该有民族自尊心，中华民族是一个伟大的民族，这一点应该从民航的工作人员中体现出来，应该从民航的身上体现出社会主义的优越性。我们应该提到这个高度来检查我们的工作，改进我们的工作。"从党和国家的高度看产品质量，以及服务质量方面的问题，已经不再仅关系到经济发展和企业效益，还关系到国家形象，关系到民族自尊，关系到社会主义制度的优越性。从这个意义上说，服务水平不仅是民航行业的事情，也是国家和民族的大事情。

## 二、真情服务为何成为民航发展的底线之一

民航是由航空公司、机场、政府机构、保障单位等组成的环环相扣、精密复杂而有效运行的现代服务性组织系统。民航系统中的各个组成成员有的直接面向旅客提供运输服务，如航空公司和机场等；有的在幕后间接保障旅客出行，如空中管制、航空油料、民航信息、政府机构等。民航系统中的各个组成部分通过有效合作和业务协同保障整个民航系统安全、平稳、高效地运行。

服务是民航系统所有组成部分的共同业务属性，服务精神是民航发展必需的软实力。民航服务的方法、方式、途径、外在形式虽然千差万别，但其服务本质特征是一致的。注重服务质量、以真情对待旅客，这是新时代民航强国建设的应有之义。真情服务的本质是以真诚的情感服务，是真实诚恳、真心实意、坦诚相待的服务，是以发自心底的情感感动旅客而最终获得旅客认可的服务。

真情服务的底线思维是新时代民航强国建设顶层设计的有机组成部分，也是建设内容的关键。真情服务作为"飞行安全、廉政安全、真情服务"三个底线之一，绝对不能孤立地看待、思考和研究。这三个底线是民航行业回应新时代党和国家、人民群众的合理诉求，谋划民航强国建设伟大事业未来发展的基本遵循路径。其中，飞行安全的底线是前提、是基础，廉政安全的底线是政治保障、是发展基石，真情服务的底线是发展的关键指标、是建设的最终目标。正如中国民用航空局的一位领导所说："飞行安全也好，廉政安全也罢，归根结底都是实现真情服务的基础和前提。真情服务是民航作为服务行业的本质要求，是全心全意为人民服务宗旨的根本体现，是坚持飞行安全、廉政安全的出发点和终极目标"。

## 三、真情服务是新时代民航高质量发展的关键

在 21 世纪，民航服务一贯是高质量服务的代名词，民航服务也一直是各行各业纷纷效法、学习的榜样、标杆。随着国民经济的持续高速发展，航空公司加速引进飞机、新开航线，我国民航旅客运输量快速增加，并于 2005 年实现旅客运输量 1.38 亿人次，成为仅次于美国的世界民航大国。2019 年，中国民航运输总周转量、旅客运输量、货邮运输量分别比"十二五"末增加 441.6 亿吨千米、2.2 亿人次、123.8 万吨，年均增速分别达到 11.0%、10.7% 和 4.6%，2019 年运输总周转量一年的增量相当于 2009 年全年的运量。2020 年，在新冠肺炎疫情对全球民航业造成巨大冲击的情况下，由于我国疫情防控措施得力有效，中国民航业在全球率先触底反弹，成为全球恢复最快、运行最好的航空市场。

2020年第四季度运输总周转量、旅客运输量、货邮运输量分别恢复至上年同期的76.3%、84.2%、95.8%，其中国内航线运输恢复至94.5%，2020年全年完成运输总周转量798.5亿吨千米、旅客运输量4.2亿人次、货邮运输量676.6万吨，相当于2019年的61.7%、63.3%、89.8%。也正是因为跨越式地推进了民航大众化，民航服务相较于运输量明显发展滞后，民航服务质量也走下了"优质的神坛"。航班正常、票务服务、行李运输、特殊服务、餐食质量这五个方面，已经逐渐成为制约民航服务旅客满意度的短板。中国民用航空局以真情服务为主题，以提升旅客获得感为目标的民航服务质量提升工作也主要聚焦在上述五个方面。以航班正常问题为例，近几年，航班延误一直都是广大旅客反映最强烈、投诉最集中、媒体最关注的首要问题。虽然从根本上来说，这是行业快速发展与空域资源不足的矛盾带来的后果，但民航从业人员还是要认真研究如何进一步挖掘，在保证飞行安全的前提下，进一步提升航班正常率，努力做好航班延误时的服务工作，让旅客切实感受到民航行业在狠抓服务质量改善和航班运行正常方面的提高和进步。同时，民航"真情服务"也是践行当代民航人"发展为了人民"思想共识的具体行动，是落实"一二三三四"民航工作总体思路的最终目标。如果没有"发展为了人民"的正确发展思想、理念这个"一"，后面"二三三四"的推动、坚守、构建、补齐得再好也等于"0"。人民是构建民航真情服务底线思维的出发点和落脚点。习近平总书记指出："中国梦归根到底是人民梦""人民对美好生活的向往，就是我们的奋斗目标"。民航"发展为了人民"的理念乃是中国梦在民航业的具象，建设新时代的民航强国就是践行"发展为了人民"的理念，就是满足人民对美好生活的向往，就是服务于"中国梦""人民梦"的早日实现。民航发展的主体是人民——民航干部、职工，民航发展的客体更是人民——广大人民群众。因此，真情服务不应局限于对广大人民群众的真情，其内涵也应包括对民航干部、职工的真情。做好真情服务，信任是基础，监督是手段，真情服务最终要让数十万民航人和数亿民航旅客都能感受到满满的民航真情。

## 四、真情服务为民航高质量发展指明方向

当前，我国民航发展面临着国内外形势发生深刻而复杂变化的局面。在国内，我国经济发展呈现出速度换挡、结构优化、动力转换等新特点，消费结构升级成为我国经济增长的新动力，个性化、多样化消费渐成主流，人民对航空运输产品服务创新、结构优化的要求更加迫切，对安全性、便捷性、质量性等提出了更高要求。

虽然，世界经济在深度调整中曲折复苏，但国际金融危机深层次影响依然存在，全球经济贸易增长乏力，地区保护主义抬头，地缘政治关系复杂变化，全球范围内的民航

运输竞争和博弈更加激烈，安全压力依然突出。

在我国民航发展步入新时代的当下，我国东西部民航发展区域不平衡，区域空域资源、枢纽机场时刻供给不充分，民航服务质量与人民期望之间不匹配，民航对经济发展战略作用发挥尚不显著，运输航空和通用航空发展的不均衡等问题客观存在，并且将在相当长一段时间内持续存在。因此，人民日益增长的安全、便捷、有质量的航空出行需求同不平衡、不充分的航空运输资源供给之间的矛盾必将成为新时代民航发展的主要矛盾。这要求我们必须正视新时代民航发展所表现出来的新趋势、新特点、新需求，修正新环境下民航发展主体和客体之间的相互关系和合理位置，以取得让人民群众满意的民航发展成效作为我们开展各项工作的出发点和落脚点。如期实现新时代的民航强国战略目标就是对民航行业"发展为了人民"的最生动、最具体、最圆满的诠释。

民航"发展为了人民"与践行"真情服务"是辩证统一的，前者是因、后者是果，前者是思想、后者是行动，前者是意义、后者是目标。在新时代民航发展中，务必要树立"发展为了人民"的理念，把握好"把方便留给旅客，把困难留给自己"的原则，把人民的利益放在心中，把人民的满意作为民航服务工作的标准，把如何让人民群众获得出行的最大便利作为民航服务工作的出发点。要通过民航真情服务，不断提高民航行业整体服务水平，让人民在航空出行中真实感受到民航优质、愉悦的服务。

民航是现代化综合交通运输体系的重要组成部分，民航服务质量有着重要的示范性作用。民航行业只有把真情服务作为一项民生工程来做，努力用真情打造民航服务品牌，方能真正扛起我国交通运输业的服务标杆这面大旗，才能真正让人民群众安心、放心、舒心地出行。提升民航运输服务质量，是民航改革发展的核心任务，也是民航供给侧结构性改革的主战场。民航行业要加强制度构建、形成联合动力，优化运营流程、提高保障能力，有效拓展关键资源，不断克服困难，最大限度地提升运行质量，最大限度地确保航班正常，让人民群众有更强的满足感。通过严格行业管理，强化科技支撑，加强产品创新，提升服务质量，不断满足多层次、个性化旅客的航空服务需求，让人民群众更加满意。

# 第二节 基于民航运输场景的真情服务理论框架

## 一、辩证唯物视角的真情服务解析

真情是指事情的真相、实情，其中"真"是指真实、真相、真诚，与"假"相对，客观本体、自然本性、返璞归真,"真"是客观的、绝对的、形象的;"情"是指性情、情感、情怀,主观感受、人性本体、吾心归情,"情"是主观的、相对的、抽象的。真情是以客观之维度展现主观、以绝对之尺度呈现相对、以形象之揣度凸现抽象,又是以自然返璞来诠释人心吾情的。真情是一种发自内心的、融合自然万物的感情、感觉,真情可以为付出者和接受者带来至真幸福感和至高愉悦感。

服务是指为他人做事,并使他人从中受益的一种有偿或无偿的活动。服务不以实物形式而以提供劳动的形式满足他人的某种需要。服务是一个熟悉的陌生词。说到熟悉,服务渗透到每个人的吃、穿、住、行、用、游各个环节,并且无时无刻不存在着;提及陌生,服务因其无形、主观、场景等因素很难与产品区分,因此出现了产品服务和服务产品。产品是指能够供给市场,被人们使用和消费并能满足人们某种需求的任何东西,包括有形的物品、无形的服务、观念及其组合。究其实质,可以从三个层面理解和具象服务:第一,服务是供给方满足需求方需求的过程,任何服务均存在供给和需求双方,服务适用于经济学的供求关系理论;第二,服务是供给方和需求方互动交流的过程,服务客观供给质量和服务主观满足程度会因供需互动交流的差异性普遍存在过程损耗,这需要来自服务供给和需求双方之外的第三方以中立视角对其效果、质量做出判断;第三,服务是创造价值和交换价值的过程,供给方从服务中获得劳动报酬,需求方从服务中获得需要满足,服务适用于经济学的交换价值原理。

何谓"真情服务"?它辩证地将服务的客观与主观、绝对与相对、形象与抽象进行了有机统一。服务需要借助工具、环境、人员等外部因素,这都是客观、绝对、形象的,这属于"真"的层面;同时服务还需要辨识需求、赋予情怀、传递情感,这属于"情"的层面。

## 二、民航真情服务的具体特征诠释

真情服务具体到民航领域,应具备如下三个特征。

首先,民航服务的供给方和需求方是真实、客观的。例如,20世纪我国民航业受制于机队规模、机场数量、风控能力等诸多因素,民航业能向服务需求方供给的航空运输服务数量十分有限,提供更多的航线、航班、座位是当时的"真情服务"。进入21世纪,民航业持续加速在航空运输服务数量供给方面的扩容,民航客货周转量以两位数增长,越来越多的人民群众愿意并且可以承受选择航空服务作为其出行方式,对于需求方而言,民航业实现了在数量层面的"真情服务"。随着人民群众能够飞、飞得起的需求被陆续满足,飞得准时、飞得舒适的需求逐渐萌生并成为新的主要服务需求。对于供给方而言,能提供准时、便捷、舒适、有品质的航空服务已经成为现今和未来"真情服务"的方向。民航服务供给和需求双方遵循着需求产生—供给满足—新需求产生—新供给满足……不断循环和迭代的动态发展过程。

其次，民航服务的供给方和需求方又是自然、主观的。近些年，民航业开始正视需求方在基本满足了服务"数量"层面诉求后对服务"质量"层面的新需求，以航空公司和机场为代表的服务供给方始终高度重视服务质量的提升，但作为服务需求方的旅客并不满意，民航旅客反馈出来的民航服务水平也差强人意，具体表现为各类投诉事件层出不穷、旅客与民航人员冲突事件频发、航班延误问题日益凸显等。民航业在提升服务质量方面不可谓不努力，旅客服务体验也有所改善。问题的症结在于民航服务互动交流过程环节的"错位"和"失位"。因此，民航业亟须通过直接获取需求方在接收服务过程中的真实主观体验数据，来挖掘自身服务需要提升的"正位"，并竭尽全力做到"补位"。

最后，民航服务的供给方和需求方之间的交换行为是合理的。这一点是被我们忽视，但又极为重要的。民航服务质量的提升必然要求更高的服务成本作为支撑，其中包括软硬件设备设施的升级、服务人员的高技能养成等诸多方面的成本。供给方有动力和理由努力输出具备全流程、多元化、个性化和高质量的航空服务，但需求方也必须接受为其能得到升级服务增加的合理成本分摊而支付的溢价。任何只期待、要求接受高质量服务而拒绝为之付费的非经济行为都是无法持续的。作为供给方的民航业，必须正视和接受推进"真情服务"无法脱离需求方，而必须能够运用客观、理性的经济思维去支配其服务消费行为这一基本事实。

## 第三节 弘扬和践行当代民航精神应关注"4个关系"

弘扬和践行"忠诚担当、严谨科学、团结协作、敬业奉献"的当代民航精神是中国民航广大干部、职工的心声。"当代民航精神"的弘扬和践行工作对于进一步加强行业文化建设、增强干部队伍建设、促进民航强国建设具有十分重要的意义。同时，弘扬和践行当代民航精神是一项根本性、引领性、长远性的工作，绝不能一蹴而就、只说不做，更不能只弘扬不践行。基于对此项工作的认知和理解，我们应从关注以下"4个关系"着眼，用当代民航精神重塑中国民航人的政治品格、专业精神、工作作风、职业操守。

## 一、正确认识行业精神与行业文化的相互关系

行业精神是一个行业基于自身特定的性质、任务、宗旨、时代要求和发展方向，为谋求生存与发展而在长期生产经营实践基础上，经精心提炼和培育而逐步形成的，并为整个员工群体认同的正向心理定式、价值取向和主导意识。行业文化是指行业内企业和员工共同遵守的行业道德规范。行业文化建设的核心就是要建设由行业核心价值观、行业使命、共同愿景、行业精神和职业道德等要素构成的行业核心价值体系。其中，行业精神是行业核心价值体系的精髓，是行业文化的灵魂。行业文化与行业精神的关系，不仅仅是简单的包含和被包含的关系，更是土壤与鲜花的关系，行业文化是孕育鲜花的土壤，行业精神是根植土壤的鲜花，只有在肥沃的行业文化土壤里，才能栽培和繁育出绚丽多彩的行业精神之花。因此，我们在重视弘扬和践行当代民航精神工作的同时，还应关注中国民航行业优秀企业文化的引导和养成。

## 二、正确认识行业精神与行业使命、愿景的联动关系

行业使命是指行业内企业在社会经济发展中所应担当的角色和责任。行业愿景是行业内企业员工共同持有的未来景象，是行业内企业的远大理想。民航的核心价值体系是行业发展的重要基础和精神家园，是一个内涵丰富、意蕴深厚的有机整体。其中，行业使命在行业核心价值体系中起到的是统领作用，解决服务方向和肩负责任的问题；行业愿景在行业核心价值体系中起到的是驱动作用，解决价值取向和奋斗目标的问题；行业精神作为行业全体职工思想意志和精神风貌的总结和概括，是中国民航人履行行业使命、实现行业愿景的强大原动力，其内容必须彰显行业使命的要求，契合行业愿景的方向。因此，我们在重视弘扬和践行当代民航精神工作的同时，还应关注中国民航行业企业使命的明确和行业愿景的清晰。

## 三、正确认识行业精神形成与内外部影响因素的关系

影响行业文化的外部因素主要包括民族文化、制度文化、外来文化和地域文化等。在弘扬和践行当代民航精神的工作中，我们要客观地认识到，行业精神作为行业文化的精髓，其必然会受到民族文化、制度文化等外部因素的影响。切实做到符合社会主义核心价值观的要求，体现时代发展的新趋势将是我们始终坚持的原则。除此之外，行业精神源于企业一线的工作实践，源于员工们先进的群体意识，更源于领导人卓越的管理意

识。行业精神集中反映了行业企业领导人的事业追求、理想目标和主导意识，这也正是行业精神形成的内部影响因素。因此，我们在重视弘扬和践行当代民航精神工作的同时，还应关注民族精神和时代精神在当代民航精神中的生动体现，这是民航广大从业者在社会主义核心价值体系的引导下共同创造的精神财富。

### 四、正确认识行业精神与行业价值体系的关系

明确弘扬和践行当代民航精神工作在构建民航业价值体系中的先导作用。我们要以弘扬和践行当代民航精神工作为契机，进一步重视和抓紧对中国民航核心价值观、行业使命、共同愿景、职业道德等方面的研究和总结工作，力争尽快构建起符合中国民航行业特点，兼具时代性、前瞻性、务实性、系统性、可行性的中国民航行业价值体系。笔者认为，在此过程中，要注意民航业与其他交通运输行业的核心价值体系相互之间的匹配性和承接性，将行业特色鲜明、标准要求领先的中国民航行业价值体系建设成中国交通运输产业核心价值体系建设的重要参考依据和核心组成部分。因此，我们在重视弘扬和践行当代民航精神工作的同时，还应关注行业精神与行业价值体系的逻辑关系，将行业精神不仅置于民航行业，更置于大交通的范畴。

在狭小的驾驶室里，飞行员专注地盯着仪表，他们要确保飞机上每一名旅客的安全；在停机坪上，机务人员严谨地进行排故，他们要确保飞机上每一个部件的适航；在严密的指挥室中，管制员用心地注视屏幕，他们要确保航路上每一架飞机的位置正确；在鼎沸的出发厅里，值机员高效地办理手续，他们要使前来的每一位旅客满意；在拥挤的安检通道里，安检员尽责地核查细节，他们要排除上机的每一处可能的风险……在这里，在那里，在每个工作岗位上，无数中国民航人用自己的辛勤劳动维护和保障着中国民航安全、有序、高效的社会服务。当代民航精神就孕育在这些看似普通但绝不平凡的中国民航人的劳动中，从中提炼和培育的当代民航精神是对老一辈中国民航人的致敬，是对这一批中国民航人的鼓舞，更是对新一代中国民航人的激励。弘扬当代民航精神、践行当代民航精神，这条路十分艰辛，民航强国之路更是任重道远。

## 第四节 行业发展需要弘扬和践行当代民航精神

思想决定方向，方向决定道路，道路决定命运。一切伟大的事业，总是在承前启后、继往开来中不断推进。国家如此，行业亦然。2012年，《国务院关于促进民航行业发展

的若干意见》明确指出："民航行业是我国经济社会发展重要的战略产业"。如何更好地发挥民航业的战略作用,做到延续辉煌、不辱使命、不负期望?关键在于思想;关键在于以何种精神凝聚当代民航人再创佳绩、达成使命、实现期望所必需的思想共识。这是当代民航人必须要直面并务必用实际行动圆满回答的新时代命题。新时代要求当代民航人以新精神开启新事业。

## 一、民航砥砺奋进发展实践孕育当代民航精神

作为经济社会发展的重要战略产业,民航业坚持安全第一、稳中求进、深化改革,各项工作都取得了优异成绩,为社会经济发展保驾护航。

当代民航人砥砺奋进,推动民航发展实践,在"十二五"和"十三五"期间取得了瞩目的成绩。

一是民航发展质量稳步提升。我国民航安全形势平稳,"十三五"期间,运输航空百万小时重大事故率和亿客公里死亡人数均为 0;运输航空责任原因严重征候万时率降至 0.0065,降幅达 16.6‰;未发生重大航空地面事故;连续 18 年确保了空防安全。截至 2020 年 8 月 25 日,全行业实现运输航空安全飞行 10 周年,在此基础上开始创造新的安全纪录,截至目前,持续安全飞行"120+4"个月、8943 万小时,安全水平稳居世界前列。2020 年,全年完成运输总周转量 798.5 亿吨千米、旅客运输量 4.2 亿人次、货邮运输量 676.6 万吨。"蓝天保卫战"成效明显,全行业能源消费和碳排放强度稳步下降。2019 年,我国机场平均每客能耗 0.898 千克标煤,每客二氧化碳排放 0.553 千克,分别较基线下降 15.8%和 28.81%。运输航空每吨千米油耗和碳排放分别为 0.285 千克和 0.898 千克,较基线下降 16.2%,在全球主要航空大国中处于领先位置。

二是保障能力不断增强。我国民航坚持外延式和内涵式发展并重,着力提升空域资源、空管运行、机场保障、运行控制、人力资源五大核心保障能力的内涵建设、提质增效,努力使保障能力达到行业持续快速增长的客观要求。截至 2020 年年底,我国民航机队规模达 6747 架,国产民机在支线机队中的比例达 33%。新增航路航线 263 条,全国航路航线总里程达到 23.7 万千米。基础设施建设总投资 4608 亿元,特别是在 2020 年,民航基础设施投资突破 1000 亿元,达到 1050 亿元。"十三五"期间,新建、迁建运输机场 43 个,全国颁证运输机场数量增加到 241 个,新增跑道 41 条、航站楼 588 万平方米、机位 2300 个、航油储备能力 5.3 万立方米,机场新增设计容量约 4 亿人次,总容量达 14 亿人次。我国民航业较好地完成了以整体综合保障能力支撑行业规模的持续增长的目标。

三是战略地位日益凸显。民航是我国综合交通运输体系的重要有机组成部分，其地位和作用随着人民群众消费升级时代的到来呈现不断提升的趋势，尤其是在旅客运输方面更为明显。2019 年，中国民航运输总周转量、旅客运输量、货邮运输量分别比 2015 年增加 441.6 亿吨千米、2.2 亿人次、123.8 万吨，年均增速分别达到 11.0%、10.7% 和 4.6%，2019 年运输总周转量一年的增量相当于 2009 年全年的运量。民航旅客运输量在国家综合交通运输体系中占比达 33.1%，提高了 8.9 个百分点。民航战略地位不断提高，对我国经济社会发展的贡献不断加大，对相关产业和地方经济的带动作用和引导效果不断增强。

四是国际影响力逐步扩大。民航是国际性极强的行业。2019 年，国际航线旅客量比"十二五"末分别提高 28.5%、37.6% 和 69.7%。围绕"一带一路"合作倡议，打造西安、郑州、昆明、乌鲁木齐等"空中丝绸之路"核心节点，截至 2020 年，我国已与 128 个国家或地区签署了双边航空运输协定，其中"一带一路"沿线国家 100 个，与 64 个国家保持定期客货运通航。我国继续高票当选国际民航组织一类理事国，我国候选人首次当选国际民航组织秘书长。我国民航国际影响力的增强也是我国长期支持多边贸易体制，促进自由贸易区建设，推动建设开放型世界经济的成果。

五是行业管理能力不断提高。民航持续安全理念不断深化，安全工作法治化进程不断深入，民航价格改革稳妥推进，市场管理手段不断丰富，行业财经政策逐步完善。适航审定能力实现突破，三大审定中心相继运行，颁发 ARJ21 国产支线客机获得型号合格证，C919 飞机型号合格审定工作有序推进。中国民用航空局与美国联邦航空局签署《适航实施程序》，从而实现中美两国民用航空产品的全面对等互认。我国民航提供高水平、高效率的行业管理能力是推动行业持续发展的核心保障。

除此之外，民航砥砺奋进发展实践还具体表现在以下几个方面。民航为百姓便捷出行，不断夯实民航强国基础，点连成线，线织成面，编织起保障亿万群众生活的幸福空中网；民航为推动"一带一路"建设，当好"先行军"，构建"空中丝路"，在经贸往来和文化交流中积极发挥桥梁、纽带的作用；民航积极响应国家建设世界级城市群的规划，主动作为，着力打造京津冀、长三角和珠三角三个世界级机场群，以机场群建设服务城市群建设。

当代民航人亟须找到全新的理论支撑和精神支柱，并以新时代理论和新时代精神，扎实、全面、科学地推进和实践建设新时代民航强国的伟大事业。当代民航精神必将从民航强国建设的实践中孕育产生，并为即将开展的新时代民航强国实践提供不可或缺的重要思想保障。

2016年4月8日，中国民用航空局的一位领导在南海永暑礁新建机场校验试飞总结表彰座谈会上的讲话中提出将"忠诚担当的政治品格、严谨科学的专业精神、团结协作的工作作风、敬业奉献的职业操守"作为当代民航精神，分别从政治品格、专业精神、工作作风、职业操守四个方面指明了当代民航人在精神层面应该追求的具体目标。当代民航精神是中国民用航空局顺应建设民航强国实践在新时代所必需的新要求，在总结新中国民航发展多年经验和教训的基础上，汇聚了集体智慧的极具方向性、思想性、指导性的行业文化成果。当代民航精神是用于总结、培育、形成符合建设新时代民航强国新要求的，并能启迪和激发当代民航人投身于民航发展事业的优秀行业思想、先进行业文化的工作方法和行动指南。

## 二、民航发展新时代亟须行业思想认知新高度

回顾"十三五"期间民航业的发展实践，当代民航人在面对国内外环境的复杂变化和各种风险挑战的情况下，取得了全行业确保航空运输持续安全、发展质量稳步提升、保障能力不断增强、战略地位日益凸显、国际影响力逐步扩大、行业管理能力显著提高的可喜成绩。展望民航业"十四五"的发展蓝图，中国民用航空局提出根据行业发展规律和"十四五"民航发展阶段性特征，适时调整"十三五"时期"一二三三四"总体工作思路，确定"十四五"时期民航总体工作思路，即践行一个理念、推动两翼齐飞、坚守三条底线、构建完善三个体系、开拓四个新局面。这其中，践行一个理念就是践行"发展为了人民"的理念，这是做好民航工作的根本出发点。推动两翼齐飞就是推动公共运输航空和通用航空"两翼齐飞"，这是民航协调发展、均衡发展的必然要求，"十四五"期间将继续大力推动运输航空优化结构、提质增效，推动通用航空真正飞起来、热起来。坚守三条底线：一是坚守飞行安全底线，这关系到人民群众的生命财产安全，是民航的头等大事；二是坚守廉政安全底线，这关系到党员干部的政治生命，是确保民航各项工作顺利开展的政治保障；三是坚守真情服务底线，这是民航作为服务行业的本质要求，是全心全意为人民服务宗旨的根本体现。三条底线是做好民航工作的基本要求。"一个理念、两翼齐飞、三条底线"是我国民航发展的基本原则，必须始终牢牢坚持，不能动摇。"构建完善三个体系"是"打造三张网络"的升级版，一是构建功能健全的现代化国家机场体系，就是要更加注重每个机场的功能和作用，更加注重机场间的协同效应，更加注重以机场为核心的航空服务覆盖范围，构建包括三个世界级机场群、数十个区域性枢纽机场及数百个干支机场和通用机场组成的综合机场体系。二是构建完善系统布局、高效运行的航空运输网络体系，就是要更

加注重航线的通达性，更加注重航线之间的衔接度，更加注重航线的运行效率，进一步织密国内国际航线网络，大力提升我国民航在国际民航市场中的核心竞争力，以及激活支线航空运输、增强国内航空市场的活力。特别是要打造适应需求的国际航空物流网，助力国家产业链供应链稳定，服务构建以国内大循环为主体、国内国际双循环相互促进的新发展格局。三是构建完善安全、高效的生产运行保障体系，就是要更加注重运行链条的完整性和系统性，更加注重保障体系的安全性和可靠性，更加注重生产运行的高效性和经济性，在运行监控信息网的基础上，将工作重点拓展到空管、机场运行、空防安保、适航维修、航油、航信和航材等专业领域，延伸到民航安全运行保障体系的全链条、全过程。总体上讲，这一调整是着眼于推动民航发展形态从解决"有没有"的问题向"好不好""强不强"转变。开拓四个新局面：一是民航产业协同发展有新格局，就是要进一步深化对民航战略产业地位的认识，更加科学地引导、统筹全国民航产业的总体布局，更好地提升民航产业的战略承载能力，更好地提升民航产业的开放性和包容性，推动民航业与上下游产业深度融合，推动民航与其他交通方式深度融合，推动民航与地方经济社会发展深度融合。二是智慧民航建设有新突破，就是要实施以智慧民航建设为牵引的发展战略，把推进智慧民航建设贯穿到行业发展的全过程和各领域，以智慧民航建设构建新的竞争优势，使智慧民航建设成为驱动行业创新发展的主要动力。三是资源保障能力有新提升，就是要千方百计地提升资源保障能力，确保资源保障能力与行业发展需求相适应、相匹配。既要抓好空域、航权、基础设施、资金等资源要素的增量投入，也要通过制度创新、管理创新、模式创新，提升各类资源要素的配置和使用效率。尤其要重视人力资源建设，着力加强科技创新人才、专业技能人才和国际化人才建设。四是行业治理体系和治理能力有新成效，就是要瞄准行业治理体系和治理能力不适应民航高质量发展的问题和矛盾，着力破除制约行业发展的体制机制性障碍，形成更加具有适应性、引领性和前瞻性的行业治理体系和治理能力。这一调整主要是着眼于深化对民航战略作用、发展路径、能力手段、治理效能的认识，进一步明确"十四五"民航改革发展的主攻方向。如何将中国民用航空局的新思路在民航发展进入新时代的背景下转化为当代民航人的工作新目标、行动新举措？这要求当代民航人的思想认知必须提升到新高度，尤其是要牢固树立起"发展为了人民"的思想共识。

思想认识的深度决定工作开展的程度，实现民航强国任重道远。民航行业所承担的艰巨时代任务必然要求当代民航人在思想认知层面有更高的觉悟和更深的意识。纵观中国民航业砥砺前行、勇于发展的历程，各种成功经验和失败教训让我们越发清晰地认识到和越发急切地感受到，牢固树立"发展为了人民"的思想共识对于建设新时代民航强国这一伟大事业的重要性和紧迫性。作为新时代民航强国伟大事业建设者的全体民航干部、职工，亟须补齐和增强在政治品格、专业精神、工作作风、职业操守方面的短板和内功，为即将在建设新时代民航强国道路上经历的披荆斩棘、攻坚克难的伟大实践，打下并夯实坚不可摧、毫不动摇的思想基础。

## 第五节　夯实以当代民航精神为内核的民航行业文化新基础

　　问题是时代的声音。当今世界，国际力量对比发生新的变化，我国在日益走近世界舞台中心的同时也面临着许多严峻的挑战。国家如此，行业亦然。如何应对国际环境的深刻复杂变化，在激烈的国际竞争中赢得主动权？今日，中国正处于由民航大国发展成为民航强国这一具有历史性、划时代意义的伟大事业建设的关键阶段。民航改革真正步入深水区，民航发展进入新常态，各种矛盾叠加，风险隐患集聚，发展不平衡、不充分、不协调、不可持续问题比较突出。如何更好地把握行业发展机遇，破解行业发展难题，厚植行业发展优势？这是当代民航人在建设新时代民航强国实践中需要回答的新命题。

　　"世异则事异，事异则备变。"在谋划和推进新时代民航强国建设的各项工作中，我们必须深入分析和准确判断当前世情、国情、行情，分析和判断的"指南针""方向盘"就是当代民航人与时俱进的思想共识。思想共识不可无中生有，更不可信手拈来，而是需要以能够充分彰显社会主义核心价值观的行业文化为土壤，才能从中孕育，才能做到不忘初心、方得始终。文化是什么？文化就是要相信自己的口号。当代民航精神就是当代民航人建设新时代民航强国伟大事业提出的口号，是当代民航精神层面的最强音。我们务必以当代民航精神之旗帜引领、培育当代民航文化之征程，务必将当代民航精神之口号变成当代民航文化之信仰。这是当代民航人的责任之所在，也是将新时代民航强国伟大事业向前推进的内生动力之源泉。

　　事非经过不知难，攻坚克难谱新篇。在建设新时代民航强国伟大事业的征途上，当代民航精神的弘扬和践行工作对于进一步促进新时代民航强国发展建设、增强全体民航干部、职工的凝聚力和执行力、加强当代民航文化培育和形成，均具有极其重要的现实意义。弘扬和践行当代民航精神是民航未来发展规划乃至新时代民航强国战略目标如期达成所不可或缺的关键思想新保障和重要文化新基石。

## 一、铸就忠诚担当的政治品格,增强政治责任感

"人之忠也,犹鱼之有渊。"民航业作为有高技术要求和高服务需求的行业,有着独特且鲜明的行业特点,具体表现在安全水平要求高、专业技能标准高、服务需求规格高、国际交流频度高等方面。与其他行业相比,民航业的特点决定了其对民航从业者有着更高的政治要求,这是党和国家对当代民航人的基本要求。因此,忠诚担当的政治品格绝不只是评判民航领导干部的底线,更是对每一名民航从业者的统一标准和必然要求。作为当代民航人,必须要铸就忠诚担当的政治品格,增强政治责任感。

忠诚担当是当代民航精神要求的政治品格,也是当代民航文化的政治基础。忠诚担当首先要做到对党绝对忠诚。要牢固树立"四个意识",特别是核心意识和看齐意识,坚定理想信念,在大是大非面前头脑清醒,旗帜鲜明,具体表现为当代民航人在思想上、政治上、工作上、行动上坚如磐石、毫不动摇。民航承担着国家领导人的专、包机保障工作,维护着国家的核心利益。在这方面,当代民航人忠诚担当的政治品格是具体的,是看得见、摸得着的。忠诚担当其次要做到对人民绝对忠诚。要牢固树立发展为了人民的理念,要时刻秉持并持续强化民航"发展为了人民"的理念,不断加深对人民群众的感情,把人民群众的期盼作为民航各项工作开展的方向。民航始终在抗震救灾、维和行动、海外撤侨等关乎人民群众生命财产安全的最危急时刻,当仁不让、义无反顾地冲向第一线,维护着人民的核心利益,展现着对人民的忠诚之心。在这方面,当代民航人忠诚担当的政治品格是生动的,是能被真切感受得到的。忠诚担当最后要做到对民航事业绝对忠诚。党中央要求民航业要把稳中求进的工作总基调贯彻到各个方面。稳定是发展的基石,行稳是致远的前提。具体到当代民航工作,确保民航安全就是最大的"行稳",只有在确保民航安全的基础上,才能真正谋求民航业的高质量发展,才能扎实推进由民航大国向民航强国迈进的伟大事业。在这方面,当代民航人忠诚担当的政治品格是明确的,是能经得起时间检验和实践证明的。

忠诚担当充分体现了当代民航人围绕中心、服务大局的高度政治责任感和时代使命感,展现了当代民航人在关键时刻能挺身而出、拼搏奉献,为党分忧、为民解困的时代传承、崇高境界和庄严承诺。我们必须坚持不懈、毫不动摇地把确保民航安全在内的各项工作职责扛在肩上。全体民航干部、职工要敢于面对各种现实矛盾,要做到矛盾面前不躲闪、挑战面前不畏惧、困难面前不退缩,关键时刻和危急关头能豁得出去、顶得上来,增强和保持当代民航人的政治责任感,最终能经受住各种考验,将忠诚担当的政治品格书写到当代民航文化的新时代丰碑上。

## 二、塑造严谨科学的专业精神，寻求行业归属感

"天下将兴，其积必有源。"当今时代，日新月异，要做到紧跟时代进步，行业发展必有其正确之法，而法则源自寻觅之人以严谨科学之态度对事物客观发展规律持之以恒的追求。民航业是一个专业性极强的行业，也是高技术要求的行业。做好新时代民航工作必然要求其从业者具备扎实的专业素养。这种专业素养远不止"狭义"的提升各种专业技术技能，更应是"广义"的在全行业倡导塑造崇尚严谨科学的专业精神的文化氛围。严谨科学的专业精神，其含义不仅包括了当代民航人做好本职工作所必须具备的专业技术技能，也包括了当代民航人为建设新时代民航强国所必备的学习科学、尊重科学、严谨细致、精益求精的工作态度。

在提升安全监管能力方面，以严谨科学的专业精神创新安全管理体制、机制和方式、方法；深化安全管理体系建设，推进安全绩效监管试点，积极探索和试行基于安全绩效的安全监管模式；建立科学合理、简明有效、分类分级的民航安全保障衡量体系。在提升枢纽机场集散功能方面，以严谨科学的专业精神推动国家综合机场体系建设，力争早日建成功能健全、相互协调、相互支撑的运输机场网络，以及覆盖面广、衔接度高、通达性强的航空网络。在提升运行信息监控能力方面，以严谨科学的专业精神建立健全民航运行信息资源管理机制，加快形成信息开放、资源共享、协同决策的运行信息监控网络。在提升空域资源保障能力方面，以严谨科学的专业精神推动国家空管调整改革，深化军民航联合运行，扩大民航可用空域资源，提高民航空域使用效率。在提升民航服务品质方面，以严谨科学的专业精神完善民航服务管理体系，持续改进服务质量，打造民航"真情服务"品牌，增进旅客对民航真情服务的满足感。在提升适航审定能力方面，以严谨科学的专业精神健全适航审定体系，全面提升适航审定能力，满足我国民航和国产民用飞机发展需求。在提升应急处置能力方面，以严谨科学的专业精神健全规章制度、强化工作机制，全面提高民航应对各类突发事件的能力。在提升通用航空服务能力方面，以严谨科学的专业精神制定通用航空发展政策，建成功能齐全、服务规范、类型广泛的通用航空服务体系。在提升民航行政管理能力方面，以严谨科学的专业精神持续推进政府职能转变，进一步简政放权，在促进行业发展中更好地发挥政府作用。在提升民航科教支持能力方面，以严谨科学的专业精神深化民航科技教育改革，为行业持续发展提供科技和智力支撑。

"严谨科学"是开展进一步深化民航改革工作的"金钥匙"，是建设新时代民航强国伟大事业的"百宝囊"，充分体现了当代民航人围绕行业的科学发展、持续安全发展的路

径和方法选择，展现了当代民航人运用自己的聪明才智完成新时代民航强国战略目标的正确实践道路。全体民航干部、职工要善于运用严谨科学的专业精神，在民航这个高技术、高专业、高要求的行业，以攻坚克难、勇往直前的大无畏精神，寻找和探求当代民航人的行业归属感，实现建设新时代民航强国的目标，以实实在在的行业发展成就将严谨科学的专业精神书写到当代民航文化的新时代丰碑上。

### 三、形成团结协作的工作作风，启迪事业认同感

端起历史规律的望远镜，打开发展规律的探照灯。在建设新时代民航强国的现阶段，我们面临着许多深层次的矛盾，安全保障资源不足、发展结构不平衡、发展方式比较粗放等问题还没有得到根本改善，制约民航发展和民航强国实现的体制、机制障碍仍然存在。众所周知，民航业是一个涵盖了航空公司、民航机场、空中管理、服务保障、运行监管等多个子系统的复杂系统。这是由民航的行业特性所必然决定的。相比其他运输方式，民航业的最高安全水平正是得益于和源自其系统的复杂性。民航系统不会因为其某一个子系统的某一点疏漏而导致不可挽回的全系统性的不安全后果。

民航系统的复杂性是民航业安全保障的需要，但同时也对其自身运行、管理提出了更高要求和更多挑战。民航业向来注重各子系统、各单位、各部门之间的团结协作，这是民航能够保持安全高效顺畅运行的基础要求。当代民航人正在如火如荼地进行着建设新时代民航强国的伟大事业，必须仰仗民航各子系统、各单位、各部门内部的上下协调、牢固树立本位职责的思想认识，以及它们之间"打破边界齐心协力、目标统一协同奋进"的工作作风，方能顺利开展。"内部团结、外部协作"要求当代民航人拧成"一股绳"，以团结协作的工作作风投身到建设新时代民航强国伟大事业的实践中去。这样，就没有克服不了的困难，再艰巨的任务也能被出色地完成。

团结协作的工作作风不仅要体现在思想认识的协同上，更要体现在建设新时代民航强国的行动中。当代民航人唯有秉持团结协作的精神才能实现进一步深化民航改革工作的既定目标。没有团结协作，就无法建成提升安全保障能力、巩固民航发展安全基础的安全管理系统；没有团结协作，就无法制定促进行业调整结构、提质增效、转型升级的政策措施；没有团结协作，就无法推出提高政府行政效率、增强行业监管能力的体制机制；没有团结协作，就无法构建激发市场活力、规范市场行为的法规体系；没有团结协作，就无法实现民航治理体系和治理能力的现代化。

团结协作简明扼要地阐释了建设新时代民航强国伟大事业的工作方针。民航各子系统、各单位、各部门必须要共同努力打造团结协作的工作作风，坚决打破系统、单位、

部门的本位思想和"一亩三分地"思维,既要做到守土有责,还要秉承大局意识、树立全局思想。建设新时代民航强国,就要在继续推动民航发展的基础上,着力解决好发展不平衡、不充分的问题,大力提升民航发展的质量和效益,更好地满足人民在航空出行的安全、便捷、品质等方面日益增长的需求,更好地推动民航的全面发展与进步。完成这一艰巨任务需要涉及方方面面,需要民航各子系统、各单位、各部门的团结协作、密切协助、协同发力、共同推进,努力在关键领域和重点环节实现改革新突破,形成重点牵引、全面推进的改革整体效应。全体民航干部、职工要保持团结协作的工作作风,在民航这个由多个子系统构成的复杂系统中,勇于打破本位主义、摒弃局部最优思想,启迪和召唤当代民航人的事业认同感。最终以团结协作的"一盘棋"思想、"一股绳"意识,实现新时代民航强国战略,在具有复杂性的民航发展过程中谱写出彰显和谐、合作、协同精神的新篇章,将团结协作的工作作风书写到当代民航文化的新时代丰碑上。

### 四、坚守敬业奉献的职业操守,增加职业荣誉感

"长风破浪会有时,直挂云帆济沧海。"建设新时代民航强国伟大事业、服务两个一百年目标的时代重托和历史使命被托付给我们这一代民航人。当代民航人如何做到不负重托、不辱使命?唯有爱岗敬业、甘于奉献,才能担负起祖国的重托,才能对得起时代要求和使命,才能经得起时间检验和历史考验。民航业虽然由航空公司、民航机场、空中管理、服务保障、运行监管等相对独立的各子系统、各单位、各部门构成,但"全国民航是一家"的情结始终魂牵梦绕在当代民航人的内心深处。这是新中国历代民航人的历史传承和精神延续。

当代民航人具有强烈的职业荣誉感和自豪感,具有爱岗敬业、甘于奉献的优秀品质。这种品质是其可以肩负起祖国重托的宝贵精神财富,是激励当代民航人为实现新时代民航强国伟大事业而奋斗的强大精神动力之源。随着持续安全战略、大众化战略、全球化战略的实施初见成效,尤其是大众化战略,让越来越多的人民群众体验到建设民航强国伟大事业的初步效果,让更多人民群众有机会体验和共享当代民航发展的累累硕果,这也让人民群众对新时代民航强国的实践成果有了更多的诉求和更高的期待。当代民航人从广大人民群众对民航服务的满满获得感中,收获了爱岗敬业的自豪感和乐于奉献的满足感。当代民航人有机会亲自经历并投身于建设新时代民航强国这一划时代的伟大事业中,奋斗本身就是当代民航人能真正体会到的获得感。这更激发了当代民航人加倍努力,为人民群众提供更加安全、便捷、有品质的民航运输服务的决心、信心和恒心。

敬业奉献是对民航业以实际行动践行"发展为了人民"理念的庄重誓言。它充分体

现了当代民航人紧紧围绕进一步提升广大人民群众的对民航发展的满足感要求的积极响应，展现了当代民航人在越是压力大、困难多的条件下，越能爱岗敬业、甘于奉献的优秀品质。全体民航干部、职工要勇于克服困难，做到知难而上、迎难而进，高举敬业奉献的大旗，心无杂念、持之以恒地投入建设新时代民航强国伟大事业的各项工作中，增加和获取当代民航人的职业荣誉感，最终以敬业奉献汇聚民航职业的感召力和凝聚力，全身心地扑在建设新时代民航强国的现实工作中，将敬业奉献的职业操守书写到当代民航文化的新时代丰碑上。

不言而喻，夯实以当代民航精神为理论内核的民航行业文化新基础是弘扬和践行当代民航精神所不可或缺的关键有机组成部分。

## 思 考 题

（1）如何将"真情服务"贯穿到民航呼叫中心具体业务的细节中，请举例说明。

（2）在民航呼叫中心的具体工作中，如何践行忠诚担当的政治品格？

（3）在民航呼叫中心的具体工作中，如何践行严谨科学的专业精神？

（4）在民航呼叫中心的具体工作中，如何践行团结协作的工作作风？

（5）在民航呼叫中心的具体工作中，如何践行敬业奉献的职业操守？

# 附录 A  eTerm 系统指令索引

**系统注册及翻页指令**

1. 进入系统   >$$OPEN TIPC3
2. 输入工作号   >SI：工作号/密码/级别
3. 查看 PID 和工作号状态   >DA：
4. 临时退出工作号   >AO：
5. 进入工作区   >AI：工作区/工作号/密码
6. 修改密码   >AN：旧密码/新密码
7. 退出系统   >SO
8. 随时查看 SIGN IN 信息   >SIIF：
9. 指令使用帮助   >HELP：指令
10. 屏幕向上一页   >PB
11. 屏幕向下一页   >PN
12. 清屏指令   >CP
13. 重复显示当前页   >PG
14. 全屏显示当前页   >PG1

**航班信息及公用信息查询**

1. 航班座位可利用显示   >AV：H/城市对/日期/时间/航空公司两字代码
2. 最早有座位航班查询   >FV：城市对/日期/起飞时间/座位数/航空公司/经停标志/舱位
3. 航班飞行周期的查询   >SK：城市对/日期/时间/航空公司两字代码/舱位
4. 航班经停点和起降时间的显示指令   >FF：航班号/日期
5. 指定日期的航段上的航班详细信息显示   >DSG：C/航班号/座位等级/日期/航段
6. 查询城市三字代码   >CNTD：T/GUANGZHOU
7. 查询城市名称   >CD CAN
8. 查询一个国家所有城市   >CNTD：A/CN
9. 查询国家全称   >CNTD：C/CN
10. 查询国家两字代码   >CNTD：N/CHINA

11. 查询航空公司信息　>CNTD：D/CZ

12. 查询航空公司两字代码　>CNTD：M/AIR CHINA

13. 四则运算　>CO 188+256

14. 计算北京和巴黎的时差　>CO：T/PEKCDG 或 TIME：PEKCDG

15. 显示所有静态信息的目录　>YI

16. 显示不含副标题的公告　>YI 标题

## 建立 PNR

### 一、航段预订

1. 直接建立航段组　>SS CZ3099/Y/12AUG/CANPEK/NN1

2. 间接建立航段组　>AV CTUCAN/13DEC
　　　　　　　　　>SD 2Y1

3. OPEN 航段的建立　>SN：CA/Y/CANPEK

4. ARNK 段的建立　>SA CTUPEK

5. 调整航段顺序　>CS 2/1

### 二、姓名输入 NM

1. 英文姓名的输入　>NM 1SMITH/ALICE 1WHITE/JACK

2. 同姓旅客英文名的输入　>NM 2LI/MING/LAN

3. 中文姓名的输入　>NM：1 方菲 1 汪亮

4. 无人陪伴儿童姓名输入　>NM 1 梁静（UM8）

5. 婴儿姓名输入　>XN IN/李华 INF（MAR18）/P1
>SSR INFT CZ NN1 LI/HUA 03MAR18/P1/S2

6. 团体 PNR 团名的输入　>GN 20YIQIFEI

### 三、联系方式

>CT CAN/020-86124211

>OSI CZ CTCT020-86124211

>OSI CZ CTCM13560358675/P1

### 四、出票时限

>TKTL/1200/08DEC/CAN911

### 五、手工票号输入

>TKT/999-2213752149/P1

### 六、证件信息输入

1. 国内旅客  >SSR FOID CZ HK/NI 证件号码/Pn
2. 国际旅客  >SSR DOCS 航空公司两字代码 HK1 证件类型/发证国家/证件号码/国籍/生日/性别/证件有效期限/SURNAME（姓）/FIRST-NAME（名）/MID-NAME（中间名）/持有人标识 H/P1

### 七、国内票价信息

可以手工输入：FN/FC/FP 或者用>PAT：A 自动生成 FN/FC/FP 项。

### 八、国际票价信息

使用 QTE 计算票价，XS FSQ 展开计算横式，用 DFSQ 自动生成 FN/FC 项，再手工输入付款方式组 FP。

### 九、签注信息组

>EI：自由格式文本

### 十、旅游代码组

>TC F/旅游代号（按照航空公司要求输入）

### 十一、打票预览

>TKTV：打票机序号

### 十二、打印电子客票

1. 打印 PNR 中所有人的客票  >ETDZ：1
2. 仅打印第一个成人所携带的婴儿客票  >ETDZ：1/P1，INF
3. 仅打印第一个成人的客票  >ETDZ：1/P1，ADL

## 特殊服务 SSR

1. 查看航班座位图  >ADM：航段序号
2. 进行机上座位预订  >ASR：航段序号/座位号/Pn
3. 里程输入  >SSR FQTV 承运航空公司两字代码 HK1/发卡航空公司两字代码 卡号/Pn
4. 其他特殊服务的申请  >SSR 特殊服务代码 航空公司 NN 数量/Pn/Sn

## PNR 提取和修改

### 一、PNR 提取

1. 记录编号提取  >RT 记录编号

2．根据旅客名单提取　　>RT 旅客姓名/航班号/日期

3．提取完整 PNR　　>RT C/记录编号

4．提取 PNR 的历史部分　　>RT U1

5．返回到 PNR 的现行部分　　>RT A

6．按照航班的旅客名单提取　　>ML C/CA1301/10DEC
   　　　　　　　　　　　　　　>RT 序号

7．提取本部门在该航班的所有订座记录（RR、HK、HN、HL、HX）>ML C/CA1321/17DEC

8．提取所有团体 PNR 记录　　>ML G/CZ3101/7NOV

9．提取所有订妥座位的记录　　>ML B/CA1321/17OCT

10．提取所有未证实座位的记录　　>ML U/CA1321/7OCT

11．提取所有非团体 PNR 记录　　>ML NG/CA1321/7OCT

## 二、PNR 分离

分离 PNR 中的指定旅客　　>SP 1/3

## 三、PNR 修改

1．旅客姓名修改　　>1/1 李华

2．删除姓名组以外的内容　　>XE 序号

3．取消 PNR >XEPNR@

## 四、PNR 的封口

1．正常封口　　>@ 或>\

2．强制封口可以用　　>@K 或>@I 或>@KI

**国内公布运价查询**

1．查询城市对间当前可用票价 FD　　>FD：城市对/日期/航空公司两字代码

2．运价限制条件信息查询 PFN　　>PFN：规则号/承运人 或在 FD 的基础上　　>PFN：运价序号

3．查询运价的航线限制 PFR
在 FD 基础上有航线限制标识的情况下　　>PFR：运价序号

**BSP 出票**

## 一、打票机控制

1．显示打票机工作状态　　>DI：打票机序号

2. 建立打票机控制　>EC：打票机序号
3. 输入票号　>TN：打票机序号 X /起始的十位票号-结束票号的后五位
   卸票号　>TN：打票机序号 D

## 二、作废 VT

1. 作废空记录票号　>VT：打票机序号/票号（范围）
2. 作废客票　>VT：打票机序号/票号（范围）/PNR 编码

## 三、退票 TRFD

1. 自动生成半屏退票单　>TRFD：AM/1/D （国内 1 号打票机）
2. 自动生成退票单号，并全屏显示退票记录　>TRFD：A/1/D
3. 已知退票单号创建半屏退票单　>TRFD：M/1/D/40000001
4. 用票号和半屏方式提取退票单　>TRFD：TM/1/D/999-1234567890
5. 打印并用半屏方式显示退票单　>TRFD：H/1/D/40000001
6. 用票号提取并打印退票单　>TRFD：TH/1/D/999-1234567890

## 四、查看日常销售报告 TSL

1. 显示一台打票机全部数据（不含统计数据)>TSL：1
2. 显示一台打票机全部数据（含统计数据)>TSL：C/1
3. 显示一台打票机当日作废客票数据　>TSL：V/1
4. 显示一台打票机当天所有退票指令　>TSL：R/1

## 五、查询同一结报期内打票数据的查询 TPR

1. 按照航空公司显示某天的出票量　>TPR：F/1/01DEC04
2. 显示作废客票数据　>TPR：V/1/01DEC04
3. 显示统计小节数据　>TPR：T/1/01DEC04

## 六、统计指令 AB

1. 提取 01DEC 所有的订座记录　>AB：01DEC
2. 提取 01DEC 航段 CANPEK 的所有记录　>AB：01DEC/CANPEK
3. 提取 01DEC 所有 Y 舱的订座记录　>AB：01DEC/，/Y
4. 提取 01DEC 航班号为 CA1501 的所有记录　>AB：01DEC/，/，/CA1501
5. 提取 01DEC 所有 CA 的订座记录　>AB：01DEC/，/，/CA

## 国际运价查询

### 一、票价显示

1. 指定航空公司/日期/票价类型

按照舱位查询　>XS FSD BJSPDX/10NOV/NW/*Q (*OW /*RT)

优先显示低票价　>XS FSD BJSPDX/10NOV/NW/X

2．查询含税的票价

单程票价　>XS FSP SHA10NOV#CUASFO#R/UA

往返票价　>XS FSP SHA10NOV#CUASFO：09DEC#R/UA

缺口程票价　>XS FSP BJS#NLHFRA//MUC20NOVBJS#R/LH

有转机点的开口程票价　>XS FSP BJS#NAFCDG-LON--MAN#NKLAMS-BJS#R/AF

## 二、票价规则显示

1．票价规则文本显示方法　>XS FSN1//6-9

2．票价规则文本中使用条件查询

适用航班　>XS FSN1//FLIGHT or >XS FSN1//4

票价签注栏　>XS FSN1//EI or >XS FSN1//18

最短停留期和最长停留期　>XS FSN1//MIX/MAX or >XS FSN1//6/7

经停点和转机点　>XS FSN1//STOPS/TRAN or >XS FSN1//8/9

改期、更改行程、退票、取消说明　>XS FSN1//PE or >XS FSN1//16

儿童折扣　>XS FSN1//CH or >XS FSN1//19

## 三、自动计算票价指令

1．指定出票航空公司　>QTE：/航空公司两字代码

2．计算儿童（婴儿）票价　>QTE：CH（IN）/航空公司两字代码

3．计算最低票价　>QTE：/ 航空公司两字代码*

4．指定票价代号（YEE3M）>QTE：*YEE3M/航空公司两字代码

## 四、辅助票价计算

1．NUC 数值查询

>XS FSD SHAHEL/10NOV/AY/NUC

>XS FSD SHAHEL/10NOV/AY/2

>XS FSD SHAHEL/10NOV/AY/OW/NUC

2．票价规则查询

在票价显示基础上，查询指定票价的规则（不含税的票价）　>XS FSN

在票价计算基础上，查询指定票价的规则（含税的票价）　>XS FSG

3．税、费查询

指定国家的税种查询　>XS FXT CN

指定税名查询　>XS FXT CN/AE

查询 XF 税的内容　　>XS FXP SFO/UA

查询附加费的内容　　>XS FSN//12（XS FSG//12）查询

**电子客票常用指令**

**一、电子客票打票**

>ETDZ：打票机号/Pn

**二、电子客票的提取**

1. 根据记录号提取记录　　>DETR：CN/记录编号
2. 根据身份证号提取记录　　>DETR：NI/身份证号
3. 根据旅客姓名提取记录　　>DETR：NM/旅客姓名
4. 根据票号提取记录　　>DETR：TN/票号

**三、电子客票提取历史纪录**

>DETR：TN/票号，H

**四、出票重试**

>ETRY：

**五、作废客票**

>VT：打票机号/起始票号-结束票号/记录编号

**六、修改票面状态**

>ETRF：航段号/票号/PRNT/打票机号/注释

**Q 信箱处理**

1. Q 显示指令　　>QT
2. Q 开始处理指令　　>QS
3. Q 延迟处理指令　　>QD
4. Q 释放指令　　>QN
5. Q 重新显示指令　　>QR
6. Q 转移指令　　>QC
7. 发送指令　　>QE

**手工输入 API 信息**

**一、输入旅客的护照等证件信息**

>SSR DOCS 航空公司两字代码 Action-Code 1 证件类型/发证国家/证件号码/国籍/

出生日期/性别/证件有效期限/SURNAME（姓）/FIRST-NAME（名）/MID-NAME（中间名）/持有人标识 H/P1

### 二、输入旅客的居住地及目的地地址信息

>SSR DOCA 航空公司两字代码 HK1 地址类型/国家/详细地址/城市/所在省市（州）信息/邮编/I 婴儿标识/P1

### 三、输入旅客的其他相关信息

>SSR DOCO/ 航空公司两字代码 HK1 出生地/类型 V/VISA 卡号码/发卡地区/发卡日期/卡有效国家或地区/婴儿标识 I/P1

### 旅游信息查询 TIM

1. 查询签证信息　>TIM TIFV
2. 查询健康检疫信息　>TIM TIFH
3. 同时查询签证、健康检疫信息　>TIM TIFA

# 附录 B　eTerm 系统常见出错信息汇总

1. CHECK CONNECTION：航段之间连接时间不够
2. CHECK CONTINUITY：检查航段的连续性，使用@I，或增加地面运输航段
3. NAME/SEATS：座位数和人数不匹配
4. ACTION：行动代码不正确
5. AIRLINE：航空公司两字代码不正确
6. CONTACT ELEMENT MISSING：缺少联系组，将旅客的联系电话输入 PNR 中
7. DATE：输入的日期不正确
8. ELE NBR：序号不正确
9. FLT NUMBER：航班号不正确
10. FORMAT：输入格式不正确
11. ILLEGAL：不合法
12. INFANT：缺少婴儿标识
13. INVALID CHAR：存在非法字符，或终端参数设置有误
14. MAX TIME FOR EOT - IGNORE PNR AND RESTART：建立了航段组，但未封口的时间超过 5 分钟，这时系统内部已经做了 IG，将座位还原，座席应做 IG，并重新建立 PNR
15. NAME LENGTH：姓名超长或姓氏少于两个字符
16. NAMES：PNR 中缺少姓名项
17. NO DISPLAY：没有显示
18. NO NAME CHANGE FOR MU/Y：某航空公司不允许修改姓名
19. NO QUEUE：说明该部门此类信箱不存在
20. OFFICE：部门代号不正确
21. PENDING：表示有未完成的旅客订座 PNR，在退号前必须完成或放弃它
22. PLEASE SIGN IN FIRST：请先输入工作号，再进行查询
23. PLS INPUT FULL TICKET NUMBER：输入完整的票号，航空公司两字代码及十位票号
24. PLS NM1XXXX/XXXXXX：姓名中应加斜线（/），或斜线数量不正确
25. PROFILE PENDING：表示未处理完常旅客的订座，PSS：ALL 处理

26. PROT SET：工作号密码输入错误

27. Q TYPE：所要发送到的信箱的种类在目的部门中没有定义

28. Q EMPTY：信箱中此类信箱为空的，已处理完成，没有需要处理的内容

29. QUE PENDING：表示未处理完信箱中的 QUEUE、QDE 或 QNE

30. RL：记录编号不存在

31. SCH NBR：航线序号不符

32. SEATS：订座数与 PNR 中姓名数不一致，可 RT 检查当前的 PNR

33. SEGMENT：航段

34. SIMULTANEOUS MODIFICATION—REENTER MODIFICATION：类似的修改，IG，并重新输入当前的修改

35. TICKET PRINTER IN USE：表示未退出打票机的控制，退出后即可。

36. TIME：输入时间不正确

37. UNABLE：不能

38. USER GRP：工作号级别输入错误

39. WORKING Q：表示座席正在对某一种信箱进行处理，未处理完时，不能再处理另外一种 Q。这时若要结束原来的处理，可以做 QDE 或 QNE，然后再 QS：xx。

# 附录 C  航空公司舱位码表

| 公司 | 1.5 | 1.3 | 1.0 | 0.9 | 0.85 | 0.8 | 0.75 | 0.7 | 0.65 | 0.6 | 0.55 | 0.5 | 0.45 | 0.4 | 0.35 | 0.3 | 0.2 | 中转 |
|---|---|---|---|---|---|---|---|---|---|---|---|---|---|---|---|---|---|---|
| 3U | F | C | Y | T | K | H | M | G | S | L | Q | E | V | R |  | Z | N | B |
| CZ | F | C | Y | T | K | H | M | G | S | L | Q | E | V | X | N | R |  | B |
| OQ | F | C | Y | T | K | H | M | G | S | L | Q | E | V | X | \\ | \\ |  |  |
| G5 | F | C | Y | T | K | H | M | G | S | L | Q | E | V | R | U | X |  |  |
| 8C | F | C | Y | T | K | H | M | G | S | L | Q | E | W | Z | V | X |  |  |
| 8L | F | C | Y | B | H | K | L | M | N | Q | T | X | U | E | \\ | \\ |  |  |
| BK | F | C | Y | B | H | K | M | L | N | Q | T | X | E | U | \\ | \\ |  |  |
| HO | F | C | Y | B |  | L | M | T | E | H | Q | V | X | W | R | \\ |  |  |
| ZH | F | C | Y | G | K | H | T | Q | L | S | N | M | E | B | J | U |  |  |
| KN | F | C | Y | H | K | L | M | T | E | V | U | Q | G | B | \\ | \\ |  |  |
| MF | F | C | Y | B | H | K | L | M | N | Q | T | V | X | R | \\ | Z |  | I |
| CA | F | C | Y | B | M | H | K | L | \\ | Q | \\ | G | V | U | E | T | W |  |
| SC | F | C | Y | B | M | H | K | L | \\ | Q | \\ | G | V | U | Z | R | E |  |
| HU | F | C | Y | B | H | K | L | M | M1 | Q | Q1 | X | U | E | Z、T |  |  | V |
| PN | F | C | Y | B | H | K | L | M | N | Q | T | X | U | E | \\ | J |  |  |
| EU | F | C | Y | B | H | K | L | M | N | Q | T | X | U | E | J | I |  |  |
| GS | F | C | Y | B | H | K | L | M | N | Q | T | X | U | E | \\ | \\ |  |  |
| FM | F | C | Y | B | \\ | L | M | T | E | H | Q | V | Z | W | \\ | P | Z | G |
| MU | F | C | Y | B | \\ | H | L | M | N | R | \\ | V | T | W | Q |  | Q |  |

# 附录 D　国际客票限制规范术语

1. 不得更改航程：NON-REROUTING（NONRER）。
2. 不得签转：NON-ENDORSABLE（NONEND）。
3. 不得退票：NON-REFUNDABLE（NONREF）。
4. 不得退改签：NONEND/RER/CHG/REF。
5. 退票限原出票地：REFUND AT ORIGINAL PLACE ONLY。
6. 在……之前无效：NOT VALID BEFORE。
7. 在……之后无效：NOT VALID AFTER。
8. 变更需要付费：PNLTY FOR CHGS。
9. 误机费 200 元：NOSHW CNY200.00。
10. 使用罚则：PENALTY APPLS。
11. 如果需要退票，收取 500 元退票费：REF CNY500.00。

# 附录 E  特殊服务类型代码

| 代　码 | 中　文　名　称 | 代　码 | 中　文　名　称 |
| --- | --- | --- | --- |
| BSCT | 婴儿摇篮 | NSSA | 靠走廊的无烟座位 |
| BULK | 庞大的行李 | NSSW | 靠窗的无烟座位 |
| BLND | 盲人旅客 | STCR | 担架旅客 |
| CBBG | 客舱占座行李 | WCHC | 客舱轮椅 |
| EXST | 额外的座位 | WCHS | 客梯轮椅 |
| DEPA | 被驱逐出境（有人陪伴） | WCHR | 停机坪轮椅 |
| DEPU | 被驱逐出境（无人陪伴） | DEAF | 聋哑旅客 |
| FQTV | 常旅客信息 | SEMN | 海员 |
| FRAG | 易碎行李 | COUR | 信使 |
| LANG | 指定会话语种 | OTHS | 其他服务类型 |
| MEDA | 患病旅客 | UMNR | 无成人陪伴儿童 |

# 附录 F 航空公司退改签规定

## 中国国际航空股份有限公司国内客票退改签规定

| 舱位 | | 头等 P/F | 头等折扣 A | 公务 J | 公务折扣 C/D/Z/R | 超经全价 G | 超经折扣 E | 高端全价 Y | 商旅知音 B/M/U | 折扣经济 H/Q/V | 特价经济 W/S | 超值特价 T/L/N/K |
|---|---|---|---|---|---|---|---|---|---|---|---|---|
| 变更费 | 航班起飞前 | 免费 | 5% | 免费 | 5% | 免费三次第四次起收5% | 10% | 免费三次第四次起收5% | 10% | 20% | 30% | 30% |
| | 航班起飞后 | 5% | 10% | 5% | 10% | 10% | 20% | 10% | 20% | 30% | 40% | 50% |
| 退票费 | 航班起飞前 | 5% | 10% | 5% | 10% | 10% | 20% | 10% | 20% | 30% | 50% | 只退税费 |
| | 航班起飞后 | 10% | 20% | 10% | 20% | 15% | 30% | 15% | 30% | 40% | 只退税费 | 只退税费 |
| 自愿签转 | | 经济舱（全价、折扣、特价）：补齐至 Y 舱正价，少补多不退，同时收取改期费<br>两舱（头等、公务）：补齐至实际承运航空公司对应舱位价格，少补多不退，同时收取改期费<br><仅限部分产品适用> |

注：2018 年 8 月摘自各航空公司官网，航空公司可能随时调整政策，仅供参考。下同

## 中国南方航空股份有限公司国内客票退改签规定

| 舱位及折扣率 | 订座舱位 | 票价级别 | 自愿变更费（每次） | | 自愿退票费 | | 自愿签转 | 不定期航段填开 |
|---|---|---|---|---|---|---|---|---|
| | | | 航班预计离站时间前的2小时（含）前 | 航班预计离站时间前的2小时（不含）后 | 航班预计离站时间前的2小时（含）前 | 航班预计离站时间前的2小时（不含）后 | | |
| 头等舱 | F | F | 免费 | 5% | 5% | 10% | 允许 | 允许 |
| 公务舱 | J | J | | | | | 允许 | 允许 |
| 公务舱优惠舱 | C | C | 5% | 10% | 10% | 20% | 不允许 | 不允许 |
| | C | C* | 5% | 10% | 10% | 20% | | |
| | D | D* | 10% | 20% | 20% | 30% | | |
| | I | I* | 10% | 20% | 20% | 30% | | |
| 明珠经济舱 | W | W | 免费 | 5% | 5% | 15% | 允许 | 允许 |
| 明珠经济舱优惠舱 | S | S1* | 10% | 20% | 20% | 30% | 不允许 | 不允许 |
| | | S2* | 20% | 30% | 30% | 50% | | |
| | | S3* | 30% | 50% | 50% | 只退税 | | |

续表

| 舱位及折扣率 | 订座舱位 | 票价级别 | 使用条件 ||||自愿签转|不定期航段填开|
|---|---|---|---|---|---|---|---|---|
||||自愿变更费（每次）||自愿退票费|||||
||||航班预计离站时间前的2小时（含）前|航班预计离站时间前的2小时（不含）后|航班预计离站时间前的2小时（含）前|航班预计离站时间前的2小时（不含）后|||
| 经济舱 | Y | Y | 免费 | 5% | 5% | 15% | 允许 | 允许 |
| 经济舱 | B | B | 10% | 20% | 20% | 30% | 不允许 | 不允许 |
| 经济舱 | M | M |||||||
| 经济舱 | H | H |||||||
| 经济舱 | U | U | 20% | 30% | 30% | 50% |||
| 经济舱 | A | A |||||||
| 经济舱 | L | L |||||||
| 经济舱 | E | E |||||||
| 经济舱 | V | V |||||||
| 经济舱 | Z | Z* | 30% | 50% | 50% | 只退税费 |||
|| T | T* |||||||
|| N | N* |||||||
|| R | R* |||||||
|| G | G* | 不允许 | 不允许 | 只退税费 | 只退税费 |||
|| X | X* |||||||
| 经济舱产品舱 | P/K/Q/T/N || 除上述单程运价外，其他按具体文件使用条件执行 |||||||

注：*表示或带后缀

### 中国东方航空股份有限公司国内客票退改签规定

| 舱位等级 | OPEN | 自愿签转 | 自愿变更 || 自愿退票 || 客票有效期 |
|---|---|---|---|---|---|---|---|
||||航前|航后|航前|航后||
| U | 允许 | 允许 | 免费 | 5% | 5% | 10% | 除另有规定外，客票有效期自旅行开始之日起，一年内运输有效；如果客票全部未使用，则从填开之日起，一年内运输有效 |
| F | 允许 | 允许 | 免费 | 5% | 5% | 10% ||
| P | 不允许 | 不允许 | 10% | 20% | 20% | 30% ||
| J | 允许 | 允许 | 免费 | 5% | 5% | 10% ||
| C | 不允许 | 不允许 | 10% | 20% | 20% | 30% ||
| D | 不允许 | 不允许 | 10% | 20% | 20% | 30% ||
| Q | 不允许 | 不允许 | 10% | 20% | 20% | 30% ||
| I | 不允许 | 不允许 | 10% | 20% | 20% | 30% ||
| W | 允许 | 允许 | 免费 | 5% | 5% | 15% ||
| Y | 允许 | 允许 | 免费 | 5% | 5% | 15% ||
| B | 不允许 | 不允许 | 免费 | 5% | 5% | 15% ||
| M ||| 10% | 20% | 20% | 30% ||
| E ||| 10% | 20% | 20% | 30% ||
| K ||| 20% | 30% | 30% | 50% ||
| L ||| 20% | 30% | 30% | 50% ||

续表

| 舱位等级 | OPEN | 自愿签转 | 自愿变更 航前 | 自愿变更 航后 | 自愿退票 航前 | 自愿退票 航后 | 客票有效期 |
|---|---|---|---|---|---|---|---|
| N | 不允许 | 不允许 | 20% | 30% | 30% | 50% | |
| R | | | 30% | 50% | 50% | 不允许 | |
| S | | | 30% | 50% | 50% | 不允许 | |
| V | | | 30% | 50% | 不允许 | 不允许 | |
| T | | | 30% | 50% | 不允许 | 不允许 | |
| Z | | | 30% | 50% | 不允许 | 不允许 | |
| H | | | 不允许 | 不允许 | 不允许 | 不允许 | |

**海南航空控股股份有限公司国内客票退改签规定**

| 舱位等级 | 舱位代号 | 票价级别 | 变更费 离站时间前的4小时（含）前 | 变更费 离站时间前的4小时（含）后 | 退票费 离站时间前的4小时（含）前 | 退票费 离站时间前的4小时（含）后 | 不定期航段填开 | 自愿签转规定 |
|---|---|---|---|---|---|---|---|---|
| 公务舱 | C | 公务舱普通舱 | 免费 | 10% | 5% | 10% | 允许 | 允许 |
| | D | 公务舱折扣舱 | 5% | 10% | 10% | 20% | 不允许 | 不允许 |
| | Z | 公务舱折扣舱 | | | | | | |
| | I | 公务舱折扣舱 | | | | | | |
| | R | 公务舱折扣舱 | | | | | | |
| 经济舱 | Y | 经济舱普通舱 | 免费 | 10% | 5% | 10% | 允许 | 允许 |
| | B | 经济舱折扣舱 | 10% | 20% | 20% | 40% | 不允许 | 不允许 |
| | H | 经济舱折扣舱 | | | | | | |
| | K | 经济舱折扣舱 | | | | | | |
| | L | 经济舱折扣舱 | | | | | | |
| | M | 经济舱折扣舱 | | | | | | |
| | X | 经济舱折扣舱 | | | | | | |
| | V | 经济舱折扣舱 | 30% | 50% | 50% | 100% | | |
| | N | 经济舱折扣舱 | | | | | | |
| | Q | 产品舱 | 5% | 10% | 20% | 40% | | |
| | P | 产品舱 | 30% | 50% | 50% | 100% | | |
| | A | 产品舱 | | | | | | |
| | U | 产品舱 | 30% | 50% | 50% | 100% | | |
| | T | 产品舱 | | | | | | |

**深圳航空有限责任公司国内客票退改签规定**

| 舱位等级 | 舱位折扣 | 客票使用条件 ||||  自愿签转 | 客票有效期 |
| --- | --- | --- | --- | --- | --- | --- | --- |
| ^ | ^ | 改期费（每次） || 退票费 ||  ^ | ^ |
| ^ | ^ | 航班起飞前2小时（含）之前 | 航班起飞前2小时之内及航班起飞后 | 航班起飞前2小时（含）之前 | 航班起飞前2小时之内及航班起飞后 | ^ | ^ |
| F | 以销售系统查询为准 | 免费 | 免费 | 5% | 10% | 允许 | 除另有规定外，客票有效期自旅行开始之日起，一年内运输有效；如果客票全部未使用，则从填开之日起，一年内运输有效 |
| C | 以销售系统查询为准 | ^ | ^ | ^ | ^ | ^ | ^ |
| G | 以销售系统查询为准 | 免费 | 免费 | 5% | 10% | ^ | ^ |
| Y | 100% | ^ | ^ | ^ | ^ | ^ | ^ |
| B | 以销售系统查询为准 | 免费 | 免费 | 10% | 20% | ^ | ^ |
| M | 以销售系统查询为准 | ^ | ^ | ^ | ^ | ^ | ^ |
| M1 | 以销售系统查询为准 | ^ | ^ | ^ | ^ | ^ | ^ |
| U | 以销售系统查询为准 | ^ | ^ | ^ | ^ | ^ | ^ |
| H | 以销售系统查询为准 | 10% | 20% | 20% | 30% | 不允许 | ^ |
| Q | 以销售系统查询为准 | ^ | ^ | ^ | ^ | ^ | ^ |
| Q1 | 以销售系统查询为准 | ^ | ^ | ^ | ^ | ^ | ^ |
| V | 以销售系统查询为准 | ^ | ^ | ^ | ^ | ^ | ^ |
| V1 | 以销售系统查询为准 | ^ | ^ | ^ | ^ | ^ | ^ |
| W | 以销售系统查询为准 | 30% | 50% | 50% | 不允许 | ^ | ^ |
| S | 45%~49% | ^ | ^ | ^ | ^ | ^ | ^ |
| E | 40%~44% | ^ | ^ | ^ | ^ | ^ | ^ |

注：适用于非暑运和非春运期间通过深航呼叫中心及其他电商渠道在线购买的机票

# 附录 G  航空公司客服热线

| 航 空 公 司 | 客 服 热 线 |
| --- | --- |
| 中国南方航空股份有限公司 | 95539 |
| 中国国际航空股份有限公司 | 95583 |
| 中国东方航空股份有限公司 | 95530 |
| 海南航空控股股份有限公司 | 95339 |
| 深圳航空有限责任公司 | 95361 |
| 厦门航空有限公司 | 95557 |
| 四川航空股份有限公司 | 95378 |
| 春秋航空股份有限公司 | 95524 |

# 附录 H  国内主要城市/机场三字代码

| 代　码 | 城市全称 | 所在省/市/自治区 |
|---|---|---|
| AAT | 阿勒泰 | 新疆 |
| AKA | 安康 | 陕西 |
| AKU | 阿克苏 | 新疆 |
| AQG | 安庆 | 安徽 |
| BAV | 包头 | 内蒙古 |
| BHY | 北海 | 广西 |
| BPX | 昌都 | 西藏 |
| BSD | 保山 | 云南 |
| CAN | 广州 | 广东 |
| CGD | 常德 | 湖南 |
| CGO | 郑州 | 河南 |
| CGQ | 长春 | 吉林 |
| CHG | 朝阳 | 辽宁 |
| CHW | 酒泉 | 甘肃 |
| CIF | 赤峰 | 内蒙古 |
| CIH | 长治 | 山西 |
| CKG | 重庆 | 重庆 |
| CNI | 长海 | 辽宁 |
| CSX | 长沙 | 湖南 |
| CTU | 成都 | 四川 |
| CZX | 常州 | 江苏 |
| DAT | 大同 | 山西 |
| DAX | 达县 | 四川 |
| DDG | 丹东 | 吉林 |
| DGM | 东莞 | 广东 |
| DLC | 大连 | 辽宁 |
| DLU | 大理 | 云南 |
| DNH | 敦煌 | 甘肃 |
| DOY | 东营 | 山东 |
| DYG | 张家界 | 湖南 |

续表

| 代　码 | 城　市　全　称 | 所在省/市/自治区 |
| --- | --- | --- |
| ENH | 恩施 | 湖北 |
| ENY | 延安 | 陕西 |
| FOC | 福州 | 福建 |
| FUG | 阜阳 | 安徽 |
| FUO | 佛山 | 广东 |
| GHN | 广汉 | 四川 |
| GOQ | 格尔木 | 青海 |
| GYS | 广元 | 四川 |
| HAK | 海口 | 海南 |
| HEK | 黑河 | 黑龙江 |
| HET | 呼和浩特 | 内蒙古 |
| HFE | 合肥 | 安徽 |
| HGH | 杭州 | 浙江 |
| HLD | 海拉尔 | 内蒙古 |
| HLH | 乌兰浩特 | 内蒙古 |
| HMI | 哈密 | 新疆 |
| HNY | 衡阳 | 湖南 |
| HRB | 哈尔滨 | 黑龙江 |
| HSC | 韶关 | 广东 |
| HSN | 舟山 | 浙江 |
| HTN | 和田 | 新疆 |
| HYN | 黄岩 | 浙江 |
| HZG | 汉中 | 陕西 |
| INC | 银川 | 宁夏 |
| IQM | 且末 | 新疆 |
| IQN | 庆阳 | 甘肃 |
| JDZ | 景德镇 | 江西 |
| JGN | 嘉峪关 | 甘肃 |
| JGS | 井冈山 | 江西 |
| JHG | 西双版纳（景洪） | 云南 |
| JIL | 吉林 | 吉林 |
| JIU | 九江 | 江西 |
| JJN | 晋江 | 福建 |
| JMU | 佳木斯 | 黑龙江 |
| JNZ | 锦州 | 辽宁 |
| JUZ | 衢州 | 浙江 |
| JZH | 九寨沟 | 四川 |
| KCA | 库车 | 新疆 |
| KHG | 喀什 | 新疆 |
| KHN | 南昌 | 江西 |

续表

| 代　码 | 城市全称 | 所在省/市/自治区 |
|---|---|---|
| KMG | 昆明 | 云南 |
| KNC | 吉安 | 江西 |
| KOW | 赣州 | 江西 |
| KRL | 库尔勒 | 新疆 |
| KRY | 克拉玛依 | 新疆 |
| KWE | 贵阳 | 贵州 |
| KWL | 桂林 | 广西 |
| LHW | 兰州 | 甘肃 |
| LJG | 丽江 | 云南 |
| LLF | 永州 | 湖南 |
| LUM | 芒市 | 云南 |
| LUZ | 庐山 | 江西 |
| LXA | 拉萨 | 西藏 |
| LYA | 洛阳 | 河南 |
| LYG | 连云港 | 江苏 |
| LYI | 临沂 | 山东 |
| LZH | 柳州 | 广西 |
| LZO | 泸州 | 四川 |
| LZY | 林芝 | 西藏 |
| MDG | 牡丹江 | 黑龙江 |
| MIG | 绵阳 | 四川 |
| MXZ | 梅州 | 广东 |
| NAO | 南充 | 四川 |
| NDG | 齐齐哈尔 | 黑龙江 |
| NGB | 宁波 | 浙江 |
| NKG | 南京 | 江苏 |
| NLT | 那拉提 | 新疆 |
| NNG | 南宁 | 广西 |
| NNY | 南阳 | 河南 |
| NTG | 南通 | 江苏 |
| NZH | 满洲里 | 黑龙江 |
| PEK | 北京（北京首都国际机场） | 北京 |
| PKX | 北京（北京大兴国际机场） | 北京 |
| PVG | 上海（上海浦东国际机场） | 上海 |
| SHA | 上海（上海虹桥国际机场） | 上海 |
| SHE | 沈阳 | 辽宁 |
| SHF | 山海关 | 河北 |
| SHP | 秦皇岛 | 河北 |
| SHS | 沙市 | 湖北 |
| SIA | 西安 | 陕西 |

续表

| 代　　码 | 城市全称 | 所在省/市/自治区 |
| --- | --- | --- |
| SJW | 石家庄 | 河北 |
| SWA | 汕头 | 广东 |
| SYM | 思茅 | 云南 |
| SYX | 三亚 | 海南 |
| SZV | 苏州 | 江苏 |
| SZX | 深圳 | 广东 |
| TAO | 青岛 | 山东 |
| TCG | 塔城 | 新疆 |
| TEN | 铜仁 | 贵州 |
| TGO | 通辽 | 内蒙古 |
| TNA | 济南 | 山东 |
| TSN | 天津 | 天津 |
| TXN | 黄山 | 安徽 |
| TYN | 太原 | 山西 |
| URC | 乌鲁木齐 | 新疆 |
| UYN | 榆林 | 陕西 |
| WEF | 潍坊 | 山东 |
| WEH | 威海 | 山东 |
| WNH | 文山 | 云南 |
| WNZ | 温州 | 浙江 |
| WUH | 武汉 | 湖北 |
| WUS | 武夷山 | 福建 |
| WUX | 无锡 | 江苏 |
| WUZ | 梧州 | 广西 |
| WXN | 万县 | 重庆 |
| XEN | 兴城 | 辽宁 |
| XFN | 襄樊 | 湖北 |
| XIC | 西昌 | 四川 |
| XIL | 锡林浩特 | 内蒙古 |
| XMN | 厦门 | 福建 |
| XNN | 西宁 | 青海 |
| XNT | 邢台 | 河北 |
| XUZ | 徐州 | 江苏 |
| YBP | 宜宾 | 四川 |
| YIH | 宜昌 | 湖北 |
| YIN | 伊宁 | 新疆 |
| YIW | 义乌 | 浙江 |
| YNJ | 延吉 | 吉林 |
| YNT | 烟台 | 山东 |
| YNZ | 盐城 | 江苏 |

续表

| 代　码 | 城　市　全　称 | 所在省/市/自治区 |
|---|---|---|
| YUA | 元谋 | 云南 |
| YUC | 运城 | 山西 |
| ZAT | 昭通 | 云南 |
| ZHA | 湛江 | 广东 |
| ZUH | 珠海 | 广东 |
| ZYI | 遵义 | 贵州 |

# 附录 I 国际主要城市/机场三字代码

| 国家两字代码、国际城市/机场三字代码汇总 ||||
|---|---|---|---|
| 国家 | 城市中文名 | 城市英文名 | 代码 |
| 美国 US | 安克雷奇 | ANCHORAGE | ANC |
| | 亚特兰大 | ATLANTA | ATL |
| | 奥斯丁 | AUSTIN | AUS |
| | 哈特福德 | HARTFORD | BDL |
| | 伯明翰 | BIRMINGHAM | BHM |
| | 纳什维尔 | NASHVILLE | BNA |
| | 波士顿 | BOSTON | BOS |
| | 布法罗 | BUFFALO | BUF |
| | 芝加哥 | CHICAGO | CHI |
| | 哥伦布 | COLUMBUS | CSG |
| | 辛辛那提 | CINCINNATI | CVG |
| | 达拉斯 | DALLAS | DFW |
| | 底特律 | DETROIT | DTT |
| | 盖恩斯维尔 | GAINESVILLE | GNV |
| | 格林斯伯勒 | GREENSBORO | GSO |
| | 关岛 | GUAM | GUM |
| | 洛杉矶 | LOS ANGELES | LAX |
| | 凤凰城（菲尼克斯） | PHOENIX | PHX |
| | 匹兹堡 | PITTSBURGH | PIT |
| | 里士满 | RICHMOND | RIC |
| | 里诺 | RENO | RNO |
| | 圣迭戈 | SAN DIEGO | SAN |
| | 圣安东尼奥 | SAN ANTONIO | SAT |
| | 路易斯维尔 | LOUISVILLE | SDF |
| | 西雅图 | SEATTLE | SEA |
| | 海伦娜 | HELENA | HLN |
| | 哈密尔顿 | HAMILTON | HLT |
| | 檀香山（火鲁奴奴） | HONOLULU | HNL |
| | 休斯敦 | HOUSTON | HOU |
| | 印第安纳波利斯 | INDIANAPOLIS | IND |
| | 杰克逊维尔 | JACKSONVILLE | JAX |
| | 小石城 | LITTLE ROCK | LIT |
| | 堪萨斯城 | KANSAS CITY | MCI/MKC |

续表

| 国　家 | 城市中文名 | 城市英文名 | 代　码 |
|---|---|---|---|
| 美国 US | 迈阿密 | MIAMI | MIA/FLL |
| | 莫比尔 | MOBILE | MOB |
| | 明尼阿波利斯 | MINNEAPOLIS | MSP |
| | 新奥尔良 | NEW ORLEANS | MSY |
| | 俄克拉荷马城 | OKLAHOMA CITY | OKC |
| | 奥马哈 | OMAHA | OMA |
| | 奥兰多 | ORLANDO | ORL |
| | 西棕榈滩 | WEST PALM BEACH | PBI |
| | 波特兰 | PORTLAND | PDX |
| | 三藩市 | SAN FRANCISCO | SFO |
| | 盐湖城 | SALT LAKE CITY | SLC |
| | 塞班 | SAIPAN | SPN |
| | 圣路易斯 | SAINT LOUIS | STL |
| | 坦帕 | TAMPA | TPA |
| | 塔尔萨 | TULSA | TUL |
| | 图森 | TUCSON | TUS |
| | 纽约 | NEW YORK | NYC/JFK/EWR/LGA |
| 加拿大 CA | 埃德蒙顿 | EDMONTON | YEA |
| | 蒙特利尔 | MONTREAL | YMQ |
| | 多伦多 | TORONTO | YYZ |
| | 温尼伯 | WINNIPEG | YWG |
| | 渥太华 | OTTAWA | YOW |
| | 魁北克 | QUEBEC | YQB |
| | 温哥华 | VANCOUVER | YVR |
| | 卡尔加里 | CALGARY | YYC |
| 法国 FR | 巴黎 | PARIS | PAR/CDG |
| | 波尔多 | BORDEAUX | BOD |
| | 里昂 | LYON | LYS |
| | 斯特拉斯堡 | STRASBOURG | SXB |
| | 米卢斯 | MULHOUSE | MLH |
| | 马赛 | MARSEILLE | MRS |
| | 尼斯 | NICE | NCE |
| | 图卢兹 | TOULOUSE | TLS |
| 德国 DE | 柏林 | BERLIN | BER |
| | 不来梅 | BREMEN | BRE |
| | 科隆 | COLOGNE | CGN |
| | 杜塞尔多夫 | DUSSELDORF | DUS |
| | 纽伦堡 | NUREMBERG | NUE |
| | 法兰克福 | FRANKFURT | FRA |
| | 汉诺威 | HANOVER | HAJ |

续表

| 国　　家 | 城市中文名 | 城市英文名 | 代　　码 |
|---|---|---|---|
| 德国 DE | 汉堡 | HAMBURG | HAM |
| | 慕尼黑 | MUNICH | MUC |
| | 斯图加特 | STUTTGART | STR |
| 俄罗斯 RU | 海兰泡 | BLAGOVESCHENSK | BQS |
| | 伯力 | KHABAROVSK | KHV |
| | 圣彼得堡 | SAINT PETERSBURG | LED |
| | 符拉迪沃斯托克 | VLADIVOSTOK | VVO |
| | 伊尔库茨克 | IRKUTSK | IKT |
| | 莫斯科 | MOSCOW | MOW |
| | 新西伯利亚 | NOVOSIBIRSK | OVB |
| | 叶卡捷琳堡 | EKATERINBURG | SVX |
| 荷兰 NL | 阿姆斯特丹 | AMSTERDAM | AMS |
| | 鹿特丹 | ROTTERDAM | RTM |
| 瑞士 CH | 伯尔尼 | BERNE | BRN |
| | 日内瓦 | GENEVA | GVA |
| | 苏黎世 | ZURICH | ZRH |
| 西班牙 ES | 巴塞罗那 | BARCELONA | BCN |
| | 马德里 | MADRID | MAD |
| 新西兰 NZ | 惠灵顿 | WELLINGTON | WLG |
| | 基督城 | CHRISTCHURCH | CHC |
| | 奥克兰 | AUCKLAND | AKL |
| | 但尼丁 | DUNEDIN | DUD |
| 奥地利 AT | 维也纳 | VIENNA | VIE |
| 芬兰 FI | 赫尔辛基 | HELSINKI | HEL |
| 匈牙利 HU | 布达佩斯 | BUDAPEST | BUD |
| 瑞典 SE | 哥德堡 | GOTHENBURG | GOT |
| | 斯德哥尔摩 | STOCKHOLM | STO |
| 印度 IN | 德里 | DELHI | DEL |
| | 加尔各答 | KOLKATA | CCU |
| | 孟买 | MUMBAI | BOM |
| 阿根廷 AR | 布宜诺斯艾利斯 | BUENOS AIRES | BUE |
| 智利 CL | 圣地亚哥 | SANTIAGO | SCL |
| 缅甸 MM | 仰光 | YANGON | RGN |
| | 曼德勒 | MANDALAY | MDL |
| 越南 VN | 胡志明 | HO CHI MINH CITY | SGN |
| | 河内 | HANOI | HAN |
| | 岘港 | DA NANG | DAD |
| | 芽庄 | NHATRANG | CXR |
| | 富国岛 | PHU QUOC ISLAND | PQC |
| | 内比都 | NAYPYITAW | NYT |

续表

| 国　　家 | 城市中文名 | 城市英文名 | 代　　码 |
|---|---|---|---|
| 印度尼西亚 ID | 泗水 | SURABAYA | SUB |
| | 巴厘岛 | DENPASAR BALI | DPS |
| | 棉兰 | MEDAN | MES |
| | 雅加达 | JAKARTA | JKT |
| | 帝力 | DILI | DIL |
| | 万隆 | BANDUNG | BDO |
| | 玛琅 | MALANG | MLG |
| 秘鲁 PE | 利马 | LIMA | LIM |
| 土耳其 TR | 伊斯坦布尔 | ISTANBUL | IST |
| 泰国 TH | 普吉 | PHUKET | HKT |
| | 清迈 | CHIANG MAI | CNX |
| | 曼谷 | BANGKOK | BKK |
| | 甲米 | KRABI | KBV |
| | 苏梅岛 | KOH SAMUI | USM |
| | 芭堤雅 | PATTAYA | UTP |
| | 青莱 | CHIANG RAI | CEI |
| 伊拉克 IQ | 巴格达 | BAGHDAD | BGW |
| 阿联酋 AE | 迪拜 | DUBAI | DXB |
| 老挝 LA | 万象 | VIENTIANE | VTE |
| 韩国 KR | 釜山 | PUSAN | PUS |
| | 清州 | CHEONGJU | CJJ |
| | 济州 | JEJU | CJU |
| | 首尔 | SEOUL | ICN |
| | 金浦 | SEOUL | GMP |
| | 大丘 | DAEGU | TAE |
| | 务安 | GWANGJU | MWX |
| | 丽水 | YEOSU | RSU |
| 约旦 JO | 安曼 | AMMAN | AMM |
| 朝鲜 KP | 平壤 | PYONGYANG | FNJ |
| 沙特 SA | 利雅得 | RIYADH | RUH |
| | 吉达 | JEDDAH | JED |
| 阿塞拜疆 AZ | 巴库 | BAKU | BAK |
| 塔吉克斯坦 TJ | 杜尚别 | DUSHANBE | DYU |
| | 胡正特 | KHUDZHAND | LBD |
| 委内瑞拉 VE | 加拉加斯 | CARACAS | CCS |
| 斯里兰卡 LK | 科伦坡 | COLOMBO | CMB |
| 伊朗 IR | 德黑兰 | TEHRAN | THR |
| 南非 ZA | 约翰内斯堡 | JOHANNESBURG | JNB |
| | 开普敦 | CAPE TOWN | CPT |

续表

| 国　　家 | 城市中文名 | 城市英文名 | 代　　码 |
|---|---|---|---|
| 英国 UK | 伯明翰 | BIRMINGHAM | BHX |
| | 布里斯托尔 | BRISTOL | BRS |
| | 加的夫 | CARDIFF | CWL |
| | 格拉斯哥 | GLASGOW | GLA |
| | 曼彻斯特 | MANCHESTER | MAN |
| | 达拉谟 | DURHAM TEES VALLEY | MME |
| | 亨伯赛德 | HUMBERSIDE | HUY |
| | 利兹 | LEEDS | LBA |
| | 伦敦 | LONDON | LON/LHR |
| | 利物浦 | LIVERPOOL | LPL |
| | 纽卡斯尔 | NEWCASTLE | NCL |
| 意大利 IT | 博洛尼亚 | BOLOGNA | BLQ |
| | 米兰 | MILAN | MIL |
| | 威尼斯 | VENICE | VCE |
| | 罗马 | ROME | ROM |
| | 都灵 | TURIN | TRN |
| 澳大利亚 AU | 阿德莱德 | ADELAIDE | ADL |
| | 布里斯班 | BRISBANE | BNE |
| | 堪培拉 | CANBERRA | CBR |
| | 凯恩斯 | CAIRNS | CNS |
| | 珀斯 | PERTH | PER |
| | 悉尼 | SYDNEY | SYD |
| | 达尔文 | DARWIN | DRW |
| | 墨尔本 | MELBOURNE | MEL |
| | 纽卡斯尔 | NEWCASTLE | NTL |
| | 黄金海岸 | COOLANGATTA | OOL |
| | 汤斯维尔 | TOWNSVILLE | TSV |
| 比利时 BE | 安特卫普 | ANTWERP | ANR |
| | 布鲁塞尔 | BRUSSELS | BRU |
| 挪威 NO | 奥斯陆 | OSLO | OSL |
| | 斯塔万格 | STAVANGER | SVG |
| | 卑尔根 | BERGEN | BGO |
| 丹麦 DK | 奥尔胡斯 | AARHUS | AAR |
| | 哥本哈根 | COPENHAGEN | CPH |
| 菲律宾 PH | 马尼拉 | MANILA | MNL |
| | 苏碧湾 | SUBIC BAY | SFS |
| | 拉瓦格 | LAOAG | LAO |
| | 宿务 | CEBU | CEB |
| 摩洛哥 MA | 卡萨布兰卡 | CASABLANCA | CAS |
| 卢森堡 LU | 卢森堡 | LUXEMBOURG | LUX |

243

续表

| 国　　家 | 城市中文名 | 城市英文名 | 代　　码 |
|---|---|---|---|
| 捷克 CZ | 布拉格 | PRAGUE | PRG |
| 葡萄牙 PT | 波尔图 | PORTO | OPO |
| | 里斯本 | LISBON | LIS |
| 墨西哥 MX | 墨西哥城 | MEXICO CITY | MEX |
| | 蒙特雷 | MONTERREY | MTY |
| | 阿卡普尔科 | ACAPULCO | ACA |
| 希腊 GR | 雅典 | ATHENS | ATH |
| 巴拿马 PA | 巴拿马城 | PANAMA CITY | PTY |
| 柬埔寨 KH | 金边 | PHNOM PENH | PNH |
| | 吴哥窟 | SIEM REAP | REP |
| 新加坡 SG | 新加坡 | SINGAPORE | SIN |
| 马来西亚 MY | 古晋 | KUCHING | KCH |
| | 哥达基纳巴卢 | KOTA KINABALU | BKI |
| | 吉隆坡 | KUALA LUMPUR | KUL |
| | 槟城 | PENANG | PEN |
| | 兰卡威 | LANGKAWI | LGK |
| | 马六甲 | MALACCA | MKZ |
| 日本 JP | 长崎 | NAGASAKI | NGS |
| | 大阪 | OSAKA | KIX |
| | 东京（成田机场） | TOKYO（NARITA AIRPORT） | NRT |
| | 东京（羽田机场） | TOKYO（HANEDA AIRPORT） | HND |
| | 函馆 | HAKODATE | HKD |
| | 鹿儿岛 | KAGOSHIMA | KOJ |
| | 名古屋 | NAGOYA | NGO |
| | 神户 | KOBE | UKB |
| | 松本 | MATSUMOTO | MMJ |
| | 仙台 | SENDAI | SDJ |
| | 新潟 | NIIGATA | KIJ |
| | 富山 | TOYAMA | TOY |
| | 札幌 | SAPPORO | SPK |
| | 茨城 | IBARAKI | IBR |
| | 静冈 | SHIZUOKA | FSZ |
| | 福冈 | FUKUOKA | FUK |
| | 广岛 | HIROSHIMA | HIJ |
| | 北九州 | KITA KYUSHU | KKJ |
| 尼泊尔 NP | 加德满都 | KATHMANDU | KTM |
| 科威特 KW | 科威特 | KUWAIT | KWI |
| 哈萨克斯坦 KZ | 阿拉木图 | ALMATY | ALA |
| | 阿斯塔纳 | ASTANA | TSE |
| 吉尔吉斯斯坦 KG | 奥什 | OSH | OSS |
| | 比什凯克 | BISHKEK | FRU |

续表

| 国　　家 | 城市中文名 | 城市英文名 | 代　　码 |
|---|---|---|---|
| 叙利亚 SY | 大马士革 | DAMASCUS | DAM |
| 也门 YE | 萨那 | SANA'A | SAH |
| 孟加拉国 BD | 达卡 | DHAKA | DAC |
| 巴林 BH | 巴林 | BAHRAIN | BAH |
| 巴基斯坦 PK | 伊斯兰堡 | ISLAMABAD | ISB |
| | 卡拉奇 | KARACHI | KHI |
| | 拉合尔 | LAHORE | LHE |
| 尼日利亚 NG | 拉各斯 | LAGOS | LOS |
| 卡塔尔 QA | 多哈 | DOHA | DOH |
| 乌兹别克 UZ | 塔什干 | TASHKENT | TAS |
| 埃塞俄比亚 ET | 亚的斯亚贝巴 | ADDIS ABABA | ADD |
| 黎巴嫩 LB | 贝鲁特 | BEIRUT | BEY |
| 南斯拉夫 YU | 贝尔格莱德 | BELGRADE | BEG |
| 巴西 BR | 里约热内卢 | RIO DE JANEIRO | RIO/GIG |
| | 圣保罗 | SAO PAULO | SAO |
| 马尔代夫 MV | 马累 | MALE | MLE |
| 毛里求斯 MU | 路易港 | PORT LOUIS | MRU |
| 格鲁吉亚 GE | 第比利斯 | TBILISI | TBS |
| 肯尼亚 KE | 内罗毕 | NAIROBI | NBO |
| 斐济 FJ | 斐济 | NADI | NAN |
| 土库曼斯坦 TM | 阿什哈巴德 | ASHGABAT | ASB |
| 文莱 BN | 文莱 | BANDAR SERI BEGAWAN | BWN |

# 参考文献

[1] 许爱国. 呼叫中心实务[M]. 北京：清华大学出版社，2013.

[2] 赵溪. 客户服务导论与呼叫中心实务[M]. 北京：清华大学出版社，2013.

[3] 赵溪，陈宁华. 电话营销实务与训练[M]. 北京：清华大学出版社，2015.

[4] 张立平. 呼叫中心管理实务[M]. 西安：西安交通大学出版社，2015.

[5] 刘文纲. 客户呼叫中心实务[M]. 北京：中国经济出版社，2012.

[6] 綦琦. 民航国内客票销售[M]. 北京：国防工业出版社，2015.

[7] 高文霞. 民航计算机订座实训[M]. 北京：国防工业出版社，2014.

[8] 竺志奇. 民航国内客运销售实务[M]. 北京：中国民航出版社，2009.

[9] 周贺来. 客户关系管理实用教程[M]. 北京：机械工业出版社，2013.

[10] 魏巍. 销售礼仪与沟通技巧培训全书[M]. 北京：中国纺织出版社，2015.

[11] 张兵. 销售电话应该这样打[M]. 2版. 北京：中国纺织出版社，2015.